わが〈アホなる〉人生

中村哲医師との出会い

Kobayashi Akira
小林 晃

石風社

装幀　毛利一枝

わが〈アホなる〉人生　中村哲医師との出会い◉目次

まえがき 08

Ⅰ 中村医師との出会い

1 大阪商人の父と入江塾

教育熱心な父 16 坊主にして塾へ 18 修行僧なみの合宿生活 20 五月病そして北海道 25
インドへの旅 27 二度目のインド 31

2 ペシャワールへの道

あやしげな人 37 胃カメラの指導とノープロブレム 44 アホとちゃうか 49 「バカは世の
中の味付けだ」 50 宮沢賢治と中村医師 55 阪神大震災に遭遇 56 ペシャワール 59

Ⅱ 戦乱の中の医療　中村医師とともに

1 アフガン戦争と中村医師

アフガニスタン現代小史 64　廃墟と化した首都カブール 68　ハンセン病を診る 71　アフガン難民 73　日本びいき 79　アフガン国内に診療所 82　タリバン政権支配下のアフガンへ 88

2　PMS病院完成そして波乱の日々
中村医師ミッション病院を去る 98　PMS病院建設 101　野戦病院からの脱皮 105　ラシュトとワハン回廊 107　PMS病院完成 115　朝の唱和と院内秩序 119　メチルアルコールで医師死亡 122　職員の大量解雇と採用 126　医師の教育 129　腰痛患者 132　帰国後のトラブル 135　再編統合 139

3　家族で赴任そして現地の風習
ペシャワール赴任前後 147　家族で赴任 149　ブルカ 156　アフガンの子供たちの笑顔 160

4　ハンセン病診療
現地を主役に 162　てんかん 165　患者、先生の仕事を手伝う 167　ハンセン病とは 171　うらきず 180　らい反応 183

Ⅲ　大旱魃と9・11

1　未曾有の大旱魃

百万人が餓死線上 192　「病気はあとで治せる。ともかく生き延びろ！」 194　現地ワーカー 199　盗賊の村 200　精神的な疲労 203　9・11米国同時多発テロ 204　現地への帰還が困難に 209

2　中村先生という人

玉井金五郎 211　論語、聖書、昆虫 212　モーツァルト 217　消えるライター 220　質素な食事 223　三無主義 229　人と自然との和解 232

Ⅳ　現地の疾患

1　マラリアと栄養失調

現地でよく見られる疾患と実際の医療 242　原因不明の長引く発熱患者 247　腸チフス 249　マラリア 250　爆弾治療 256　腹部超音波検査を用いた腸チフスの早期診断 258　多い肺結核患者 263

肺結核以外の結核（肺外結核）265　「爆弾治療」で回復しない発熱患者 269　コレラ 273　栄養失調（マラスムス、クワシオルコル）277　手足がしびれて動かせない 282　奇妙な動きをする男の子 284

2　現地でみられる寄生虫症
リーシュマニア症 287　増悪と寛解を繰り返す背部痛 291　腸管寄生虫症 295　赤痢アメーバ症 296　ジアルジア症 300　回虫症 301　小型条虫症 304　鉤虫症 308　治らない病気（経済的背景を考えての対応）310

V　ペシャワールを去る

1　迷いの日々
自己嫌悪と坐禅 314　K2峰山麓の村々での調査 317　タイ・マヒドン大学熱帯医学校留学 319　四国歩き遍路の旅 322　クモ膜下出血 332

2　徳之島での診療の日々
医療発信 335　悪性貧血、高い年間発症率 337　貧血を認めないハンター舌炎、CMAJに採用 338　"Doughnut" Lesions、NEJMに採用 339　虚血性大腸炎、大胆な仮説を提唱 341

首の偽痛風、稀ではなく、よくある疾患 342　クリイロコイタマダニ、世界初の症例 344
日本紅斑熱 346　脳底動脈閉塞症、遠隔医療と搬送に課題を見出す 347

VI　心の中にまかれた種

1　中村先生逝去
道標《みちしるべ》 350　一隅を照らす 352　米軍の撤退とタリバンの復権 355
2　中村先生という存在
コロナ禍の講演依頼 360　娘にとっての中村先生 364　反対しなかった妻 369
あとがき 372
主要参考文献 375

わが〈アホなる〉人生

中村哲医師との出会い

まえがき

「中村先生が銃撃された。今のところ生命に問題はないらしい」

仕事中に妻から連絡が入った。

「よかった」

私の脳裏に、一九九一年アフガン内戦時のことがよぎった。先生は、アフガン山岳地帯に診療所を開設するための調査に行き、途中で先生の乗ったジープの直前に砲弾が落下したのだ。当時のJAMS（Japan-Afghan Medical Service）のシャワリ院長が「ドクターサーブ中村は驚かず腕組みして、〝Good weapon（いい武器だ）〟と言って平然としていた」と話していたのを思い出し「先生は死なない」と楽観視していたのである。

その後、妻から「中村先生が亡くなった……」とすすり泣く声で連絡が入った。

「まさか」

病院の待合室でテレビを見ていた患者さんからも「先生が亡くなったというニュース速報が流れている」と連絡を受けた。

さまざまなことが、私の脳裏をよぎった。先生はペシャワール在任中、私の子供たちと一緒にお絵描きをして遊んでくださった。忙しいにもかかわらず、私にウルドゥー語の指導をしてくださった。優しい先生の顔を思い出し、涙があふれた。先生は、ハンセン病を柱とする医療活動だけでなく、旱魃《かんばつ》に襲われたアフガニスタンで井戸を掘り、命を賭して農業用水路を建設することで「アフガニスタン東部の砂漠化した荒野を緑の沃野に変える」という奇跡を行った。

二〇一九年十二月四日に先生が死去されて四年になろうとしている。どんな偉人も時が経てば忘れ去られるが、先生の存在感はますます大きくなっている。

私は、一九九七年ペシャワール会からパキスタン・ペシャワールに医師として派遣され、四年間現地で活動した。妻と子供二人も一緒だった。現地では、与えられた医療活動をこなすことや言語の習得などで忙しく、あっという間の四年間だった。そして二〇〇一年の9・11事件の余波もあり、現地活動を志半ばで終えざるを得なくなった。悔しい思いや現地の人、応援していただいた人への申し訳ない気持ちを込めて「ペシャワール中退」と称している。

先生亡き後、先生の著書のすべてを繰り返し読んだ。生前は真剣に読んでいなかったのだとあらためて思う。著書には多くの「珠玉の言葉」が散りばめられていた。先生はあまりにも身近であったため、その器の大きさや洞察力、そしてその人生哲学などを全く理解していなかったのだ。

先生の業績および残された言葉は、私の人生の「道しるべ」や「励み」になり、自分自身を見つめなおす機会となった。さらに、大げさではなく「我々人類が進むべき道」を照らしてくださることを確信した。

この本の著者である私は、誇れる実績や経歴のない「ペシャワール中退」の田舎医者である。中村先生のことを書く資格があるのか、文章を書く意義があるのかを迷った。

先生は、「様々な人や出来事との出会い、そしてそれに自分がどう応えるかで、行く末が定められてゆきます。私たち個人のどんな小さな出来事も、時と場所を超えて縦横無尽、有機的に結ばれています。そして、そこに人の意思を超えた神聖なものを感ぜざるを得ません」と述べている。(『天、共に在り アフガニスタン三十年の闘い』NHK出版、二〇一三年)。

私も中村先生をはじめ、多くの人との出会いがあり、普通の医師とは少し異なる人生を歩んできた。偉大な先生から学んだことや現地での医師としての臨床経験などの貴重な財産を、かかわった者の役目として伝えていかねばならないと思った。

中村先生をはじめ偉人と呼ばれる人に関する書籍を読み、子供の頃に「こんな人になりたい」と夢見る人は多いと思う。先生のような「海外での活動」に限らず、日本の僻地医療に従事したいとか、大学に進まず、有機農業をやってみたいとか、在野の研究者になりたいなど、きめられたレールに乗らないような生き方を真剣に考えている人も多くいると思う。

しかし、実際に進路を決める際には、「とても自分には真似できない、優れた才能・才覚が備わっていない、育ってきた家庭環境が違う」などと考え、さらに、両親・知人など周囲から反対されると、一歩を踏み出すことを躊躇する人がほとんどかもしれない。

私は、商売人の家庭で教育熱心な両親に育てられたごく平凡な人間で、とても妻と子供を連れて辺境の地へ行くようなタイプの人間ではなかった。誇れるような実績を残せたわけではないが、少なくとも第一歩を踏み出し、ペシャワールに行った。振り返ると、私は「ペシャワール中退」になりはしたが、中村先生のもとで働くことができ、現地の四年間で多くのものを得ることができた。中退後も、迷いながらもいくらか自由に生きることができ、それなりに「人生のやり直し」ができて幸せだったと思う。

どうして妻と子供を連れてペシャワールへの第一歩を踏み出したのか。第一歩を踏み出したのちの苦労や「ペシャワール中退」後の私の人生などもお伝えし、夢を抱いている方の参考になればと思う。

中村先生は、「若い人は目先の利害にとらわれず、身をもって良いと思うことをどんどんやっていただきたい。これは若者の特権です。間違ってもやり替えがきく」と述べている（『医者よ、信念はいらないまず命を救え！』羊土社、二〇〇三年）。また「時流に迎合するだけの人生はつまらない」とも述べている（『辺境で診る　辺境から見る』石風社、二〇〇三年）。なんであれ志を抱いた若い人には、「あの時やっておけばよかった」と後悔しないように、ぜひとも第一歩を踏み出して欲しい。

「医者だからそんな夢みたいなことが言えるのだ。人生そんなに甘くないよ」と考えている人がいるかもしれない。そのようなことを言われたこともある。だがそうだろうか。

井戸掘り・用水路事業のために、医者ではない多くの若者が、様々な動機でアフガニスタンにやってきた。仕事を辞めた者もいれば、失業中あるいは大学を休学してやってきた若者もいた。彼らの多くは数年単位で、現地で活動した。

私自身は、井戸掘り・用水路事業に関わっていないが、彼らから直接話を聞き、当時現地で彼らの

アフガニスタンにやってきた若者たち

活動を横で見ていていろいろと考えさせられた。

彼らは、現地の状況を見て、「現地の人は日本人ほど高望みをしません。人の幸せとは三度のご飯が食べられ、家族が一緒に穏やかに仲良く暮らせること」(中村哲)ということを知ったのである。汗水たらして労働する喜びを知り、苛酷な環境で現地の人々と共に働き、「どんな所でも、どんな状況でも生きていける」と学んだ。「他人と自分を比較して自分は不幸だ」という考えは持たず、現地での活動を通じて、「人にとって何か大切なもの」を心のどこかに刻みつけた。

周囲から反対されながらもアフガニスタンに行った若者たちの多くは、すでに中年といわれる年齢になっている。帰国後、大学に入り直したり、新しい資格を取ったり、農業に従事したりと、それぞれの人生を力強く歩んでいる。

若い人は、無限の可能性を秘めている。ぜひとも中村先生の生き方とその思索の結晶である言葉に触れ、未知の世界への第一歩を踏み出し、この世の中の一隅を照らして欲しいと思う（「一隅を照らす」（伝教大師最澄）とは中村先生の好きな言葉です）。

もちろん若者だけではない。私の友人が中村先生のドキュメンタリー番組を見て、「先生は、五六歳から土木を学び用水路の建設に着手した。『中高年の我々ももっとやれる事があるはずだ』という励ましのメッセージと理解した」と述べている。

私もこの本を執筆するにあたり、先生に関する多くの資料に触れた。あらためて先生の業績・人生哲学の詳細を知ることにより、自分自身が励まされることになった。

先生は、未曽有の大旱魃に対して千六百本の井戸を掘り農業用水路建設をおこない一万六千五百ヘクタール（二〇二三年現在、二万三千八百haに拡大）を農地として蘇らせ、六十万人以上が生きる大地を作り出した。さらにこれらの活動を通して「地球温暖化」が急速に進んでいることを、身をもって体験された。

その経験により、「世界がこのまま続く道理がない。地球環境問題と経済成長とは、絶対に両立せぬ矛と盾である」と語っていた。中村先生が深い思索の結果到達した「人と人、人と自然の和解」という私たちがこれから目指すべき世界の在り方を訴え続けられたのである。

先生は戦乱のアフガニスタンでの活動経験から、「丸腰の安全保障」「自衛隊派遣の有害無益発言」など「平和への思い」に関する多くの発言をしている。

中村先生の「平和および地球環境保全への思い」もかかわった者の役目として語り継いでいこうと思う。

＊文中では、アフガニスタンとアフガンという呼称が混在する。本来は、アフガンは「山の民」、アフガニスタンは「山の民の国」を意味する。ただアフガニスタンの省略形としてアフガンが使われることも多い。タリバン政権による現在の国名は、アフガニスタン・イスラム首長国である。

＊文中簡略化した表現として、上部消化管内視鏡を「胃カメラ」、下部消化管内視鏡を「大腸カメラ」、腹部超音波検査を「腹部エコー」、心臓超音波検査を「心エコー」という名称を用いている。

＊ハンセン病は、従来「らい」「癩病」などと呼称されてきたが、これらの呼称は現在、偏見・差別を助長するものとして使用せず、「ハンセン病」が正式病名とされている。しかし、中村先生は差別された過去を匿名にしないという理由であえて「らい」という呼称を意識的に使用していた。また「らい」というのは医学用語で、「らい反応」とか「らい菌」という用語は、ジャーナリズムでも使われている。このため本書では、「らい」という呼称を使用しているところもある。

Ⅰ　中村医師との出会い

1　大阪商人の父と入江塾

教育熱心な父

私の家は代々大阪商人の血筋で、父は大阪で眼鏡店を営んでいた。商業学校出身だったが学問にあこがれ、教育熱心で自分でもよく勉強していた。仕事が終わると、NHKの教育テレビ番組を見て、「この先生の因数分解の講義はなかなかや」などと言っていた。母は好きなテレビ番組を見ることができないので、いつも父が外出するのを心待ちにしていた。

父は、「ショーペンハウアー、ニーチエ、ドストエフスキー、トルストイ」など、どこまで理解しているのかわからぬながら、哲学者や文豪の名前をコミカルに語るのが好きだった。曲がったことが大嫌いで「お父ちゃんは正義の味方や」も口癖だった。

父の背中には、左の肩甲骨の内側に大きな傷があった。子供の頃、一緒に風呂に入っている時に、「この傷どうしたの?」と父に聞くと、「武士に切られた」と言っていた。今から考えると、父は若い頃、肺結核になり結核療養所に入所していたので、その時の外科的手術の後の傷と考えられる。

商店街の店主が企画した旅行で、列車で白浜温泉に行ったときのことである。ほとんどの人は列車の指定席切符を購入していたのだが、父は指定席切符を購入しなかった。指定席の空いている席に、

「空いているのですわりなさい」と言って、我々家族は指定席に座らされた。車掌さんが、切符の確認をするために、私たちのところに来たのだが、指定席切符がないことを確認した車掌さんに、父は堂々と「ここ空いてますから座ってまんねん」と言った。このようにケチなところもあり、子供ながらに恥ずかしい思いを何度もした。

眼鏡店が定休日のある火曜日、その日税務署が来るというので、父は朝からそわそわしていた。昼頃に税務署員が来て、玄関に入るや否や白いステテコ（昭和オヤジが愛用）と下着のシャツ一枚で、「おまえら何しに来たんや。貧乏人から金を取りに来やがって！」と彼らに怒鳴った。小学校から帰宅した私はあきれた様子の母から聞いた。

かなり進行した状態のすい臓癌で大学病院に入院した時には、嫌がる母に無理やり準備をさせて、病室で焼肉パーティーを開いた。同室の患者さんとの焼肉パーティは盛り上がったもののすぐに発覚して強制退院になった。少しはちゃめちゃで破天荒なところもある人だった。

母は弘法大師で有名な和歌山県の高野山出身で、狭い社会で育ったためか人目を気にするたちで、「そんなことしとったら、みんなに笑われるよ」といつも言っていた。

父の教育熱心のおかげでクラスでの成績は悪くなかった。遊びも大好きで、キャンプや探検などのアウトドアが好きな少年だった。

庶民的な商店街の家庭で育ったためか、少しぐらい成績がいいだけで、近所の人や親戚から「この子は偉くなる、末は博士か大臣か」と言われていた。このためか、今でも私の汚点として頭に残っているのだが、私は小学校の卒業文集に、「将来、眼鏡屋なんかにはなりたくない」と書いてしまった。

その文集を見た父から「そんなことは、書かん方がいい」と優しく諭された記憶がある。戦後、高度成長期に商売を一から立ち上げ、奮闘努力して生きてきた父に対して、大変失礼なことをしてしまった。クラスで一番になったぐらいで、「大きなことを成し遂げることができる。自分は特別だ」と考える、謙虚さのないこましゃくれた子供だったのだ。今から考えると、高度経済成長期の当時は、社会的に成功して名声を得、大金を稼ぎ、脚光を浴びるような人生を歩まなくては、生まれた甲斐がないと考え、目立たぬ平凡な一生を送ることが詰まらぬことであるという風に考える風潮があった。そのため、人からちょっと褒められたばかりに、このような生意気な考えになったのかもしれない。

坊主にして塾へ

公立中学に進むと、近くの学習塾に通っていた。そんな中学二年生の時だった。本屋で『入江塾の秘密』（ノン・ブック、一九七四年）という本を立ち読みし、衝撃を受けた。翌日には頭をまる坊主にして入江塾に行くことに決めた。

入江塾は大阪の帝塚山にあった高校受験のための中学生対象の学習塾である。今では伝説の学習塾と呼ばれているが、人間性を重視したスパルタ教育で有名だった。「男は丸刈りにする」という条件だけで、成績が悪くてもやる気さえあれば男女問わず誰でも無試験で入塾できた。

当時、高校入試に内申が重視されていた。生徒は、内申評価という悪霊にとりつかれ、中学生活の三年間、表面だけを飾って生きねばならぬことに対して、入江先生（塾長）は疑問を投げかけていた。先生は、内申制度の犠牲者にはならず、才気はとぼしくとも、たくましく生き抜く少年たちを育てる

入江先生の授業風景

ために塾を開いた。このため、勉強以外に生活力・人間力を高めるというのが塾の方針だった。「学力三分・人間七分」の信念により徹底した内面教育を行い、塾のモットーは「謙虚・貪欲・明朗・誠実」を掲げていた。

入江先生の口癖は「無駄を承知で無駄をやれ」だった。最近では、「最小の時間と労力で成果を最大限に……」「一％の努力で……」というのが謳《うた》い文句のビジネス書・自己啓発本などが多くみられるが、入江先生は、正反対のことを語っていた。ちなみに、中村先生も「時には試行錯誤の無駄がいる。利に聡い立派なことをいうやつにロクな者は居らん」と語っていた。

入塾後は各学年、クラス分けテストの成績でクラスが決まった。当時、塾には成績順に六クラスあった。一クラス四十人ぐらいの生徒数で、一学年に二百五十人ぐらいの生徒がいた。私は通っている中学校では、クラス一番の成績だったが、塾では上から五番目のクラスになった。「世の中には賢い奴がたくさんいるものだ」と驚いた。

塾の授業は一年三六五日あり、もちろん正月休みもお盆休みもない。中学校から自宅に帰らずに直接塾に向かい、終電の時間まで居残って勉強した。自宅に帰ると十一時を過ぎていた。私は最後まで上位クラスには入ることができなかったが、中学二年の春に入塾して以降、一日も休まず塾に通ったことだけが自慢である。入江先生にも休みはなかった。塾の授業が九時頃終わると、職員室に入江塾が雇った教員が集まり、入江先生と食事をしながらビール（入江先生はキリン瓶ビールを好んだ）を飲み、授業の内容や指導方針などが話し合われていた。問題のある生徒は、その場に呼ばれ、入江先生から厳しい指導を受けた。親が呼ばれ、入江先生から罵倒されることもあった。入江先生の傍らには、いつもキリン瓶ビールと先生の好きな鱧《はも》の湯引き、それに両切りタバコの通称「缶ピース」があった。ちなみに、中村哲先生の傍らには、いつもフィルター付きの「ピース」があり、先生はピースに火をつける前に、ピースを鼻先に持っていき、濃厚な香りを楽しんでいた。

修行僧なみの合宿生活

学校が休みになると合宿生活である。例えば夏休みは四十日間、もちろん一日も休みがない。合宿には関西圏以外の生徒も参加するので、千人近くの生徒数になったこともある。合宿所は兵庫県の柏原という山奥にあった。

朝七時に、各部屋に「起床！　起床！」と放送が流れ、合宿所の広場で体操をして、その後ランニングをした。食事の前に、英単語や数学の計算などの「おはようテスト」というのがあった。朝食、食器洗いを短時間で済ませると、入江塾指定の学習教材の自習をすることもあれば、数学、英語、国語などの授業があった。入江塾出身の灘、ラ・サールなどから東大や国立大学の医学部などに行った先輩たちが指導者として駆け付け、後輩たちを指導した。消灯の後、布団の中で懐中電灯を照らして勉強する生徒もいた。入江先生に見つかると、「ビンタ（平手打ち）」でしばかれた（先生にしばかれるのを期待して勉強する人もいた）。ちなみに「しばく」とは、関西弁で「ひっぱたく」という意味である。雪が降ることもある冬合宿で、気合を入れるためか、全期間ランニングシャツで過ごす生徒もいた。夏合宿の四十日間、一日も風呂に入らない（周りの人は迷惑したが）という修行をする強者《もさ》もいた。一方で、合宿所から逃亡して、警察に保護される生徒もいた。生徒同士で殴り合いのけんかをするなどの問題を起こして、合宿所から下山させられることもあった（塾そのものを辞めさせられることはほとんどなかった）。山奥の合宿所は、一人前の僧侶を目指すための高野山の修行道場のようであり、宗教団体の洗脳施設と間違われてもおかしくないような外観であった。

生徒も塾の運営を担っていた。授業が終わると生徒自らが、教室およびトイレの掃除を行なった。平日の授業は九時ごろ終わるので、終電（十一時ごろ）まで勉強するのに小腹が空く。このため、パンを売るための「パン売り当番」まであった。夏休みなどの合宿では、掃除以外に、炊事係、食器洗い係、風呂係などを決め、生徒自ら交代で行っていた。夏場の便所掃除、通称「ベンソー当番」は、水を豊富に使って撒き散らすことができるので、ストレス解消になるためか人気があった。後輩指導という学年下の生徒を指導する時間もあった。後輩指導を行うには、準備に長時間を要したが、今から考えると、学んだ知識をアウトプットすることで、どのような能力が足りないのかが検証でき、更

塾長の入江先生

に記憶の強化や定着に役立ったと思う。

掃除などの時間や後輩指導が「時間の無駄」と、不満を述べて子供を退塾させる親もいた。「往く者は追わず、来る者は拒まず」が入江塾のモットーであったので、先生は意に介さなかった。「どうして坊主にしないと入塾できないのか」という入塾希望の保護者に、「理由はない。いやなら来るな」と先生は語っていた。

入江先生は、いつも「昭和オヤジ」のステテコと半袖シャツ姿で、缶ピースを吸い、ニコニコしながら授業を行っていた。

先生は、「〝先取り学習〟こそ、他を制する唯一のカギ」と語っていた。このため、例えば中一生には、中一の問題集を使わせず、高校入試問題を活用させていた。中学の問題が一通り解けるようになると、高校生の数学の教材である「もんしん」が配布された。「もんしん」を初めて手にしたとき、私は「これをやり遂げるときっと賢くなる」と将来への希望を抱き、難しい問題と格闘した。複雑な問題が解けたときは、「高校生の問題が解けたのだ」と嬉しくなり、学習意欲が湧いた。「もんしん」とは、現在絶版となっているが、『問題新集 数学Ⅰ』（科学振興社）のことである。

先生の幾何学の講義は独特で定評があった。「〝幾何学は、論理学なり〟ともいわれるように、私たちは、〝図形（幾何）〟の勉強を通じて、正確な推理のしかた、科学的な論理の発展法を体得していかねばならない」と、先生は、幾何学を重視していた。証明できないのに定理を使うと、「証明できない定理は使うな」と、こっぴどく叱られた。今から考えると、幾何学の授業を通して、「物事の本質を見抜く力をつけよ」と先生は、我々に指導していたのかもしれない。

先生は、「学校の学年をも超越して、幾何を考えなければ、幾何に対する本当の理解は期待できない」と、次のように語っている。

「二等辺三角形の頂角の二等分線は、底辺を垂直に二等分する」という定理は、そっくりそのまま、「円の中心から弦に下ろした垂線の足は、その弦を二等分する」となるではないか。

円は二等辺三角形の巣窟である。「円周角は、中心角の半分に等しい」もまた、二等辺三角形の外角と内対角との関係がそのまま生かされて考えられるものなのに、現在の中学では、これを総合して、同時に教えようとする努力はなくて、二年の単元、円は三年の単元と、まったく別々のものとして、これを断絶してしまっているのである。（入江　伸『入江塾の秘密』、（ノン・ブック58）新書）

このような考えから、入江先生の幾何の授業は、好奇心の赴くままに、学年、単元序列の別など関係なく、どんどん先へ進んで行った。

入江先生は、我々の顔面にしばしば「ビンタ」をすることがあった。今ではこのような体罰は完全にアウトである。ただ先生は、「ビンタ」をする時、真剣に我々の目を見ていた。その目には、愛情がこもっていたと思う。目をそらすと「目をそらすな！」と叱られた。成績が悪いという理由で「ビンタ」をすることはなかった。入江先生の授業で、例えばピタゴラスの定理（三平方の定理）を使って問題を解いた生徒が、三平方の定理の証明ができなかったときなどは、「証明できない定理などは使うな」と言って、こっぴどく叱られて「ビンタ」された。入江先生に「ビンタ」されても、自分たちのことを考えてくれているという思いがストレートに伝わった。私を含め、入江先生にしばかれて密かにうれしく感じた人は多かったと思う。

私の妻も塾生でビンタされたことがあった。「女性を『ビンタ』する時には、『ビンタ』する瞬間、先生はニコッと笑い、力を抜いて『ビンタ』していた」と妻は語っていた。私は体罰を肯定・賛美するつもりはないが、今では懐かしい思い出になっている。

私が通っていた頃の入江塾は最盛期で、当時最難関の灘高校の合格者五十三人のうち、三十三人が入江塾出身者だった。芸人活動だけでなく、舞台・演劇活動にも力を入れ、脚本・演出も手がけている「ラサール石井」さんもこの塾の少し先輩である。

私は灘、ラ・サールなどの難関校に「記念受験」して、大差で不合格になった。幸い府立天王寺高校に合格し、その後、奈良県立医科大学に入学することができた。私のような凡人が医学部に合格できたのは、入江塾で勉強の本質を学んだこと、そして塾で培った忍耐力があったからだったと思う。入江塾の同窓会が毎年大阪で開かれて多くの人が参加する。同じ釜の飯を食い、塾で過ごした時間がそれだけ濃密だったからだ。

入江　伸『入江塾の秘密』、（ノン・ブック58）新書、一九七四年
入江　伸『奇跡の数学』、（ノン・ブック84）新書、一九七五年
＊入江先生の写真は、入江緑さんの許可を得て掲載

五月病そして北海道

父は、将来私が眼科医になり、眼鏡店の事業を大きくしようと望んでいた。高校時代の私は、「眼科医になって金儲けするのも悪くはないな」と漠然と考えながら勉強し、医学部をめざしていた。大学入学当時は「バブル景気真っ盛り」で、友人に誘われて合コンに参加したりして浮かれていた。八〇年代に一世を風靡した、大阪ミナミにあったバブル期の象徴「マハラジャ」というディスコにも行った。お立ち台で、ボディコン姿の女性が扇子を振り回して踊っていた。低身長・短足である私は、「ディスコ」に行っても踊り方がわからず、友人から「阿波踊り」のようだと言われた。もちろん女性からは見向きもされない。

教養課程の二年間の授業は、ドイツ語、数学、物理学、心理学、体育などであった。最初は真面目に出席していたが、だんだん興味がなくなった。大学に行っても、授業に出ず友人と喫茶店で長く過ごし、たわいもない話をして時間を潰すことが多くなった。暫くするといわゆる「五月病」になって

しまい、勉強する意欲も目標も失った。

夏休みになり自宅でしばらくだらだらと過ごしていた。ぼーっとテレビを見ていた時に、「北海道の中標津という所に、地平線の見えるところがある」という番組が放送されていた。

興味を覚え、「どれ、地平線を見に行こうか」と、リュックを背負い、ウォークマンで「聖子ちゃん」の音楽を聴きながら、大阪駅から急行「きたぐに」で青森へ向かった。青函連絡船を乗り継ぎ、北海道の中標津をめざしたのである。

道東の中標津町にある民宿「地平線」に宿泊し、翌朝、「開陽台」という所に徒歩で向かった。「開陽台」は標高二七〇ｍの丘で、展望台からは三三〇度の地平線を見ることができる。「地球が丸く見える丘」として有名で、当時からライダーの聖地となっていた。「開陽台」には、個性豊かな旅人ライダーの人たちがテントを張っており、優しそうな目をした人（Ｙさん）がいた。彼らに興味を覚え、思い切って「おはようございます」と、挨拶をした。Ｙさんと「どこから来たのか」などいろいろ話していると突然、「若者が、民宿などぬくぬくとした所に泊まっていたらダメだ。寝袋を買いに行くぞ」と言われた。Ｙさんのバイクの後ろに座らされ、他のライダーのヘルメットを借りて被り、釧路の街に寝袋とヘルメットを買いに行ったのである。Ｙさんのテントとバイクの後ろに居候させてもらう旅が始まった。Ｙさんと他のライダー二人も合流し、私たちと一緒に旅をすることになった。

エリック・クラプトン、ジョン・デンバー、ブルース・スプリングスティーンなどの曲を大自然の中で聴き、釣ったオショロコマ（イワナ属の魚）で、毎晩大容量のペットボトルに入った安焼酎（宝焼酎「純」）と安ウイスキー（サントリーレッド）で酒盛りだった。

開陽台でしばらく過ごした後、知床半島にある羅臼《らうす》キャンプ場に移動した。キャンプ場近くには、無料で入れる当時男女混浴の「熊の湯」という露天風呂があり（現在は女性専用の露天風呂がある）、横を羅臼川が流れていて、ほとんど入れ食い状態でオショロコマが釣れた。

そこでも、個性豊かな旅人がいた。テントの中で、リンゴ箱のようなものの上に「六法全書」を開き、弁護士を目指して勉強している「熊さん」だ。熊さんのテントの前には、「余った食料、薪など受け付けます」と上から目線で書かれた四角い木の看板が立ててあった。

熊さんのバイクは、ヤマハＳＲ４００という名車。単気筒エンジンで、「トコトコトコトコ」という音が心地良かった。熊さんは言う。「ここは、楽園だよ。ほとんどお金がなくても暮らしていける。大自然の中で勉強ができるうえに、地元の人からバーベキューで残ったジンギスカンなどの食料や薪ももらえる。しかも混浴で無料の温泉付き」。

彼らは私を医学生ではなく「アキラ」と呼び、「世間知らずのボンボン」として扱った。「魚の釣り方」「火おこしの方法」などの知識だけではなく、間接的にいろんな人生や生き方があるということも教えてくれた。

それまでは恥ずかしながら、「いい大学に入ると人生の勝者になる」という傲慢で偏狭な考えを持っていたかもしれない。彼らと出会い、私の人生観が変わった。

インドへの旅

この時に知り合ったＹさんに「アキラ、インドはいいぜ」と勧められた。今でも付き合いのあるＹ

インド旅行

さんは私の「人生の師匠」で、この北海道での出会いがなければインドに行かず、その後ペシャワールには行かなかったと思う。

わが〈アホなる〉人生を歩むのに大きな影響を与えた人は両親以外に三人いるが、前述した入江先生とYさん、そして中村先生である。

Yさんに勧められた『インドを這う』（永渕閑立風書房）を読み、さらにインドの情報を得るために本屋で『メメント・モリ』（藤原新也　情報センター出版局）という写真集を見つけた。衝撃だった。

ガンジス川に流れ着いた水葬死体に二匹の野犬が食らいつくさまを写した写真に「ニンゲンは犬に食われるほど自由だ」。ヒンズー教の一大聖地・バラナシで、祭りの日に息絶えた人の写真に、「祭りの日の聖地で印をむすんで死ぬなんて、なんとダンディなやつだ」という言葉が添えられていた。インドでは「バラナシで死を迎え遺灰をガンジス川に流せば輪廻から解放される」という信仰に基づき、死を迎えるためにバラナシへ向かう信者も多くいる。

中村先生亡き後、この写真集を再度見て、「人は自然の一部にしか過ぎない」ということに改めて気づかされた。そして、中村先生が深い思索の結果到達した「人と人、人と自然との和解」という言葉を思い出し、私たちは自然の一部として自然とともに生きていかねばならないと思った。

日本では多くの人が、病気になれば入院して治療を受け、回復しなければ病院のベッドで最期を迎える。医師が心電図モニターで波形がフラット（平坦）になるのを確認して「死」と認める。日本で迎える「死」とあまりに違うインドの光景に、衝撃を受けたのである。


一九八四年、大学二年の時にバックパックを背負ってインドに行った。成田空港から格安チケットの便でインドの首都・デリーに向かい、到着したのは夜中だった。

「インドでは夜中に移動すると危険である」と聞いていたため空港内で朝になるのを待ち、朝一番のバスでデリー駅に向かった。

早朝でまだ薄暗く、もぞもぞ動くものがバスの窓から見えた。よく見ると薄汚れた布をかぶった人間だった。あちらこちらの道の傍らで寝ていたのである。

「見たことがないすごい世界が広がっている」

驚きと同時に、わくわくした気持ちになったのを憶えている。

明るくなった頃、デリー駅に着くと牛・ヤギ・犬・ブタそして人までが「野良」のようにうろついていた。どの牛も人や車を全く気にすることなく自分の行きたいように進み、道路の真ん中に横たわっている牛もいた。多くの人々が町のあちらこちらの道端で歯を磨いていた。

初めて私がインドで見た、いきいきとしたデリー駅の朝の喧噪・混沌は今でも鮮明に覚えている。大勢の人が、整然と無言で会社を目指して進む日本の朝の風景とは異なり、あの時のデリー駅の朝は、これが「生きている」ということか、という実感を私に起こさせた。初めてのインドは、少し歩くだけで経験したことのない壮絶な光景につぎつぎと遭遇した。なんと刺激に満ちた街だろうと、見るものすべてが新鮮だった。

インドでは、乞食・人力車の車夫・土産物の店主など一人一人が、生き生きとしているだけでなく「誇り高く生きている」と実感した。しかし「経済的に貧しいこの人たちは、どうして誇り高く、生き生きしているのだろう」と考えさせられた。

後になって、中村先生が、「混沌」の中で生きるパキスタン・ペシャワールの人々について次のように述べていることを知った。

「『英国の秩序よりもインドの混沌の方を選ぶ』といったのはあるインドの大指導者だが、乞食から地主まで一人一人がほこり高く生きていたペシャワール、殺すものも殺される者も生き生きと戦っていたアフガンゲリラたち、良いことも悪いことも、そこにはもっと身近で分かりやすい『人間たち』がいた。

彼らは、生き生きとしているだけではなかった。

我々は貧しい国へ『協力』に出かけたはずであった。しかし我々は本当にゆたかだろうか。ほんとうに進んでいるのだろうか、ほんとうに平和だろうか。胸を張って『こうすれば幸せになります』といえるものを持っているのだろうか」（『アフガニスタンの診療所から』筑摩書房　二〇〇五年）

バブル経済真っ盛りの金持ちニッポンから「幸せの青い鳥」をもとめて、「五月病」から回復したばかりの私はインドへ行った。私の中にも「本当の豊かさとはどういうことか。我々日本人は幸せなのだろうか」という複雑な想念がこみあげてきた。

新鮮な感動でいろんな思いを巡らせていたのも束の間、それどころではない事態に陥った。激しい腹痛と下痢が繰り返され、脂っこいインド料理を受けつけなくなった。安宿から出ると、汚い身なりをした子供の物乞いに囲まれ、お金を渡すまで子供たちは果てしなくついてくる。オートリキシャに乗り、十ルピーで交渉したはずが、降りると十ドルと言われて頭にくる。道を歩いていると、「ヘイジャパン、フレンズ」と言って男が馴れ馴れしく近寄ってくる。「いつから友達やねん？」と思いながらついていくと、見事にだまされた。

二度目のインド

成田空港に着き、新幹線で大阪に向かう時に、駅弁を買った。冷えたコメを口に入れたとたん、「なんと日本のコメはおいしいのだろう」とインドで打ちひしがれた私は涙が出そうになった。

帰国して物質的に豊かで無機質な日本の社会（当時、私はそう感じた）でしばらくありふれた日常を過ごしていた。しばらくすると、インドの「混沌と刺激」がなんだか懐かしくなり、再びインドに向かった。

初めてのインドの旅では、「この水を飲むと下痢するかな？　この果物ジュースに入っている氷は大丈夫だろうか？」と恐れていた。しかし、二回目のインドでは恐れずに何でも口にしようと決めた。最初は下痢をしたが、しばらくするとインド料理を楽しむことができるようになった。さまざまな病原体に接することにより、なにがしかの免疫力がついたのかもしれない。また恐れずに、インドの食べ物・自然・人々との交流などをストレスなく楽しむことができた。このことが、体全体の免疫力の低下につながらず、病原体に負けない体になったかもしれない。「ヘイジャパン、フレンズ」と言って近寄ってくる男達に対しても、上手く対処できるようになった。

その後、大学の授業にあまり出席せずに家庭教師のバイトをしてお金を貯め、休みのたびに憑《つ》かれたようにインドやアジアの国々を放浪するようになった。

インドの町は、ペシャワールの町のように車のクラクションがあちらこちらに鳴り響き、砂ぼこりが舞い上がり、暫く歩くと顔が真っ黒になった。

南インドの大都市マドラス（現在のチェンナイ）では野良犬・豚・牛・人間がそれぞれ威嚇《いかく》し合い、唸るような声を発してゴミ箱の中に顔を突っ込み、残飯を争うように貪り喰らっていた。

南インドの田舎町でバスに乗り私が日本人であることに気づくと、バス内が騒がしくなった。前方に座っていたサリーを着たおばさんが突然私のほうにそそくさと近寄ってきた。悲しそうな表情をして胸に手を当て、私の目を見て「おしん……」と一言つぶやき、自分の席に戻っていった。

「おしん」は、七歳で奉公に出されて以降、逆境に耐えながら明治・大正・昭和の激動の時代を生き抜いた女性の一代記を描いたＮＨＫの連続テレビ小説。現実の貧しい生活と重なったためか、インドだけでなく、アジアから中東にかけて爆発的にヒットしていた。特にイランでは視聴率八〇％を超える人気番組だった。

私がインド旅行に行ったバブル時代、日本とイランは伝統的友好国で、イラン人は、ビザなしで日本に入国できた。このため、多くのイラン人が日本へ出稼ぎにやってきていた。当時は携帯がまだ普及していなかったため、公衆電話に「テレフォンカード」というプリペイドカードを使って電話をしていた。一部のイラン人が、上野公園近くで「偽造テレフォンカード」を売っていたのである。

インド旅行からの帰りに私は、上野駅のガード下をうろついていた。その時のこと、ぼろ服を着た日本の乞食が、身なりの整った日本人には目もくれず、「偽造テレフォンカード」らしきものを売っているイラン人の方にすたすたと向かっていき、手を差し出したのである。そのイラン人は優しそうな表情で、「ちょっと待っててね」と言ってお金を渡していた。乞食は、イラン人がお金をくれると知っていたのだろう。

この光景を見て、これがイスラム教徒に課せられた「ザカート（喜捨）」かと、胸が熱くなった。インドから帰ったばかりで偏屈になっていたのか、上野の街の雑踏の中を脇目もふらず黙々と急ぎ足で歩いている日本人が皆、冷たい人間のように見えた。

インドで最高の仏教壁画が残るアジャンタ石窟群と古代三大宗教「仏教・ヒンドゥー教・ジャイナ教」の石窟寺院が一同に会するエローラ石窟群を見るために、近くのアウランガーバードというイスラム教徒が多く住む街に宿泊したときのことである。

私はインドでは、男性民族衣装である「クルタパジャマ」の上にチョッキを着ていた。チョッキのファスナーを付けた内ポケットに現金（五万円ぐらいだったと思う）、パスポートなどの貴重品を入れていた。ファスナーが壊れたので、町の小さな仕立て屋に修理を頼んだ。

ホテルに帰り昼寝をした後、現金・パスポートを入れたまま仕立て屋にチョッキを出したことに気づき焦った。慌てて、仕立て屋に行くと、店主が笑いながら修理をしたチョッキを渡してくれた。内ポケットの中身を確認すると、そのまま中身が残っていた。北インドで何度も騙されていたので、正直な店主に感激した。

現金すべてがなくなっていても文句が言えない状態だったので、修理代のほかに一万円を手渡そうとしたが、店主はお金を受け取ろうとはせず、誇らしげな顔をして胸に手を当て、〝ムスリム（イスラム教徒）〟と言った。

現代イスラム教センター理事長の宮田律さんは「コーランはムスリムの生活の包括的規範であり、結婚、離婚、相続、不和、飲酒、ギャンブル、窃盗、殺人、私通、姦通など人間のあらゆる行為について倫理的基準を設けている。（中略）『ムスリム』という言葉は、『神に服従し、帰依する者』を意味し、それはアッラーの指導に従い、アッラーの意思を実現する者だ」と述べている。（宮田律『イスラムの人はなぜ日本を尊敬するのか』新潮新書）

イスラム教徒を見るとテロリストとか過激派だと思い浮かべる人が多い。しかし、イスラム教徒のほとんどは、この仕立て屋の主人のようにイスラムの教えに従って窃盗はしない、まじめな「ムスリム」であるということを知っていただきたい。私がペシャワールで出会ったイスラム教徒の人々も、日本で偽造テレフォンカードらしきものを売って法を犯していた人でも、優しい心の持ち主であった。

インド最大の聖地であるバラナシでバスに乗って出発を待っていると手首や前腕のない数人の物乞いの子どもが、ドタバタと元気にバスの中に入ってきた。障害のある部位を私の目の前に「ほら、見ろ」というような堂々とした態度で示し、物乞いをしていた。かわいそうだというより「たくましく生きているな」と感じた。ただ物乞いの中には生まれつきの障害者もいるが、同情を買いお金を貰うために、子供の手足を切ったり目をつぶしたりしてより憐れに見せるということが行われていることも知った。（石井光太『物乞う仏陀』文春文庫）

インドの大都市・ボンベイ（現在のムンバイ）の観光地である「インド門」が見える広場でアラビア海を眺めていた。なれなれしい怪しげなオヤジが近づいてきて、「インド門」と近くにあるボンベイの最高級ホテル・タージマハールホテルを指さした。

「このきらびやかな建物とその周りの美しい景色、これも確かにボンベイでしょう。あなたには特別に『本当のボンベイ』が見られるところに案内しましょう」

身振り手振りを交えての誘いである。

「ええよ」

　案内してもらうことにした。

　最初に「ドービーガート」と呼ばれる五千人以上が働く世界一の洗濯工場に案内された。カーストにより代々職業が決まっている不可触民であるドービー（dhobi　洗濯人）が働く屋外の広大な洗濯場である。水に浸かって石に洗濯物を振り回して叩きつけ、手で何度もギューギュー押し付けることで汚れを落としていた。

　その後、火葬場などに案内され、最後にボンベイの「大売春地」に着いた。入り口に「エイズクリニック」と書いてある建物が五件ぐらい軒を連ねている。次にたくさんの娼婦が客待ちのために座っている売春宿が、道沿いに長々と連なっていた。

　売春宿の前で、カラフルな服と山高帽を被った、肩関節から両上肢を切断された障害のある男性が車の中から見えた。その障害は事故などで生じたとは考えられず、明らかに不自然だった。その男の後ろを、ラッパを吹き太鼓をたたきながら男がついて歩く。男は楽器に合わせてひょこひょこと頭を上下に動かしてねり歩く。しばらくすると売春宿の娼婦が、この両腕のない男の前ポケットにお金を入れたのである。

　私は言葉を失った。

　私はアジアの国々の自然、人間、混沌、食べ物に魅了された。そしてインドの悲惨な状況が脳裏に刻み込まれた。このことが混沌としたアジアのどこかの国で困っている人の一助になれればと、後に私をペシャワールに導いたのかもしれない。

2　ペシャワールへの道

あやしげな人

私が医学部を卒業した頃は、現在のように卒業後、内科・外科・小児科・産婦人科などの科をローテーションしながら研修（初期研修）するのは必須ではなく、最初から整形外科・眼科・皮膚科・心臓外科・産婦人科などの専門医を目指して医局に入るのが普通だった。

卒後の進路を決める時期に医局の研修説明会に行くと、「当科は関連病院がたくさんあるので、就職に有利です」「眼科医は将来性のある職業です」というような話がほとんどだった。心臓外科医など特定の専門医を目指していたわけではなく、アジアの国々を放浪して偏屈人間になってしまっていたのか、私には魅力を感じられなかった。

その頃、産婦人科の先生が飲み会をしているので参加しないかと友人に誘われたことがあった。マンションの一室に行くと、その医師は、看護師と思われる三人のきれいな女性と高級そうなソファに座ってワインを飲んでいた。

自己紹介をすると、その医師は、ゴルフのシャドースイングをしながら「小林君と言ったね。産婦人科医はすぐに一人前になりゴルフをしながら人生を楽しめるよ」と言ったのである。

いかにもキザな感じがして嫌悪感が湧いてきた。「理性」を司る私の前頭葉が未熟であったためか、扁桃体の暴走を抑えることができず、「くだらない、夢がありませんね」と返してしまった。その医師は私の胸倉を掴むと「なめとんか！」と言うので、さっさと逃げ帰ったのである。

振り返ると、せっかく食事を準備して女性たちと迎えてくれた産婦人科の先生に大変失礼なことをしたと反省している。

誤解を招くといけないのでお話しすると、動機の如何を問わず、専門医を目指して医局に入り、素晴らしい医者になった多くの友人もいた。私はたまたま縁があって、普通の人と異なる道を進むことになっただけである。中村先生は、どのような道を進もうとも「自分の身の回り、出会った人、出会った出来事の中で人としての最善を尽くすこと」と述べている（『医者よ、信念はいらないまず命を救え！』羊土社）。ほとんどの人は、通常のレールに沿って進むと思う。そのことを否定しているのでは決してない。

当時、「生命だけは平等だ」との理念を掲げ「二十四時間三百六十五日オープン」の病院を全国に拡大していた徳洲会グループの臨床研修病院説明会に出かけた。徳田虎雄理事長が「世界中の困っているところに病院を作る」と豪語していた頃である。理事長のスケールの大きさに魅力を感じ、現在と同様の初期研修システムを導入していたこともあり、徳洲会病院で初期研修を受けることに決めた。

岸和田徳洲会病院は徳洲会病院の中で最も忙しく、救急車が一日に三十台前後来るというのを聞いた。早く一人前になりたいと思い、さらに面接で当時の廣岡大司院長に初めてお会いした際、先生の言葉一つひとつに誠実な人柄や優しさがにじみ出ていたため、迷うことなく研修先に決めたのである。

徳洲会が医師会と対立していたこともあり、私が大学の医局を離れて徳洲会に行くことに多くの人から反対され、変わり者扱いされた。当時、「救急車たらい回し」が社会問題となっていた。救急医療を中心に断らない医療を実践していた徳洲会を医師会などが批判する理由が、私にはわからなかった。

徳洲会病院の研修説明会で「将来、途上国で医療活動をしたい」と話したところ、「パキスタンのペシャワールという所でハンセン病の診療をしている日本人医師がいる」という話を聞いた。

その日本人医師に会いたいと思い、一九八八年春、大学の卒業旅行でペシャワールを訪れた。当時はソ連軍がアフガニスタンから撤退する交渉がジュネーブで始まる頃で、十年間戦争が続いたアフガニスタンに、「ようやく平和が訪れる」と世界中からジャーナリストが集まっていた。アポなしで先生がハンセン病診療をしていたペシャワール・ミッション病院を訪問し、門衛の人にハンセン病の外来診察室へ案内してもらった。

そこには口髭をたくわえ、現地語らしき言葉で話す、あやしげな人がタバコをふかしていた。恐るその人に中村先生の居所を聞くと、その人こそが中村先生だった。

当時、先生はワイル病（黄疸出血性レプトスピラ症）から回復したばかりだった。突然の訪問にもかかわらず、私をハンセン病の病棟に案内してくださった。

北條民雄の「いのちの初夜」の暗いイメージを想像していた私は緊張して病室に入ると、意外にも患者さんは明るく、日本からの訪問者と聞くと私を歓迎してくれた。ごつごつとした指のない手で握

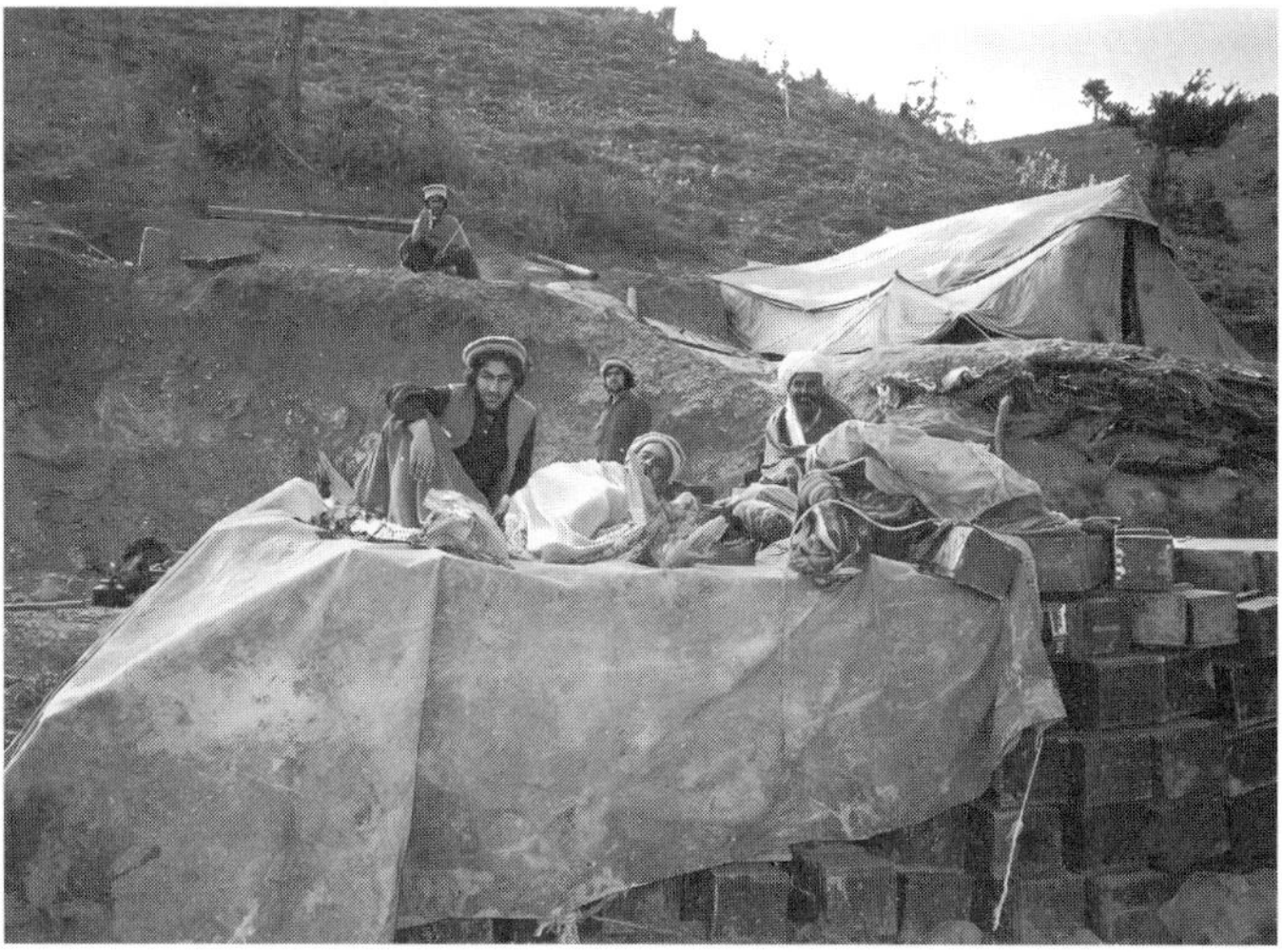

アフガンゲリラの要塞で

手を求めて私を抱擁し、どこからか温かいチャイも用意してくれた。その頃先生は幼い二人の子供さんと一緒に住んでおられ、宿舎にも招かれ、奥様に日本茶を頂いた。

私が宿泊していたヒッピーたちで有名な「カイバルホテル」という安宿の隣のホテルに、多くの著名な戦場カメラマンがいた。中村先生に会ったことを話すと、「アフガン国内に入りたいので先生を紹介してくれ」と彼らに頼まれた。

先生は一部の戦場カメラマンを「不幸を売り物」にし「一部の贔屓《ひいき》の軍閥の情報を流布して真実をゆがめている」と批判していたが、知り合いのアヌワルという司令官を紹介してくださった。その仲介で彼らはアフガン国内に入ることができたのである。

アヌワル司令官はカブール大学卒のインテリかつレスリングの国内チャンピオンで、自分の村の民兵を率いてソ連軍の一個中隊を打ち破っ

ムジャヒディンの墓

たことで有名な「アフガン戦争のヒーロー」であることを先生から聞いた。確かにアヌワルは恰幅のよい、鋭さの中に優しさを兼ねそなえた眼光の持ち主だった。アヌワルとは、彼の家族を熱心に診たことで知り合いになったとのことだった。

　戦場カメラマンの人たちとアヌワル司令官に会いに行った時、私が自己紹介すると「行動的な人ですね」と、アヌワルに言われた。

　若気の至りで私は、戦場カメラマンとアヌワル司令官が用意してくれた案内人と一緒に、アフガン国内に入った。街道では武器が堂々と売られており、戦闘でなくなった多くの「ムジャヒディン」の墓がところどころにあった。「ムジャヒディン（聖戦士）」とはイスラムの教えに従って異教徒とジハード（聖戦）を戦う人間のことである。

　反政府ゲリラの要塞と思われる所で宿泊すると、要塞を守っていた「ムジャヒディン」は、我々に食事を作って提供してくれた。カラシニコフ（AK47ソ連製自動小銃）を使って、銃の撃ち方も教えてくれた。

この時、案内人も含めて彼らは一銭もお金を要求せず、我々を丁重に扱ってくれたので不思議に思った。のちに彼らが属するパシュトゥンという民族に、「パシュトゥヌワレイ」という掟があることを知った。

アフガニスタンは多民族国家で、主にパシュトゥン・タジク・ハザラ・ウズベクなどの諸民族から構成されている。パシュトゥン族は、アフガニスタン内で最大の人口を持つ民族である。ペシャワール会が活動している地域の人々の多くは、パシュトゥン族に属している。先生はパシュトゥン族、「パシュトゥヌワレイ」に関して次のように述べている。

「この不文律の有名なものが『パシュトゥヌワレイ（パシュトゥンの掟）』で、多少の地域や民族差はあるものの、アフガン農村社会を律する共通の掟だといえる。都市部の西欧化された階層で薄れつつあっても、大部分の東部農村では依然として健在である。
代表的なものが、メルマスティア（客人歓待）とバダル（復讐法）である。これは外国人の想像を超える強固な農村地帯の掟である。
メルマスティアとは、よその者でも友好的な『客人』と認めればもてなし、これに手を出さぬ習慣である。ある血族に敵がいて、代々の抗争があっても、その敵は『客人』を絶対に攻撃しない」（『天、共に在り アフガニスタン三十年の闘い』NHK出版）
「バダル（復讐）とは、『目には目を、歯には歯を』という徹底した報復の慣習である。大抵は家名をかけた一種の『仇討ち』だが、時には、村ぐるみ、部族ぐるみの小さな戦争にさえ発展する。主な紛争の原因は、『ザル・ザン・ザミーン（金・女・土地）』という絶対に手をつけてはならぬとされる所有物に関することが多い」（『ペシャワールにて』 石風社）

彼らは我々を、中村先生の知り合いの『大切な客人』としてもてなしてくれたのである。アフガニスタンには、「一度会えば友人、二度目に会えばもう兄弟」という諺（佐々木徹『アフガンの四季』中公新書）がある。

パキスタンの僻地で現地の中に溶け込んで医療を行っている先生の姿に驚きを覚え、「中村先生のような医療活動をしてみたい」と漠然と考えはじめていた。

帰国後、研修医生活が始まった。当時は医師の労働基準法などは無きに等しい状態で、研修医一年目は三日に一度の当直で、当直明けも普通の勤務をしなければならなかった。体と精神がボロボロになりながらも研修医生活をそれなりに楽しみながら医師としての技量を学んだ。

二年間の研修医生活が終わり、消化器内科を専門にすることに決め、胃カメラ・大腸カメラ・腹部エコーなどの手技を学んだ。この頃はアジアで医療を行うことはまだ漠然と考えていただけで、将来医者として食っていけるようにするために、これらの技術を学んでいたと思う。

胃カメラの指導とノープロブレム

医師となり五年が過ぎて将来に閉塞感を感じていた頃、大阪で中村先生の現地報告会が開催され、中村先生と再会した。先生は微笑んで、「あー小林君。ペシャワールに来るのをまっとったよ」と話してくださった。

当時の私は医師としてまだまだ未熟で、現地で本格的な医療活動はできないと思った。そこで、「胃カメラの指導」という名目で一九九三年、三か月間ペシャワールに行く機会を先生から与えていただいた。その頃、中村先生はアフガニスタン東部のハンセン病多発山岳地帯に診療所を開設する事業を本格的に開始している頃だった。

五年ぶりのペシャワール。一時帰国していた中村先生に同行して学生時代に訪れたミッション病院に着いたのである。先生は、病院のスタッフ達と再会の挨拶と抱擁を交わされた。その後、ハンセン病の患者さんたちは待ち構えたように中村先生のもとへ駆け寄った。十人ぐらいの患者さんと一人ひとり再会の挨拶と抱擁が交わされた。

患者さんたちは久しぶりに中村先生に会って嬉しそうだった。再会の挨拶が終わるのに、一時間ほどかかったように思えた。その時イスラム社会では挨拶が非常に重要であることを感じた。

先生は、挨拶の時に「『ご家族の皆様はご機嫌いかがですか』など相手の家族、特に両親や配偶者のことを話題にする」と語っていた。実際に現地に私が赴任して一時帰国してペシャワールに戻ると、すべてのスタッフに「ご家族はお元気ですか」と聞かれて、ニコニコしながら皆に答えなければならないという経験をした。

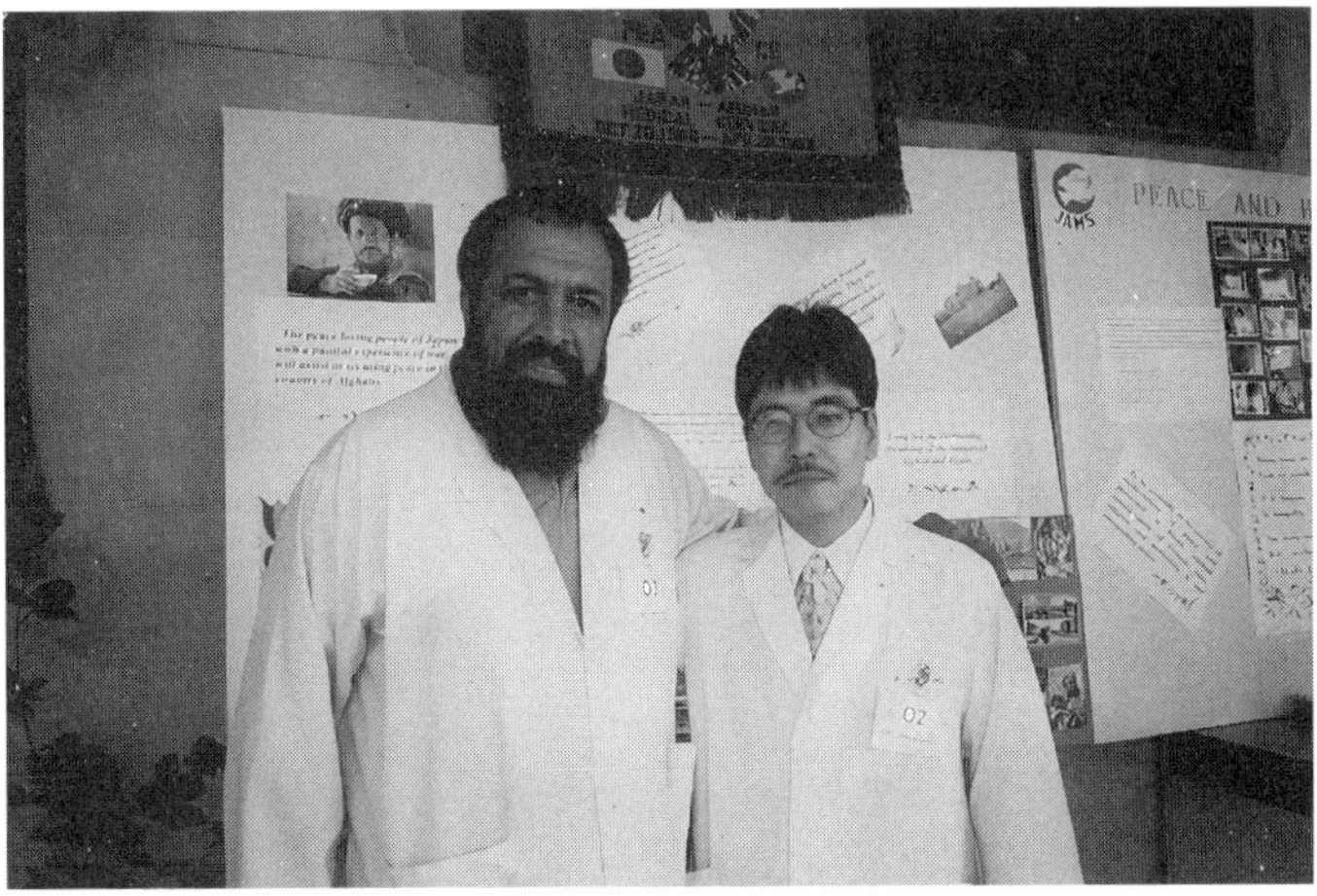

JAMSのシャワリ先生と

挨拶の際には、笑顔いっぱいで迎えてくれて頬ずりまでしてくれる。ただし、髭の生えた愛嬌のある男性ばかりである。髭を強く頬に擦り付け、たっぷりと抱擁してくれるので、しばらくざらざらとした「髭の感触」が余韻として残る。町に出ると男性同士が手をつないで笑顔で歌いながら歩いていることもある。目が合うと「微笑み返し」をしてくれる。ただし、男性と女性が手をつないで歩くことは、全くなかった。

寄り道が長くなったが、私は、主にＪＡＭＳ（Japan-Afghan Medical Service）のシャワリ院長に胃カメラを指導することになった。のちに詳しく述べるが、ＪＡＭＳは一九八七年に発足したＡＬＳ（Afghan Leprosy Service）を改称、一九八九年にアフガン国内のハンセン病多発地帯に診療所を建設する目的で人材育成のための診療・教育機関として組織された。

ＪＡＭＳには「日本の病院から寄付された旧式の

胃カメラと光源装置がある」という連絡を受けていた。確認すると、保存状態は良好で検査可能と判断した。

現地には胃カメラの自動洗浄機はないということだったので、胃カメラが感染源とならないように手洗いで洗浄する方法を日本で学んで現地に行った。幸い現地で、日本でも使用している殺菌消毒剤を安価で購入することができた。

殺菌消毒剤と緩衝化剤を水で溶かして消毒液を作ったが、現地の水が硬水のためか緩衝化剤が完全に溶けず、小さな粒が残っていた。シャワリ先生が、消毒の際に「胃カメラの送気・送水孔が詰まるのではないか」と私に尋ねたが、

「ノープロブレム」

ところが、消毒を始めたところ送気・送水孔は詰まってしまった。

胃カメラを操作する際には、胃内に空気を送り込んで膨らませ、胃に付着している粘液などを洗浄する必要がある。このため、胃カメラにはレンズ以外に空気や水を送る送気・送水孔がついている。その送気・送水孔が詰まったのである。

送気・送水孔に何度も水を入れて圧をかけたが、詰まりを解除できなかった。日本であれば直ちに業者の人が来て修理してくれる。日本のオリンパス本社に国際電話をかけて相談したが、うまくいかない。

あれこれと悩んでいるとき、突然シャワリ先生が送気・送水ボタンをはずし、そこに自分の口を直接付けて力強く吸い始めた。すると、送気・送水孔の詰まりが解除され、胃カメラを始めることがで

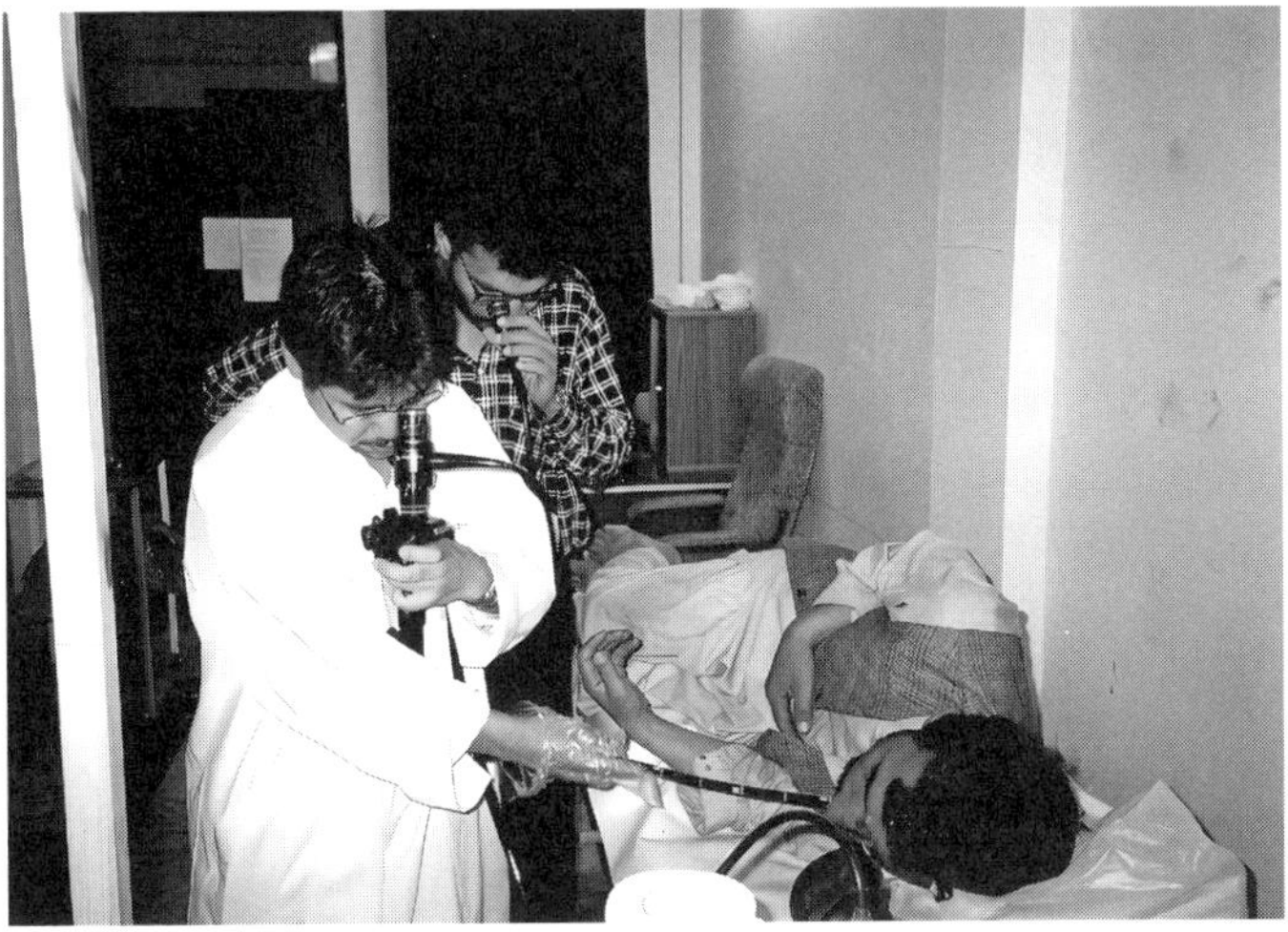

胃カメラの指導

きたのである。

日本では胃カメラを始める前に、挿入時の苦痛を軽減させるため「キシロカインビスカス」というゼリー状の液体を喉にためた後、飲みこませて喉の麻酔を行う。日本から持参した「キシロカインビスカス」は、使用してすぐになくなってしまった。ペシャワール中の薬局を探したが、「キシロカインビスカス」を手に入れることはできなかった。

「喉の麻酔なしで胃カメラをするのは、難しいのでは？」とシャワリ先生に尋ねると、

「ノープロブレム」

患者さんの中には「ゲーゲー」する人もいたが、大きな問題はなく、胃カメラをすることができた。七十八人に胃カメラを行い、十二指腸潰瘍二十一例・逆流性食道炎四例・胃潰瘍二例・食道がん二例・胃がん一例を診断した。十二指腸潰瘍の患者が多く見られたが、シャワリ医師は、憤慨しなが

ら十二指腸潰瘍を「ロシアからの贈り物」と言っていた。

十二指腸潰瘍の主な原因として、飲酒・喫煙・ピロリ菌の感染・ストレスなどが挙げられる。旧ソ連がアフガニスタンに侵攻した内戦によるストレスが原因で、「十二指腸潰瘍の患者が多く見られる」と言いたかったのだと思った。


この時期はラマダン（断食月）と重なった。ラマダンとはイスラム教の「六信五行」に定められている断食である。イスラム暦の第九月（ラマダン）の一ヶ月間、日の出から日没までの間は飲食をせず、欲望を抑え善行や宗教的実践に励むことが義務とされている。このためイスラム教徒は、昼食をとることができない。水を飲むことも禁止されている（ただし、日没後のバザールは賑わい、夜間に食いだめするので、断食月に太ってしまう人もいる）。

シャワリ先生は、首都にあるカブール大学出身の知識層で、共産政権の一時期に自由な雰囲気のカブールで大学生活を送っていたためか、ラマダンを守らずに昼食をとっていた（ほとんどのＪＡＭＳのスタッフは断食を守っていた）。

ある時来客があり、昼食をとっていたシャワリ先生は来客を外で待たせた。お茶目にニヤリと笑いながら、私の机に食事を摂っていた皿を置いた。さらにフォークを大きな両手で大袈裟にコミカルにくるりと回して私の机に置いた。

来客と抱擁の挨拶をした後、何やら話していたが、客が帰るとシャワリ先生は、「タリバンだ。断食を守っているか調査に来たのだろう」と言ったのである。

タリバンはイスラム教指導者のオマール最高幹部が一九九四年に旗揚げしたとされているが、私がペシャワールに行った一九九三年、すでにペシャワールで活動していたと思われる。

アホとちゃうか

ペシャワールから帰国後、現地に赴任することを決めた。ただ、現地語の習得や現地で必要な医学技術の研修が必要である。問題はそれだけではなかった。結婚して二人の子供も生まれた。すると周囲から、「あんた何考えてんねん。子供はどうするつもり？　お金は？　アホとちゃうか」と猛反対がおきた。

当時私の父は他界していたが、母は健在だった。中村先生が出演するテレビ番組を見ると、「この髭、大嫌いや。アキラはこの髭に騙された」などと言っていた（私が現地に行ってしばらくしてからは、先生に関する新聞記事を切り取り、「この人、ほんま偉いな」と言って大切に保管してくれていた）。

物知り顔で人生訓をたれ、「世界の人口爆発の問題点」を長々と述べ、「死ぬべき運命にある人を助けて何の意味があるの？」という人もいた。「アジアの途上国で医療をしたい」と語っていた友人は少なくなかった。しかし結婚して子供が生まれると周囲に反対され断念する人がほとんどだった。結婚前は「素晴らしい夢をお持ちですね」と言われていたのが、結婚して子供ができると、「あんたいつまで夢みたいなこと考えてるの、この子はどうするの？」と奥さんに言われて断念した友人もいた。「あんなところに行くなんて、勇気がありましたね」と言われることがあるが、振り返ると勇気を出したのではない。若さゆえの無知で向こう見ず、根拠はないのに自信過剰だったのだ。

将来設計など全く考えず、アドレナリン全開で「先生が実践されている活動を学んで、自分の力でアジアのどこかで同じような組織を作って、国際貢献をしよう」と本気で考えていた、大志を抱いたアホだったのである。だれに反対されようと「行く」と決めていた。「だれに反対されようと、この人と結婚する」というような気持ちと一緒だった。今では、それが若さの特権だったと思う。

「バカは世の中の味付けだ」

ペシャワールの肉屋さん

「英語ならともかく、ウルドゥー語・パシュトゥ語などを学んだとて帰国しても評価されない。ペシャワールで学んだ『技術』は役立たないし、経歴に箔がつくわけでもない。計算高い者は来ないどころか、赴こうとする者に冷たい視線さえ投げかけるということも起きてくる。いい意味で異常な人たちが集まっています。こういう仕事をする人たちは、ここに来る人も含めて、バカですよ。しかし、バカもおらんと世の中面白

ペシャワールの歯医者さん

くないしね」

というような話を先生は、私が現地・ペシャワールに赴任して間もない頃、夕食をとっている時にしばしばしていた。

当初は、「確かに、私がペシャワールに行く話をすると、周囲からアホとよく言われたが、ペシャワールに行くのにちょっとは苦労したのに先生から『バカ』といわれると……」と思っていた。

ある時中村先生は、「日本に帰ると『ペシャワールのような危険なところで活動されて、先生は本当に大変ですね』とよく言われますが、『ストレスの多い職場で働いているあなたの方が大変ですね』と言いたくなります」とぼそっと独り言のように夕食時に言われた。

その話を聞き、先生の言われる「バカ」とは自由に生きている『男はつらいよ』の寅さんのような人の事を想像していた（中村先生は寅さんシリーズのＤＶＤを持っていた）。寅さんも映画で、おいちゃんから「馬鹿だね～」とよく言われている。

先生の苦労も知らず、大変失礼なことを考えていたと思う。寅さんと中村先生はかなり違うが、困っている人（寅さんは美しい女性が多い）を見ると放っておけないという点では似ている。

第三十九作『男はつらいよ 寅次郎物語』で甥の満男が寅さんに「人間は何のために生きてんのかな」と尋ねる場面がある。困惑した寅さんは、「難しいこと聞くな、お前は。……何と言うかな、あー生まれてきてよかった。そう思うことが何べんかあるだろう。そのために生きてんじゃねえか」と答える。

中村先生は、アフガニスタンで医療活動、井戸掘り事業、用水路事業を行った。千辛万苦を重ね、多くの人が救われて喜ぶ笑顔を幾度も先生は目の当たりにした。寅さんの言う「あー生まれてきてよかった」と思うことが、何度も何度も経験できた幸せな人であったと思う。

先生の言う「バカ」とは、次の文章からその意味を読み解くことができるかもしれない。中村先生の著書には、「愚直」「愚鈍」という表現がしばしば出てくる。先生は、「バカは世の中の味付けだ」とも述べている。

「我々を引きずっていたものは、野心や事業欲でもなく、さりとて高邁な信念や理想というにはおこがましい。ただの愚直さかも知れなかった。それでも良い。現に、既に自分を支える心象風景となった、この眼前のヒンドゥクッシュの大山脈を満喫できる幸せがある。断ち切られたふるさとに帰る者の笑顔を見れる幸せがある。自分は恵まれた人間であると思った」（『ペシャワールにて』 石風社）

タリバンと目黒さん

「『思想信条にとらわれず、浄財と思えば誰からでも寄付を仰ぎ、時には試行錯誤の無駄がいる。ペシャワールの事業にかかわる者などはバカである。利に聡い小利口者ばかりでは、世の中、面白くない。バカも世の中の味付けだ』ということである。これを美辞麗句で飾れぬことはないが、『立派なことを言うやつに限ってロクな者は居らん』というのも真実で、私たちの暗黙の合意は、『歯の浮くような立派なことは言わん。口先でなく、やることで勝負する』ことであった。これをいい加減と見るか、日本人らしい実直な誠意と見るかは自由である」（『医は国境を越えて』石風社）

一九九八年、戦場ジャーナリストを目指していた蓮岡修さんは、ペシャワールの病院を訪れた際「ささやかすぎる医療活動」であると感じ、中村先生に、「小さい病院で何のためにこんなことやっているのですか。私が見てきた難民キャンプに比べると一日に数十人しか救えないじゃないですか」といきなり先生に食って掛かった。先生はしばらく煙草を吸いながら考えたあと、おもむろに「わしゃバカじゃやけんね」と言ったのである。その言葉に蓮岡さんは、はっとして「そうかなるほどね。人にはぞれぞれのやり方があるんだ。完璧をめざさなくてもいい」と励まされたように感じたという。

その後、蓮岡さんは中村先生の下で人生をやり直そうと日本で一年間会社勤めをした後にアフガニスタンに渡った。その頃、中央アジア全体が未曽有の旱魃にさらされていた。このため、アフガニスタンで「井戸掘り」を始めることになる。その後蓮岡さんは、井戸掘り事業の中心メンバーとなって活動した。

蓮岡さんの他に、目黒丞さんという若者が同時期に「井戸掘り」に奮闘していた。彼らは一時帰国の際などに、私が当時働いていたペシャワールのＰＭＳ（Peshawar-kai Medical Services）病院に立ち寄ることがあった。その際、彼らは、私の子供たちを散歩に連れて行ってくれた。ペシャワールに来る前、パン職人であった目黒さんは、子供たちとパンを一緒に作ってくれたりして遊んでくれた。

蓮岡さん、目黒さんら当時二十代後半の若者たちが、先生が不在の時でも機材の調達や地方タリバン政府との折衝などを行い、タリバンとも協力して井戸掘り事業に邁進した。彼らは、独自の井戸掘り技術を考案して先生が称賛するような結果を出し多くの人を救った（『医者井戸を掘る』石風社）。

宮沢賢治と中村医師

二〇〇四年、先生はイーハトーブ賞（宮沢賢治学会主催）を授賞された。その時に宮沢賢治の『どんぐりと山猫』という童話に出てくる言葉を引用して「『この中で、馬鹿で、まるでなってなくて、頭のつぶれたような奴が一番偉いんだ』という言葉に慰められ、一人の普通の日本人として、素直に受賞を喜ぶものであります」という言葉を残している。

前述のように、下見を兼ねて内視鏡の指導で一九九三年ペシャワールに行った時のことである。宿舎の本箱に宮沢賢治の本があった。先生の子供さんがペシャワールにいた時に、賢治の本の読み聞かせをしていたと聞いた。先生が疲れた時に仰向けになって『注文の多い料理店』を読んでいたのを記憶している。

先生の著書には、しばしば『注文の多い料理店』に関する話が出てくる。当時、先生がどうして童話を読んでいるのか不思議に思ったが、『注文の多い料理店』を読むと、欲に駆られた人間たちがその欲ゆえに危うく食い殺されそうになる寓話が描かれている。当時日本は、バブル景気崩壊直後である。中村先生は次のように述べている。

「この話は、現在の日本を風刺しつくして余りがある。私たちは当然のように『金文字』に導かれ、『注文』に応ずる。一見きれいな建物がさらに確信を深めさせる。だが、その先は……となれば、本当は誰も知らないのだ」（『天、共に在り アフガニスタン三十年の闘い』ＮＨＫ出版）

当時の日本については、

「『人間に本当に希望はあるか』という基本的な問いを我々は共有している。（……）それが政治スローガンであろうと、健康を約束する怪しげな知恵であろうと、幸福と自由を保証する何かの教えであろうと、名利や所有への没入であろうと、享楽による忘我の技術であろうと、科学技術への楽天的な信仰であろうと、同じことである。まして、巧妙な宣伝技術で消費欲をあおり、物質的欲望に耽溺させせなければ回転できない経済構造など、見かけ倒しのフィクションである」

（「ペシャワール会報」No 64　二〇〇〇年七月五日付）

余談だが、ペシャワールからの帰国後に長男が生まれた。賢治の童話、『風の又三郎』から息子を「又三郎」と名付けたのである。中村先生の影響があったかもしれない。

妻（玉子）が母から、「玉子ちゃん、アキラが変な名前を付けようとしている。やめようとせーへん。又三郎？『また』はおかしい。せめて『玉三郎』にしなさいとアキラに言って」と言われたという。

阪神大震災に遭遇

周囲から〈アホ〉といわれ猛反対されたが、ペシャワールに行くことを決め、現地の診療で必要と思われる診療科の研修をした。

呼吸器科・結核・皮膚科を学ぶために、神戸中央市民病院で研修した。研修中の一九九五年一月一七日、熟睡していた朝五時四十六分、阪神・淡路大震災に遭遇したのである。震災の犠牲者は六四三四人にもなり、戦後に発生した自然災害のうち、東日本大震災が発生するまでは最悪のものであった。私が研修に行くために借りたアパートは、兵庫県尼崎市の武庫之荘にあり、震源から少し離れていた。本棚にある大量の本が落ち、食器棚からは食器が飛び出して割れ、かわいがっていた猫は、「ンギャー」と驚いて飛び上がり、外に出て行ったまま帰ってこなくなった。私の寝ていた布団の上にも、大量の音楽CDがラックからガラガラと落ちてきた。

揺れが収まると、早朝で眠たかったので、布団を頭からかぶって「もう少し寝かせてくれ」と妻に言うと、「あんた一体何考えてんの!?」と叱られた。アパートから外に出て、タバコを一服吸おうとすると、「火をつけるな！」と近所の人に怒鳴られた（地震の際には、ガス漏れがあるかもしれない）。研修先の神戸中央市民病院に行こうと思い、阪急武庫之荘駅に向かった。駅に向かう途中、古い家やマンションの一部が倒壊していたのを見て、ようやく地震の規模の大きさに気づいた。当然ながら電車は運転を見合わせていた。倒壊したマンションからは犠牲者がでたと後になって聞いた。

まず飲料水を確保せねばならないと思い、近所のコンビニに行くと、地震でほとんどの商品が棚から落ち、床に散乱していた。途方に暮れたように立っていた店員さんに無理に販売を頼み、ペットボトルの飲料水を手に入れた。水道水などのライフラインが寸断され、蛇口をひねっても水が出なかった。同じアパートに粉ミルクを与える必要のある赤ちゃんのいる夫婦が清潔な水がなく困っていた。手に入れたペットボトルの水を提供して使っていただいた。

震災のため、ライフラインと交通、情報、通信の寸断により神戸の基幹病院のほとんどが、救急患者を受け入れることができなかった。神戸市垂水区にあった徳洲会病院は、震源から少し離れており、最低限のライフラインが何とか保たれていた。このため、震災直後より救急患者を受け入れていた。私もお役に立ちたいと思い、徳洲会に連絡して現場に駆け付けた。地震からしばらくの間は神戸で手術が可能な病院は、徳洲会病院しかなかったので、多くの救急患者が来院し、野戦病院のようであった。外傷以外に、震災のストレスによると考えられる、くも膜下出血、脳出血、消化管出血などの患者も多数来院した。

数日すると救急患者数も減り、ようやく落ち着いてきた。そこで、震災で住居を奪われ、学校の体育館などに避難している人々の巡回診療に出かけた。そこで印象に残っていることがある。我々が、「何か困っていることはありますか?」と体育館を回りながら大きな声で尋ね歩いたところ、「先生、お金がなくて困っています。お金を下さ〜い」と、関西人のノリで中年女性が半ばあきらめたような声で笑いながら返事をされたことである。ドイツの精神科医、ヴィクトール・フランクルは「過酷な状況の中でユーモアも自分を見失わないための魂の武器だ」と述べている。今考えると、中年女性は、そのように意識はしていないが、過酷な状況の中で、自分を見失わないように、自然と笑いで乗り切ろうとしていたのだと思う。

その後、大阪の北野病院で神経内科の研修をした。私がペシャワールで医療活動を行うことを知っていたためか、医療スタッフの方々に大変親切にしてもらい、熱心に指導をしていただいた。この間は無給で経済的には厳しかったが、振り返ると若さと「ペシャワールに行く」という目標があったためか、苦労したという思いはない。

ペシャワール

「ペシャワールについて語ることは、人間と世界について総てを語ることであると言っても誇張ではない。貧困、富の格差、政治の不安定、宗教対立、麻薬、戦争、難民、近代化による伝統社会の破壊、およそ凡ゆる発展途上国の抱える悩みがここに集中しているからである。悩みばかりではない。我々が忘れ去った人情と、むきだしの人間と神に触れることができる。我々日本人が当然と考えやすい国家や民族の殻を突き破る、露骨な人間の生き様にも直面する」（『ペシャワールにて』石風社）

ペシャワールは、アフガニスタンとパキスタンの国境の町である。かつてペシャワール地方一帯はガンダーラ地方と呼ばれた。クシャーナ朝のカニシカ王時代に仏教を保護したため、ガンダーラ地方は仏教美術が栄え、ヘレニズムの影響を受け、ここから仏像や仏教遺跡が出現した。

中国から来た法顕や玄奘などの高名な僧たちも仏典を求めてここを訪れた。インド世界は、ヒマラヤ山脈、スレイマン山脈、大インド砂漠（タール砂漠）などに囲まれた地域である。外部からの侵入は容易ではなかった。また「カイバル峠を抜きにしてペシャワールは語れない」といわれている。カイバル峠はパキスタンとアフガニスタンの間にある峠で、古来より中央アジアからインド世界に行くための数少ない進入路の一つであった。カイバル峠の入口（パキスタン側）にある石造アーチ「カイバルゲート」は、ペシャワールから西へわずか一八キロメートル行ったところにある。

古くはインダス文明を破壊したアーリア人の侵入に始まり、アレキサンダー（ナワ峠という説もあり）、チンギス・ハーン、ティムール、ムガール帝国など全ての中央アジアの覇者はこのカイバル峠を越えてペシャワールに侵入したといわれる。

ほんの二〜三百年前まで、かつて陸路が世界貿易の中心であったころ、ペシャワールはサマルカンドとならぶ中央アジアの一大拠点であった。ムガール帝国の故地の都のひとつでもあり、ペルシャ文化の窓口であり、偉大な文明と貪欲な征服者たちの出現する一方的な通路であった。

近代になってからは、英国とロシアの抗争の舞台となった。ペシャワールはカイバル峠からわずか一八キロメートルという地理的条件から、先生が次のように述べているように、過去の闘争の歴史に巻き込まれて多くの民族の支配を受けた歴史をもつ土地であった。

「征服したものが征服され、協力者が反乱者に転じ、同盟と敵対が入り乱れた。こうして、無数の征服と闘争の歴史は、地理的条件と相俟って、割拠対立の気風を住民に植え付けた。和を以て尊しとする日本人の徳目では理解を超えるものがある」（『ペシャワールにて』　石風社）

陰謀・裏切り・外部からの干渉などの人間対立に翻弄され、凡人であれば投げ出したくなるような状況でも、先生は辛抱強く仕事を続けられていた。先生の卓越した「人間力」以外に、「現地の歴史」「人々の気風」を理解していたことも試練に打ち勝つことができた一因ではないかと思う。先生は困ったことがあると「こんな時は、笑うのが一番」と言って、親父ギャグや冗談を淡々と発していた。

先生が傾倒していた思想家は、宮沢賢治、内村鑑三、西田幾多郎、滝沢克己、カール・バルト、ヴィクトール・フランクルである。中村先生が用水路の現地日本人ワーカーに「熟読するように」と配った書籍は、『後世への最大遺物』（内村鑑三著）と『日本の米』（富山和子著）だった。私がペシャワールにいた頃に、先生から勧められた本は、精神医学者ヴィクトール・フランクルの『夜と霧』であった。

『夜と霧』を再読した時に先生の言われた「こんな時は、笑うのが一番」と言っていた意味が分かった。過酷なアウシュビッツの収容所生活でヴィクトール・フランクルは、「ユーモアも自分を見失わないための魂の武器だ。ユーモアとは、知られているように、ほんの数秒間でも、周囲から距離をとり、状況に打ちひしがれないために、人間という存在にそなわっているなにかなのだ」（V・E・フランクル　池田香代子訳『夜と霧　新版』みすず書房）と述べている。

宗教、民族の違いなどによる人間対立に翻弄されて、先生は極限状態と言ってもいいほどの苦労をされているのを私は目の当たりにしたが、資金の問題やスタッフの民族的対立などの過酷な状態の中で、「笑い・ユーモア」により明るさを生み出して、前に進んで行かれたのだと思う。

町のモスクから一日に五回、『コーラン』を朗々と誦む声が町中に響き渡った。喧噪の中で混沌とした景色を眺めながら、カバブとナンを食べていると、私は何とも言えない幸せな気持ちになった。

中村先生は、次のように述べている。

「その後、私は憑かれたように機会をみつけてはパキスタンを訪れた。バザールの喧噪や荒っぽい人情、モスクから流れる祈りの声、荒涼たる岩石砂漠、インダスの濁流。総てこれら異質な風土も、かえってなじみ深い土地に帰って来るような不思議な郷愁にとらわれるのだった」（『ペシャワールにて』石風社）

このような高尚な文章では表現できないが、私も先生と同様の気持ちだった。

Ⅱ　戦乱の中の医療　中村医師とともに

1　アフガン戦争と中村医師

アフガニスタン現代小史

私は一九九七年、医師としてアフガニスタンとの国境の町ペシャワール（パキスタン・旧北西辺境州の州都）に赴任した。一九九七年以降の私の現地活動のストーリーが理解しやすいように、「タリバン登場までのアフガニスタン現代史」の概要を中村先生の著作、アフガニスタンの歴史に関する書籍及び過去の中村先生の講演内容などからまとめてみた。

アフガニスタンは、一九一九年の最後の英国—アフガン戦争で外交権を奪い返した後、王国となった。「世界の骨董品」と呼ばれたほど平和なたたずまいで、三十以上の民族が、それぞれの居住地域で固有の言語や伝統を守り、半農半牧ののどかな生活を送っていたのである。

一九七〇年代における「ヒッピー三大聖地」は、アフガニスタンのカブール、ネパールのカトマンズ、モロッコのマラケシュだった。沢木耕太郎の『深夜特急』に、世界や日本のヒッピーたちのたまり場だった退廃的でのんびりしたカブールの様子が描かれている。

現在七十歳代の先輩医師K先生より、平和な頃のカブールに旅した時の話を聞くと、安い宿と食堂があり、ザクロ・ブドウなどの果物が安くて美味かったという。すべてがのんびりしており、楽園のようで、多くの欧米人が長旅の疲れをいやすために、長期滞在していたという。ただ、一部の欧米人が『ロックとドラッグ』に浸って騒いでいたのには閉口したという。

一九七三年、ザーヒル・シャー国王がイタリアに渡航中、王族のムハンマド・ダウードが無血クーデターを成功させ、王制を廃止し共和制を敷き近代化を強行しようとした。この頃からアフガニスタンの内乱はくすぶりはじめる。

一九七八年ダウード大統領一族が、一族登用など独裁色を強めたために左翼青年将校のクーデターで処刑された。その後、ソ連の援助を受けた急進的な共産政権が誕生、反政府的なイスラム主義者への激しい弾圧が行われた。イスラム住民の伝統を無視した強引な共産主義的な「改革」が断行されたため、殆どの人々の反発を招くことになった。各地でムッラー（イスラム僧）がジハード（聖戦）を宣言、反政府組織ムジャヒディンの反乱は全国に拡大して泥沼の内戦に発展していった。

ジハードに関して中村先生は次のように述べている。

「日本人に分かりにくいものの一つが、『ムジャヒディン（イスラムの聖戦士）』である。政治的なイスラム原理主義の横行で、猛々しい狂信的イメージだけが定着しているようだが、決してそうではない。元来これは、イスラム教徒に課せられた『六信五行』の義務の一つ、ジハード（聖戦）に参加する者のことを言う。即ち、外敵から自分の信仰を守るために戦うもののことであって、何らかの政治思想とは無縁のものである」（『ダラエ・ヌールへの道』石風社）

一九七九年十二月、親ソ共産政権の倒壊を恐れて、当時世界最強の陸軍と言われたソ連軍の精鋭部隊約十万人が、アフガニスタンに侵攻した。私が一九八九年の卒業旅行で出会ったアヌワル司令官のように、多くのムジャヒディンが自分たちの村を守るために、近代装備のソ連軍の精鋭に立ち向かった。これは共産政権に対する郷土防衛戦であった。

「革命政権」もソ連軍もアフガン農民はたやすく支配下にはいるだろうと楽観的だった。しかし、伝統的な生活形態を守ろうとする住民の抵抗は頑強であった（二〇二二年二月、ロシアはウクライナに同様の仕打ちを与えた。プーチン大統領は、ウクライナの「人民」は容易に支配下にはいるだろうと計算していたようだが、ソ連軍のアフガン侵攻の時と同様にウクライナ住民の抵抗は頑強だった）。

戦局は人々の強固な支持を得る反政府ゲリラ側に有利に展開していった。当時ペシャワールにいたＪＡＭＳのスタッフの多くもアフガン人であり、ムジャヒディン・ゲリラでもあった。旧式のライフル（エンフィールド）銃とソ連＝アフガン政府軍から奪った武器によって、ほとんどのゲリラたちは自力で、それも村単位、渓谷単位で自発的な抵抗が行われていたのである。

一九八四年八月、「武器援助法案」が米国議会で可決されると、米国の本格的介入が始まり、戦い方が大きく変わっていった。決定的な変化をもたらしたのは、米国による地対空ミサイル「スティンガー」の供与である。戦局は激化し内戦が泥沼化した。この内乱でアフガン住民は米ソの政治ゲームに翻弄されてしまった。中村先生が、現地・ペシャワールに赴任したのは一九八四年のこの頃である。

アメリカは戦争を継続させることで、ソ連の国力を消耗させた。アフガン戦争は、共産主義陣営と自由主義陣営の代理戦争でもあったのだ。外国の介入で戦局が泥沼化する中、人々は民族や部族間の血で血を洗う抗争に疲れ果て、この戦争に疑いをもちはじめた。一九八八年五月、ジュネーブで和平協定が結ばれ、翌年二月、ようやくソ連軍がアフガニスタンから完全撤退した。

ソ連軍が撤退するまでの十年間、アフガニスタンは内戦の巷におかれた。死亡したのは約二百万人、国民の約一割が亡くなったことになる。さらに六百万人が難民となってパキスタンやイランに脱出するという大きな悲劇に発展し、アフガニスタンの国土は焦土と化した。

一九八九年のソ連軍撤退により、多くの人が「アフガニスタンの復興がはじまる」と期待し、世界中からジャーナリスト・国連組織・国際援助団体がペシャワールに押し寄せたのである。前述のように、この前年の一九九八年春、私はペシャワールを訪れて中村先生に初めてお会いし、ジャーナリストの一人と一緒にアフガン国内に入った。

ソ連の兵隊は引き上げても、アフガン国内では依然としてナジブラ共産政権対反政府勢力の戦闘は続いていた。また水面下で米ソ両国が武器供与を続行したため内戦はかえって激化し、農村は激しい戦場となっていた。

一九九一年、追い打ちをかけるように湾岸戦争が勃発した。ＪＡＭＳはこの間何事もなかったように診療活動を続けていた。ただ米国の要請に応えて日本政府が米軍へ一兆円近い資金供与を行ったため、イスラム世界の日本への風向きが変わった。それまで日本への親近感の象徴であった「日の丸」を、ＪＡＭＳの車両から消さざるを得なくなったのである。

一九九二年四月、ナジブラ共産政権が倒された。すると地方に根を張っていた反政府ゲリラは権力奪取を目指して一斉に首都に集中。「カブールを制する者は天下を制する」というわけで、内戦の舞

廃墟と化したカブール

台が農村から首都争奪戦に移ったのである。

一九九二年八月、権力の座をめぐって二大勢力が激突、縄張り争いを演じてカブール市内にロケット弾が雨の如く注がれた。その後も戦闘が続き、最終的には市街の三分の二が廃墟と化してしまった。

廃墟と化した首都カブール

アフガニスタンの首都カブールは、日本でいえば「京の都」である。その「京の都」を目指して、権力を求めて各党派勢力が殺到したのである。その分、郡部には昔の平穏が戻ってきた。難民はこの事情をよく見ていた。一九九二年五月、難民の爆発的な帰郷が自然発生的に始まり、一九九二年十二月までに、約二百万人がほとんど独力で帰村したといわれている。「国際援助団体が引き揚げてから難民たちが帰った」という事態になったのである。

そして一九九四年、社会秩序の回復を目指して登場したのが、タリバン（神学生）である。それまでの無政府状態をわずか二年で収拾、九六年までには、全土の九〇％を実効支配するに至った。

タリバンに関して先生は次のように述べている。

「九四年半ば彗星のように南部に起こった新興軍事勢力『タリバン』が、たちまちアフガニスタンの三分の二を席巻、カブールを陥落させたのは一九九六年九月二六日、この間わずか二年である。

宗教委員会が矢つぎ早に布告を出し、新しい統治方針を印象づけた。即ち、女性の外出禁止、映画館と女学校の閉鎖、テレビやビデオ、果てはラジオまで禁止された。犯罪者の処罰も仮借なかった。売春行為は石打ちで処罰された。強盗は銃殺、窃盗は手の切断に処せられた。

尤も、大部分の下層カブール市民にとっては、以前の政権よりはマシだと受け取られたのである。九二年四月にナジブラ共産政権に代わって旧政府ゲリラ党派が権力の座に着いてからは、さらに市街戦が激しくなった。党派闘争で市街の三分の二が砲弾で廃墟と化し、強盗や婦女暴行は日常茶飯事になっていた。そして、タリバンの支配がこれらの弊害を一掃したのだ。

また、タリバンの『イスラム法』といっても、元々アフガニスタンやパキスタン北西辺境州では普通に行われている慣習法であったから、大部分の貧困層にとっては特別な違和感がなかったのである。（編集して記載）」（『医は国境を越えて』　石風社）

中村先生は、「大多数の民衆の支持がなければ、わずか一万五千人の兵力で短期間にアフガニスタンのほとんどを支配してコントロールできるはずがない。『タリバンはちょっと厳しいが、治安を守ってくれるならまあ、仕方がないか』というのが大多数の民衆の意見です。田舎者の政権だから田舎の人には当たり前の政策を行っているだけだ」と我々に語っていた。

アフガニスタンの都市部以外はほとんどが近代的法治組織の存在しない伝統社会で、「ジルガ」が最高権威である。「ジルガ」は「長老会議」と訳される部族社会特有の自治組織である。問題が生じたとき、見識ある長老たちが集まって諸問題にどう対処するかを決めるのである。諸問題は、「争いごとの調停」「他部族との交渉」「罪人の処罰」など多岐にわたる。合意に達すればそれを各人が守る。この「ジルガ」が積極的にタリバンを受け入れたのである。

タリバンによるイスラム法の統治下で特に農村部の治安は安定し、ＪＡＭＳのスタッフの生活もほとんど変わらなかった。タリバンによる治安回復を歓迎し、医療事業を安全に進めることができた。しかし、国際社会は「非民主的なテロリストの国」としてタリバン政権を認めなかった。そればかりか一握りの反タリバン軍閥に膨大な武器支援をしていたため、内乱は長引き、国土復興が著しく遅れたのである。その後、二〇〇一年九月十一日にアメリカ同時多発テロ事件が発生し、十月のブッシュ政権の報復攻撃によりタリバン政権は崩壊する。その後二十年にわたり欧米軍によるアフガン侵攻は継続されたのである。

二〇二一年八月末、米軍が撤退しアフガン政権が崩壊、タリバン政権が復活して二年以上になるが、この時と同じく国際社会は、タリバン政権を認めていない。その結果、アフガニスタンを襲っている未曾有の干ばつに加え国際的な経済制裁によってアフガン人の命が脅かされている。

ハンセン病を診る

先生は当初、ハンセン病患者を治療しようと思って現地に行ったのではない。現場に行き、見捨てておけないい状態のらい病棟を見て、一番困っているのはハンセン病患者であることを知り、「least（いと小さき者）」に力を注ぐべきではないかと考えたのである。つまりもっとも力が注がれていないハンセン病患者の診療に努力を集中するように決めたのである。求められる所で人に喜ばれる仕事をするのは「医者冥利」につきる。派手な緊急医療などは誰かがやるだろうと考えたのである。

私のような凡人であれば「ハンセン病を勉強しても日本に帰るとつぶしがきかず失業するかもしれない」と先のことを考える。先生はそのようなことは意に介さなかった。このハンセン病の事業は、十年、二十年の長い期間を要することを承知で遠大な見通しでの決意だった。

先生がハンセン病の仕事を選んだのは、「誰もが行かぬから、我々がゆく。誰もしないから、我々がする」という先生の「人生哲学」からである。

「『誰もが行かぬから、我々がゆく。誰もしないから、我々がする』。この言葉は、今やPMSの合言葉となったが、決して私の発案ではなく、実は出典がある。私がまだ若いころ読んだ『後世への最大遺物』（内村鑑三）という著作の中で、米国のある女学校の設立者、メリー・ライオン女史の創立精神を紹介した条《くだり》である。私は内村の信奉者ではないが、この言葉だけは、まるで

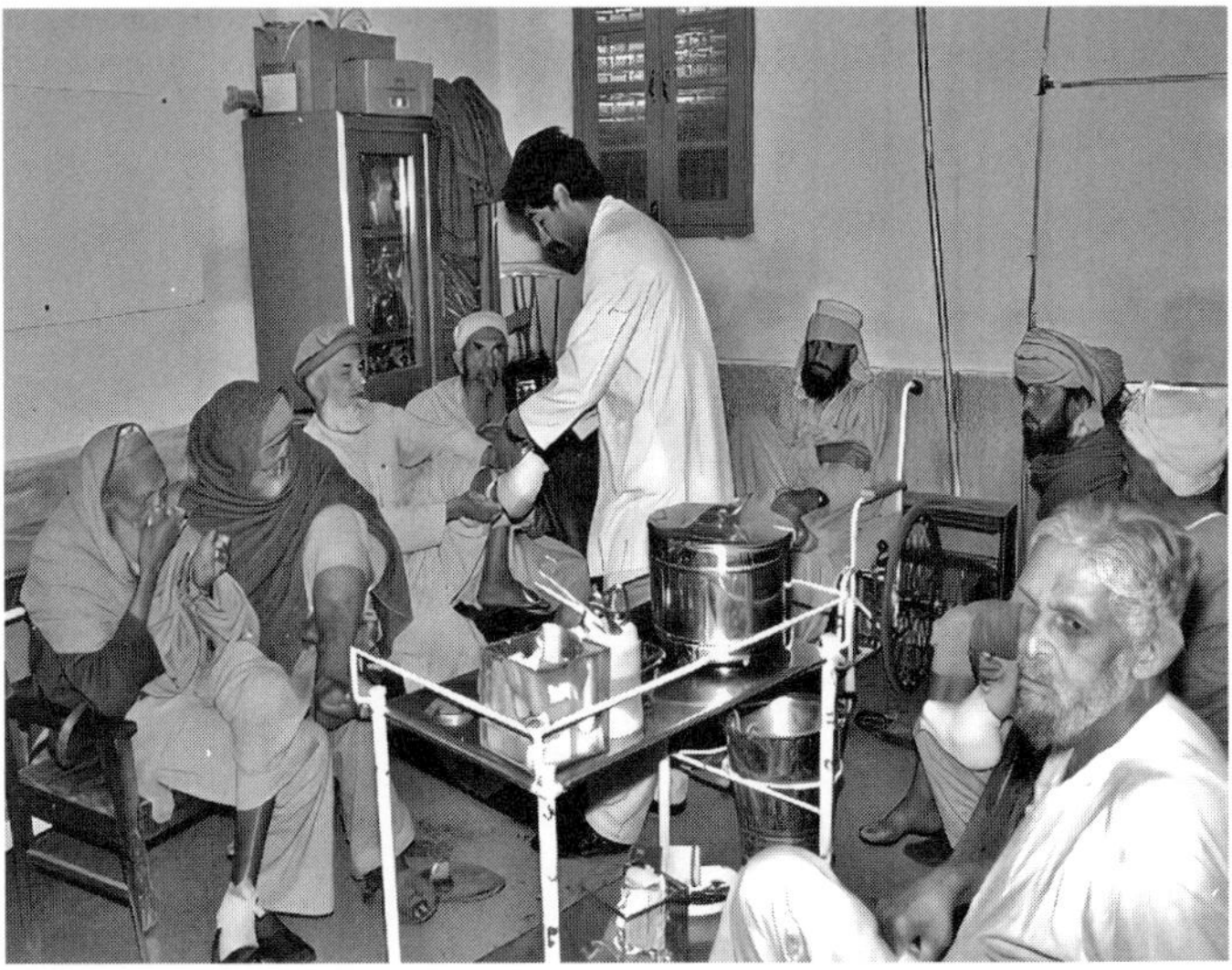

ミッション病院・ハンセン病棟

コタツの火種のように、心の奥から自分を暖める力となっているようだ。時流に迎合するだけの人生はつまらない」（『辺境で診る 辺境から見る』石風社）

先生が現地に最初に赴任した一九八四年は、旧ソ連の侵攻によって七九年に開始されたアフガン戦争の真っ只中で、米国の本格的介入が始まった頃である。ペシャワールに越境する難民は北西辺境州だけで三百万人に迫りつつあった。

パキスタンのペシャワールで発足した「ハンセン病根絶五か年計画」に参加したのが、先生の活動の始まりだった。先生の任務はペシャワール・ミッション病院でのハンセン病の治療センター（専用病棟、合併症手術、サンダルワークショップ）の設立だった。

ミッション病院はペシャワールの旧市街に

ある一九一四年に開院された歴史ある病院である。英国統治時代にイギリス国教会によって開かれている。かつてはペシャワール唯一の近代的病院として広く知られていたが、市内に大学病院などが建てられ昔日の権威はなくなっていた。

先生によると、当時の病棟にはまともな医療器具はほとんどなかった。「ねじれたピンセット数本」「押せば倒れる医療用トロリーが一台」「耳にはめると怪我をする聴診器が一本」という状態で、汚い使い捨ての注射器を何度も洗って使用していたのである。

その病棟もペシャワール会の募金活動によって、数年後には手術室も完成してハンセン病患者の合併症の治療ができるまでに改善された。先生が主に求められたのは、ペシャワールでの「ハンセン病の治療サービスの改善」だったが、先生はもっと先を見据えていた。

アフガン難民

当時、ペシャワール近辺には約三百万人のアフガン難民がいた。ハンセン病病棟には相当の患者が難民キャンプからきていた。その出身地の約六〇％以上がアフガニスタン・クナール州の東部山岳地域であるということが確認された。

そこで、「国境沿いにある難民キャンプで、治療中断者と新しい患者を見いださねば『ハンセン病根絶計画』の成功はない」と先生は考えた。ちなみにクナール州はその後、二〇〇〇年に大旱魃が襲ったために先生が井戸掘事業、用水路建設を始めたナンガラハル州の東に隣接する州である。

一九八七年、ハンセン病多発地帯の出身者が多い難民キャンプで、ハンセン病の治療中断者と新患

難民キャンプ

者を見つけるための活動は開始された。北西辺境州のバジョワル連邦直轄部地域内の難民キャンプが主な活動地となった。

　連邦直轄部地域はトライバルエリア（部族自治区）とも呼ばれ、パキスタン政府の立法権限が及ばない地域で、現地の部族勢力にかなりの裁量が許される状態にあった。法的には一種の独立状態が認められているこの地域は、テロの温床となっていると指摘されていた。

　一般に想像する難民キャンプと異なり、川沿いに泥で固めて作られた粗末な集落が延々と続く難民キャンプである。キャンプは越境して戦うゲリラの補給基地でもあった。難民キャンプから少し離れたところではケシが栽培され、バザールに行けば麻薬や敵からの戦利品である銃器類はもちろん、地雷や対戦車砲まで売られていた。

　先生はこの難民キャンプで、「武装した人々が国境を行き交い、政府軍捕虜の処刑が普通に行われた。捕虜たちは羊のように屠殺され、首は路上にさらされた」と述べている（「ペシャワール会報」No 50　一九九六年十二月十八日付）。

先生は難民キャンプで彼らとしばらく寝食を共にしたが、その時に「栄養失調の子供たちは死ぬまで明るかった」ということを経験している（このことに関して、「II－3　アフガンの子供たちの笑顔」で触れる）。

主要活動地域

難民キャンプでは、そこが赤痢・腸チフス・マラリア・結核など感染症の巣窟で、数少ないハンセン病患者だけを診ることはできないことを思い知るのである。皮膚病だけに限っても膿瘍や皮膚炎をいれると、難民のほぼすべてが、不衛生からくる何らかの問題を抱えていた。

「清潔な水と石鹸があれば、大半の皮膚病は治せた」と「清潔な水」の重要性を強調している。（その後、アフガン内部の診療所でも旱魃により同様の問題が起こり、井戸掘り事業・用水路建設に邁進することになる）。

難民キャンプでの移動診療は、一応の成果を上げたが「焼け石に水」でとてもハンセン病撲滅はできない。そこで基本路線の大転換をすることにした。

ハンセン病だけを治療するアイデアというのは「先進国のアイデア」であって現地には向かない。ハンセン病が多いところは他の感染症、腸チフス・結核・マラリア・デング熱・アメーバ症とありとあらゆる感染症の巣窟である。「ハンセン病でないから診ない」というわけにはいかぬ。ハンセン病患者は「ほとんど医療機関のない貧しいアフガニスタンの山奥に多い」ということが分かってきた。内戦が下火になったら、そのようなハンセン病の多発地帯にできるだけ多くの診療所を設けて「一般的な診療をしながらハンセン病もいろんな感染症の一つとしてさりげなく診る」という方針を立てた。

先生は、ペシャワールへ来るハンセン病患者の出身地からハンセン病多発地帯を調べた。「多発地帯であるヌーリスタン・バダクシャン・ワハン回廊、平和になれば西に進んで巨大な仏像摩崖仏で有名なバーミヤンの山村無医地区に診療モデルを作り、ハンセン病根絶計画と抱き合わせに、荒廃した農村の復興を医療側から支援する」という「歴史的医療プロジェクト」というべき構想を、長期戦になることを覚悟のうえで立ち上げたのである。

診療所を運営するには人材が必要である。当初は七名のアフガン人チームで一九八六年、アフガン・レプロシー・サービス（ＡＬＳ）が結成された。これを基盤に難民キャンプ診療に踏み込み、アフガニスタンの詳細な実情に触れることになった。一九八八年にはＡＬＳをＪＡＭＳ（Japan-Afgan Medical Service）と改名し、シャワリ医師を院長として診療だけでなく人材育成のための教育機関と

ALS発足時のメンバー

した。診療体制をハンセン病のみならず一般の疾患にも拡大し、「農村医療計画」に取り組む契機になったのである。

この頃私は、ペシャワールを訪れ、中村先生に初めてお会いしたのだ。先生はミッション病院でハンセン病患者の診療だけを行っていると思っていたのだが、当時このような先を見据えた雄大な構想を描いていたとはつゆ知らなかった。

JAMSの院長・シャワリ先生は、本書にもたびたび登場する。前述のとおり一九九三年、私が下見にペシャワールに行ったときに内視鏡を指導した医師である。がっしりして立派な太鼓腹と剛毛な髭を持つ巨漢だ。強面《こわもて》に見えるがユーモアと愛嬌を持ち合わせていた。挨拶で熱い抱擁を交わす時のシャワリ先生の笑顔と髭のじゃりじゃりとした感触が今でも思い出される。

シャワリ先生はダウード政権時代に軍の士官学校

を出た後、カブール大学医学部に進んだ。医学部の学生だった一九七八年に急進的な共産政権が誕生し、一九七九年十二月ソ連軍がアフガニスタンに侵攻してアフガン内戦が勃発した。

軍の士官学校で学んだため政府・ソ連軍に従う義務があった。アフガン人としての愛国心と誇りがあったシャワリ先生は、「反ソ連的人物」と目されていた。このため、一九八五年、ゲリラ司令官・マスードのいる激戦区パンジシェールの最前線に新米軍医として送られたのである。

ロシア人とその傀儡《かいらい》政権に与《くみ》する気にはなれず、政府軍から投降、その後、ペシャワールに難民として逃れてきた。中村先生がペシャワールに赴任した二年後の一九八六年、シャワリ先生は、ドイツ人シスターに紹介され、ミッション病院のハンセン病棟にやってきた。

シャワリ先生は、次の項で述べるように大の「日本びいき」だった。「全て先生の計画の下に手足となって働きたい」と申し出た。その後、中村先生と長年苦楽を共にすることになる。

シャワリ先生と中村先生の印象深い対話がある。

「先生は日本に居ればそう苦労もないものを、何を好んでこんなところで働いているのですか」

「ドクター、これは単に、アッラー（神）の配慮に過ぎない。偶然とよぶならそれでもよい。君をペシャワールに留めている、そのものと多分同じだろう。確かに我々はこの困難の前には虫けらだ。巨象を相手に這いずり回る蟻にすぎない。しかし、どんなに世界が荒れすさんでも、人の忘れてはならぬものがある。そのささやかな灯りになることだ。自分は決して善良な人間ではないが、これもアッラーの御心ならば仕方がないのではないか。これは我々のジハード（聖戦）な

のだ」（中略）

「私に見えるヒンズークシュの白峰の頂は、どんな言葉、どんな人が述べても美しい頂である。共にそれを仰ぐことができれば、他に理屈はいらん」（『ペシャワールにて』　石風社）

日本びいき

先に述べたように、シャワリ先生は大の「日本びいき」であった。中村先生は、ペシャワールのある北西辺境州（現在のカイバル・パクトゥンクワ州）やアフガニスタンの人々が大の「日本びいき」である理由を次のように述べている。

「殊にイスラムの伝承には『東方からある民が起きて救いが来る』というものがある。宿敵ロシア、英米とかつて激しく干戈を交え、今また猛烈な生産力で欧米の没落に一役買っている日本が、この東方の民と二重映しに見えるのだろう。彼らは長い欧米支配の歴史的恨みのせいで親日的なのである」（『ペシャワールにて』　石風社）

アフガニスタンの人たちが、日本というと何をイメージするのかというと、日露戦争、それから広島・長崎である。日露戦争で日本が勝利したことはアフガニスタンにも大きな影響を与えた。当時、英領インド帝国の防衛を至上目的としていた大英帝国（現在のイギリス）は南下してくるロシア帝国に対抗しアフガン征服を企てていたが、日露戦で日本に敗北したことで、当然ロシア帝国は南下どころではなくなった。大英帝国も頑強な抵抗を続けるアフガニスタンの征服を諦めて、これを英露の緩衝国とすることでその野望を放棄した。

その意味で彼らアフガン人は日本に親近感を持っている。「極東の弱小国が大国ロシア帝国に負けなかった」ということへの敬意もある。この戦争のアジアでの受け止められ方には、相当熱烈なものがあったようである。また米国によって、広島、長崎に原子爆弾を投下された国ということで、同情と親近感を持っていると考えられる。さらに、敗戦後の急速な経済復興への称賛である。そして、経済大国になったにもかかわらず、他国への武力による介入を行わなかったことへの敬意。長い間、これは日本の安全保障上の大きな財産だった。

現地で使用するジープに日の丸を描いていたのも良好な対日感情をベースの安全保障であった。ところが、湾岸戦争以降、日本国国旗を塗り潰すことを考えなくてはならなくなったのである。

その理由は、

「一九九一年一月一七日、はたして無謀な湾岸戦争が勃発した。事情にうとい日本もまた、九〇億ドルをもって米英にならって参戦した。いや、日本国民は『参戦』という意識すらなく、米英に卑屈な迎合をしたとしか思えなかった。それどころか、まるで野球中継かテレビゲームのように映像で観戦し、評論家たちはノリとハサミでつないだような議論でイスラムを語り、迎合的な危機感をあおった。

太平洋戦争と原爆の犠牲、アジアの民二〇〇〇万の血の代価で築かれた平和国家のイメージは失墜し、イスラム民衆の対日感情はいっきょに悪化した。対岸のやじ馬であるには、事態はあまりに深刻だった。世界に冠たる平和憲法も、『不戦の誓い』も色あせた」（『アフガニスタンの診療所から』筑摩書房）

湾岸戦争に参戦したため、希望と尊敬の的であった日本が、「実は宿敵・米英の走狗」という裏切られた印象を拭え切れなくなったのである。

「日本が生き延びていくためにとるべき道」を先生は次のように述べている。

「アジア世界の激動のまっただ中で、日本が世界に冠たる平和国家として、相互扶助に活路を見出さざるをえない時代に我々は突入している。欧米の高級クラブの一員としてではなく、アジアで共に喜び、共に悲しむ、本格的な模索の段階にさしかかっていると言える。無論、事はそう甘くはない。机上のきれいごとでは済まされまい。格調高い理想の操作ではなく、蛇のように聡く鳩のように素直に、謙虚に事実と対面し、問題に挑戦すべき時であると思われる。きな臭い解放の旗手ではなく、平和の旗手として惜しみなく与えて尊敬を得る以外に、日本の生き延びてゆく道はない。それがまた、戦争で逝った多くの同胞と『英霊』を本当に弔う道でもあると私は信じて疑わない」（『ペシャワールにて』石風社）

アフガン東部山岳地帯、ダラエ・ヌール

アフガン国内に診療所

ハンセン病多発地帯に診療所を建てるには、その地域の住民から信頼を得る必要があった。当時は、ゲリラ組織同士の戦闘で道路網が寸断されていたため、徒歩で峠を越えてアフガン国内に入り、ハンセン病多発地帯である診療所予定地の人びとと付き合いを深めていく必要があった。

診療所開設がスムーズにいくように長期的展望に立ち、診療所開設予定地からも直接人材を抜擢して人材育成をした。採用する際には「自分の村の再建への情熱」を重視した。一九八九年十二月までに二十名の人材を集め、最低限の教育体制を整え、翌年一月より訓練コースがスタートした。

一九八九年夏に予備調査で診療所予定候補地を選定、第一号診療所の下準備が着手された。難民診療を人材育成のための訓練場とし、次第に人員を拡大、一九九二年のはじめまでには六十名を要する一団となった。そして内戦が下火になるのを待ったのである。

国内診療所第一号の開設予定地をクナール河の支脈、ダラエ・ヌール渓谷の下流に定めた。このあたりを候補地に選んだ理由は、ペシャワールで登録されるアフガン人ハンセン病患者の約半数以上がクナール河沿いの住民であり、しかもその約七〇〜八〇パーセントは「ダラエ・ピーチ」という北西部に集中していたためである。しかし、「ダラエ・ピーチ」は治安が不安定で、接近は不可能であった。そこで、隣接するダラエ・ヌール渓谷に拠点を定め、情勢の鎮静を待つことにした。

診療所開設のための開設地域の踏査をして地元住民の信頼を得るのに活躍し、実際に診療所を建設するのに携わった多くのＪＡＭＳのスタッフは、これら東部山岳地域出身であった。この踏査の時の様子を先生は次のように述べている。

「ＪＡＭＳの一行もまた、かつては郷土を防衛するゲリラであった。一九八九年にソ連軍が撤退するまで、彼らも武器弾薬を担いでこの道を往来していたものである。しかし、今や立場が変わっていた。郷土を守る目的は変わらずとも、今彼らは武器を医療に、弾薬を薬品に変え、戦乱と復興援助騒ぎで荒れた村を再興しようとするムジャヒディン（イスラム聖戦士）であることに少しも変わりはなかった」

（『ダラエ・ヌールへの道』　石風社）

一九九一年になって内乱が下火となり、相対的な政治的安定の兆しを見ると、本格的な準備段階に入った。一九九一年十二月からはダラエ・ヌール渓谷の民家の軒先を借りる「移動診療」を開始した。

ダラエヌールでの診療

この時の主力が同渓谷出身の職員で、その地縁・血縁を頼りに、渓谷の隅々まで足を運んだのである。

一九九二年二月、ダラエ・ヌール渓谷の中央部カラヒシャイ村に安定した診療所の建設を急ぎ進めた。スタッフ一同は村民と協力して、まる四日間の突貫工事で民家を改造。さらに約一週間で発電設備、便所、最低限の排水・給水設備を整え、検査室を開き、初のアフガン国内診療所がダラエ・ヌールに実現した。

診療所を開くと、患者が次々とやってきた。ハンセン病だけでなく、戦争で傷ついた人たちや、マラリア・腸チフスなどの発熱患者が続々やってきた。「一日の診療者数が平均二百名以上」と明らかに診療所の能力を超えるようになった。

当初、複雑な政治状況で治安が安定せず、

診療所スタッフの安全をどう守るかが課題となっていた。先生は診療所内での武器携行を一切禁止した。すなわち、「丸腰の安全保障」という方針を貫いたのである。

「『丸腰の安全保障』がありうるか、興味ある問題だが、結論から言うと、現地では非武装が最も安価で強力な武器だということである。（中略）
これは時には発砲する以上の勇気を必要とする。だが、事実は、人々の信頼を背景にすれば案外可能なのである。確かに武器で自分が守られたという体験はほとんど無い。無用な過剰防衛はさらに敵の過剰防衛を生み、果てしなく敵意・対立がエスカレートしてゆく様は、この渓谷でもあらわに観察される」（『ダラエ・ヌールへの道』石風社）

重労働に加えて、同じアフガン人の職員にとっても「異質文化の山人暮らし」は、強すぎるプレッシャーを与えた。医師たちは首都カブールの都市出身者が多く、辺境の人々に恐れを抱いていた。彼らは、診療所赴任を嫌がって拒否。これに対してダラエ・ヌール出身者は怒り、診療チームは初めから波乱含みであった。撤退を訴えるものまであらわれた。

赴任拒否をした医師らが「辞職」をちらつかせて抵抗したので、十数人を全員解雇。それは皆に意外の感を与えた。先生自ら先頭に立って、ともかく診療を強行させたのである。

実際の診療を続けるうちに、職員たちは次第に現地にうちとけはじめ、偏見が消えていった。その後、常時十二名のスタッフが交代で配備され、医師を二名に増員して月間五千名の患者診療が可能となった。診療所は住民にとってなくてはならないものとなったのである。

自信をつけたアフガン人医療チームは、さらに奥地のダラエ・ピーチへと進出した。一九九二年十二月より徐々に機材の輸送を開始し、現地から人材の抜擢を始め、ダラエ・ピーチ診療所が完成した。

その二年後には、アフガニスタン第三の診療所となる「アレキサンダーの末裔」と言われるヌーリスタン族の住むワマに進出。二〇〇五年一月に米軍の「テロリスト討伐」活動で通行が不可能になるまで十数年、ダラエ・ピーチとワマの診療所は継続され、住民たちの信頼は絶大なものになった。

この当時、診療所建設に共鳴して協力した職員たちが、その後も強力な味方となった。時には生死を分ける場面でさえ行動を共にして、困難を切り抜けることができたのは、ひとえに誠実な「人間の絆」であった。


「アフガニスタンの現代小史」で述べたように一九九二年、難民の爆発的な帰郷が始まった。診療所周辺の村々でも大量の難民が帰還し、破壊された道路を作り直し、家を建て、田畑で耕作を始めて水田が復活した。ところが急速な人口密集と水耕地の復活でハマダラカ（マラリア原虫をヒトに媒介する蚊）が大繁殖し、一九九三年秋、渓谷一帯がマラリアの爆発的流行に襲われたのである。当時診療所周辺で流行したのは死亡率が高いとされる熱帯熱マラリア（悪性マラリア）で、クロロキンという安い薬は効かなかった。ダラエ・ヌール渓谷全体、及びクナール河沿い全体の村々を含めると、悪性マラリア患者が数万名、翌春までに数千名の犠牲者が予想された。

次々と「熱病」による死亡者の続出で、地域住民がパニック状態に陥った。連日診療所には患者が

中村医師と筆者、移動診療中の宿にて

押し寄せてすぐに薬がなくなり、診療所もパニック状態になっていった。不安に駆られた住民が診療所を襲撃することもあった。

ペシャワール会事務局に「ありったけの金を全部送れ」と先生が連絡すると、すべては建設・運営資金に消え「三十万円しかありません」との返事。その当時からペシャワール会は自転車操業の会であった。「その三十万円でいい、すぐ送れ」といったが、先生は愕然としてしまった。

その当時、悪性マラリアの治療をするのに一人当たり、約二百二十円のキニーネという薬を使用していた。計算すると千三百人余りしか治療できないのである。日本では、一人数千万、数億円をかける臓器移植の可否が議論されているときに、こんな不条理に関わる役目を先生は恨めしく思った。

しかし天は見ていた。広報担当者が、地元の報道各社に記事の掲載を依頼し、新聞各社が「人の命二百二十円」という見出しで報道、わずか三ヶ月で二千万円を超す善意が事務局に寄せられた。この募金を使って各地域の村々を訪れ、マラリア患者を次々に治療していったのである。これによってＪＡＭＳはこのアフガニスタンの東の地域で絶大な信頼を獲得することになった。

アフガニスタン東部山岳地帯の三か所の診療所が完成すると次はパキスタン北部のハンセン病多発地帯である。ワハン回廊国境付近のラシュトという山岳地帯に診療所を建てることになった。

一九九六年、現地の活動はチトラール北部からワハン回廊・パミールへと迫り、西はカブールを越えてバーミヤンを目指していた。一九九六年六月、ラシュトに診療所を建てるための下準備としてヤルクン川上流の「定期診療」が開始された。

この頃、ＪＡＭＳのスタッフは百名を超え、年間診療数は二十万人を記録した。ＪＡＭＳの活動が頂点に達した時期である。当時のアフガニスタンの情勢では異例のことであった。一九九七年のこの時期、私はペシャワールに医師として赴任することになった。

タリバン政権支配下のアフガンへ

一九九四年にタリバンが登場し、九六年にはアフガニスタンを実効支配した。イスラム法の統治下で特に農村部の治安は安定し、現地チームは、アフガニスタン東部山岳地域での医療事業を安全に進めることができた。ペシャワールでも治安が安定し、我々家族で外食に出かけることも可能だった。

治安は安定していたが、タリバン政権は、西側から見た女性の人権問題や公開処刑などの前近代的な政策を行ったため、西側諸国の多くは経済制裁、人道支援の打ち切りなどを行った。

首都カブールからは国連やNGOなどの支援団体はほとんどが撤退し、都市知識層・中間層は国外へ脱出した。「脱出するカネがないカブール貧困層は劣悪な状況に置かれ、医療状況も最悪である」という情報が中村先生の耳に入っていた。

一九九八年六月、先生よりダラエ・ヌールの視察を兼ね、カブールの医療状況を視察する任務を与えられた。視察にはドライバー、JAMSのシャワリ院長、JAMSのスタッフ一人が同行した。ペシャワール会報（No 57　一九八八年十月二十八日付）で視察を報告した記事と日記から、当時のカブールの状況を一部修正、加筆して報告する。


一九九八年六月十一日朝、ペシャワールを出発。国境近くのチェックポストに行くが警察の入国許可証が必要と言われペシャワールに引き返す。無事許可証を手に入れ、再度出発。チェックポストを越えると、連邦直轄部族地域（トライバルエリア）に入る。道路沿いのバザールでは小銃や機関銃、それにロケット弾までも堂々と売られていた。

ランディコータル着（パキスタン側の最後の町であるランディコータルは、連邦直轄部族地域である。連邦直轄部族地域はトライバルエリアとも呼ばれ、パキスタン政府の立法権限が及ばない地域で、現地の部族勢力にかなりの裁量が許される状態にあった。法的には一種の独立状態が認められており、テロの温床となっていると指摘されていた。二〇〇九年以降、アメリカ軍とパキスタン軍による過激派武装勢力掃討作戦の重点対象地域となったところである）。

カイバル峠からペシャワールを望む

ランディコータルから銃を持ったパキスタン側の警官が車に護衛のために乗り込んできた。途中で土塀に囲まれた広大な敷地の中に、桁違いにおおきな豪邸が建っているのを見る。護衛の警官によると阿片の密輸業者の邸宅らしい。

カイバル峠を越え、国境の町トルハムに着く（トルハムはペシャワールとジャララバードをつなぐ重要な貿易地点で、数百軒の食堂のあるバザールがあった。二〇〇〇年以降、旱魃による水不足でアフガン側はまともな運営ができない状態になっていた。住民の嘆願によりPMSが井戸を掘り、二〇〇三年二月、正式にアフガン政府企画省東部担当官に井戸を引き渡した）。

トルハムでパキスタン側の警察に入国に必要な書類を提出する。付近の一般住民は国境を自由に出入りしているようである。国境を越えて、アフガン側の粗末な小屋でできた入国管理事務所で入国申請をする。アフガン政府軍と反政府軍の間で激しい攻防戦があったシャムシャード山を通過する。アフガニスタン側に入ると道路の状態はすこぶる悪い。無数の地雷や爆弾で道路が破壊され、でこぼこになっている。道路の修復はほとんど進んでいる気配がない。

アフガニスタンでも有数の果物農場であった「ギャジ農場」というところに着く。旧ソ連軍が敵の侵入を恐れて視界を保つためにほとんどの果樹を切り取ってしまい、木々はまばらにみられるだけである。いまだに地雷の撤収作業が進んでいないところが所々にあり、「地雷危険」を示す赤色の看板が見られる。

ジャララバード着。町には活気が見られる。アイスクリーム屋に入る。アイスクリーム一人前が七千アフガニ（約三十円）。五年前には一パキスタンルピー、百アフガニであったが、現在では一ルピー、七百アフガニまで下がっている。公務員の給料はおおよそ、一五万アフガニ（約650円）で小麦十五キロと同額である。子供やブルカを着た女性の物乞いが次々にアイスクリームを食べている我々の所にやって来て、手を差し出す。

ダラエ・ヌールに向かう。途中の村では、農業が立派に再開されていた。農民たちが我々の乗ったJAMSの車をみつけて手を振ってくれた。ダラエ・ヌール診療所に着く。アズラット医師が他の四人のスタッフとともに歓迎してくれる。予算の関係で、外来は一日百人前後に抑えている。その日は三日熱マラリアの患者が四人いたという。マラリア・アメーバ赤痢・皮膚リーシュマニア症・腸チフスなどの感染症患者が多いらしい。患者の一部にパシュトゥ語を話す人もいるが、ほとんどの人はダラエ・ヌール周辺の言葉であるパシャイ語しか話さない。

検査は一日に便検査二十、血液検査三十、尿検査が十ぐらいあり、検査技師がこれだけの検査を一人でこなしている。肺結核患者も多く、結核患者のダラエ・ヌールでの現在の登録患者は二十四人で、百三十五人がすでに治療を終了していた。結核患者は長期間の投薬が必要で、高額な治療費がかかる。このため、薬を援助してくれる援助機関を探すために、ジャララバードに行ったが援助は得られなかったらしい。

ハンセン病患者は、ダラエ・ヌール近くのスパルという村で多発しているらしいが、治安が悪く中に入れない。ダラエ・ヌール診療所の建物はダイナマイトで破壊した大きな硬い岩石を集めて作った頑強な建物で出来ており、おそらく今後何百年と持つであろう。今後、廃墟とならないようにしなければならないと思う。

夜、野外で寝る。満月。蚊帳を私のために準備してくれる。夜中に大雨。部屋の中に退散。後で聞いたがこの大雨で国境近くの村の一部が流されたらしい。


六月十二日、この日は金曜日でイスラム教の安息日に当たるため、急患のみと聞く。残念ながら外来見学は行わず早々に首都カブールへ向け出発。道路はでこぼこですこぶる悪い。車の振動で尻が痛くなる。所々にスコップを持った子供や老人が道路沿いに見られ、道路を修理しているようにみせかけ、物乞いをしていた。

カブール到着。カブール市内に入ると一九九二年以降の軍閥同士の争いで、ほとんどの家々や工

破壊されたダルラマン宮殿

カブール市内

場は破壊されていた。破壊された建物の壁には無残な弾痕の穴が無数にあいていた。カブール市内の約四分の三の建物が破壊されたらしい。破壊されたダルラマン宮殿のダルラマンとは「アマン(安全)の居所(家)」という意味だが、さながら「原爆ドーム」のような姿をさらしていた。

破壊された建物の中でも、何とか住める家に人々は住んでいた。壊れた家々の窓には爆風を恐れてガラスではなく、ビニールを張っていた。タリバンがカブールを支配してから二年経つが、復興の気配はなかった。新しく建築された建物は、私が見た範囲では、国連事務所のみであった。その他は一部の建物に新しいペンキが塗られているだけである。現在の先行きが不透明で、カブールでいつ戦闘が再開されるかわからないからだと聞いた。

ゴミ集めや、食堂の給仕などの仕事でたくましく働いている子どもたちが所々に見られた。衛生状態が悪いためか皮膚リーシュマニア症という皮膚病にかかっている子どもたちがたくさん見られた。昼食をとるために食堂にはいると、窓の外から子供やブルカを着た物乞いが我々のほうをじっと見つめており、落ち着いて食べることができない。

シャワリ先生の友人の家に行く。家は昔の高級住宅街にあり、幸い戦災からは免れていた。しかし、水道が壊れているために、近くに水を汲みに行く必要がある。水の供給は二日に一度のため、トイレに行くのに気を遣う。

六月十三日。貴重な水を沸かしてシャワーの準備をしてくれる。世話になったシャワリ先生の友人によると、タリバンが来てから治安は大変良くなったらしい。その日にシャワリ先生のタリバンの友人が来て何やら話をしていた。シャワリ先生が私の頭に彼のターバンを巻いて一緒にタリバンと記念撮影をした。

病院の見学に行く。ＩＣＲＣ（国際赤十字）が運営している外科病棟を見学。この病院は外科の患者のみ受け入れ、手術症例は一日五～六例。以前は地雷による外傷患者が多かったが最近は減っているらしい。手術の際には、患者の家族が献血するのを条件に治療費はすべて無料である。

午前九時、カブール大学見学。キャンパスには女性は見られず、髭を生やした学生ばかりである。図書室にはほとんど本がなく、全て盗難にあったらしい。シャワリ先生が、奥さんとのなれそめを語る。昔はキャンパスの芝生の上で男性と女性のカップルが話し合う姿が見られたらしい。シャワリ先生も奥さんとこのキャンパスで愛を語り合ったそうである。

MIRITARY HOSPITALという軍の病院がカブールで最も良いらしいが、見学できなかった。この病院は一般の人には開放されず、タリバン政府の関係者のみが診療を受けることができるらしい。

二人のカブール市民に病気になったとき、どこの病院に行くか尋ねた。病院は設備も薬もなく信用できないため、大金を払ってでも開業医の所に行くと言っていた。

Wazir Akbar Khan Hospitalに行く。ここはカブールで今のところ一般の人に開放されている中

シャワリ先生（中央）の友人のタリバンと

で一番大きな病院である。診療部長を含めた三人の医師に聞く。レントゲンの機械は一台作動しているだけで、フィルムは大変貴重で、外来患者のレントゲンを撮る余裕はないらしい。検査は簡単なもののみで生化学検査はできず、消化管内視鏡、超音波検査機器などはない。全身麻酔のできる機器は一台のみで、手術を待っている百人ぐらいの患者リストを示し窮状を訴えて、我々に援助を求める。

かつて欧州連合（EU）が援助していたJamhuriat Hospitalを見学。昔は二百床の大きな病院だったらしい。集中治療室と思われる部屋があったが、機能していなかった。たくさんある病室の中で使用されているのは一部屋のみで入院患者は五人しかいなかった。

昔カブール市民の憩いの場であった湖に行く。レストランや保養所の跡がある。町の丘のうえには回転式レストランや保養所の跡があり、道路に

破壊された建物に住む人々　弾痕の穴がみられる

は市電が走るための線路と電線が残されていた。「戦争前のカブールは豊かな都市であった」とシャワリ先生が語る。

カブール市内には、地雷が撤去されていないところもまだ残っており、危険を示す赤い看板が所々に見られた。銃弾で無数に穴が開き、破壊されたままの家で商売を始めているところや、銃弾で無数の穴があいているコンテナを店舗にしてできた店が立ち並んでバザールができていた。

町を歩くとごみは放置されたままで子供がそのゴミの中から役立つものを探していた。衛生状態はすこぶる悪い。援助で安くナンを供給しているところがあり、餓死者が出るほどのひどい状態ではなさそうだ。この日は親ソ連合政権当時の陸軍将軍であったというシャワリ先生の友人の家に泊めてもらう。元将軍は昔着た制服を取り出し当時を懐かしんでいた。我々を精一杯歓待してくれたが、表情は硬くて笑顔を一度も見ることがなかった。親ソ政権当時に政権にいた人たちの一部を現在のタリバン政府が捕えようとしている噂におびえているようだ。

六月十四日、カブールに別れを告げる。ペシャワールに到着すると、安堵と同時に別世界に来たような気分になる。日本から来た当初、窮屈に感じたペシャワールが、いかに平和で自由で活気に満ちた町であるかを感じる。中村先生に少し興奮して状況を報告する。

「ペシャワールに逃げてきたアフガン難民も確かに困っていますが、避難する金のないカブール市民に比較するとまだかなりいいほうです。カブールへの医療援助についても取り組むべきではないでしょうか」

中村先生は冷静に語った。

「現在のアフガニスタンは何もカブールだけが困っているのではない。JAMSをはじめとする医師などの知識階級はカブールの惨状を強調するが、基本的にはカブール市民は我々の援助の対象ではない。カブール市民が豊かに暮らしていた時、それを支えるその他のアフガニスタンの人々の暮らしがいかに貧しかったかということを忘れてはならない。我々の治療の対象とする人たちはダラエ・ヌールなどの貧しい村の人々であることを忘れてはならない」。

しばらく沈黙して、「しかし、カブール市民を援助できる国連やNGOがいない現状では、カブールへの援助も考慮に入れなければならない。平和が来れば世界中から援助団体がいくらでもやってくる」とも言われた。

その後、二〇〇一年一月、国連が米国主導のアフガンへの経済制裁を発動した。首都カブールはますます困窮状態に置かれ、ほとんど無医地区になった。

中村先生は、カブールからペシャワールへ逃げてくる旅費もない、本当に困窮にあえぐ避難民を救うために首都カブールの貧困地帯の五カ所に臨時診療所を開設して、多くの患者の診療にあたった。

2　PMS病院完成そして波乱の日々

中村医師ミッション病院を去る

ペシャワールのミッション病院では、ハンセン病棟改善が一段落した後、問題が起きていた。「ハンセン病・根絶計画」について、海外の寄付者からの評価を得ねば、資金的に計画の継続がおぼつかないため、それまでの活動成果を内外にアピールする必要性に迫られていた。そこで、一九九二年一月、政治的な意図を含んだハンセン病の「根絶達成宣言」が出された。しかし、実際は根絶には程遠い状態であった。事業継続のための資金を確保することを企図して行われた「達成宣言」は、予想とは裏腹に「ハンセン病がほとんど根絶されたのに、多くの資金は必要ない」とドイツの寄付者に受けとめられた。その結果、外国諸団体に頼る基金が途絶え、ミッション病院そのものが存続の危機に瀕したのである。

赴任した頃。同僚医師たちとPLS病院にて

中村先生はすったもんだの挙句一九九四年十月、ミッション病院を去ることになった（「すったもんだ」の一言で片づけたが、キリスト教宣教団体、ミッション病院院長などからの干渉や陰謀などの人間対立に翻弄された壮絶な物語は、『医は国境を越えて』（石風社）に詳述されている）。

先生はハンセン病患者を守るためにユニバーシティタウンの住宅街にある旧い邸宅をただちに借りてクリニックを開き、一九九四年十二月、PLS（ペシャワール・レプロシー・サービス）として診療を始めた。

ところが一九九六年三月に入って「住宅街であるところに『らい病院』があるのは困る」と家主連合から苦情が出た。周辺には数多くの開業医院もあったが、「らい」を掲げるクリニックを、近辺の家主が嫌ったのである。ハンセン病に対しては、現地にも差別感情はあるが、地域によって濃淡がある。農村部では、ジュザーム（悪霊）と称して根深い差別感情があったが、都市部の庶民の偏見はらい予防法のあった日本ほどではなかった。しかし富裕層・知識層には、ハンセン病は「感染症である」という科学的な知識ゆえの差別感情が根強かった。

一般に差別は、非科学的で迷妄な無知によって起こると言われる。しかし知識層富裕層の多い地域の住民は、「感染症である」という科学的な知識によって排斥運動を起こしたのである。そのことについて中村先生は、「近代化とは、中世の牧歌的な迷信が、別のもっともらしい科学的迷信におきかえられてゆく過程であるにすぎない」（『ペシャワールにて』石風社）と喝破している。

このため、私が赴任した一九九七年、中村先生は自前で土地を得て、本格的な基地病院を作り、「現地に土着化して患者さんの治療を続けていく」という方針を決定した。かつ最終的にＪＡＭＳとＰＬＳという兄弟団体を統合して今後の大幅な維持費軽減を図ることを考えていた。

当時は日本のバブル経済が崩壊した数年後で、年間総予算が七、八千万円のペシャワール会にとっても多額の建設資金調達は困難な状況だった。また、パキスタン・アフガニスタン両民族の対立感情に加えそれまでの業績にシャワリ医師を院長とするＪＡＭＳはこだわっていた。日本側が注意深く考案した「統合病院案」が、ＪＡＭＳ側から手もなく拒絶されたのである。

赴任して間もない頃、私は環境に慣れるために、中村先生に言われるまま、金魚のフンのように後についていた。先生が来客の接待やシャワリ医師や建設関係の業者などいろんな人と長話をされているのを目の当たりにしていた。先生は病院から戻ると、会計業務・原稿の執筆、私へのウルドゥー語の指導など夜遅くまで休む暇もなかった。

ペシャワールに来るまでは、「患者さんをたくさん診て、バリバリ手術しているのだ」と思っていたが、「医者としての仕事より、医療からは一見外れるような仕事が多いな」と私は知ることになる。当時は先生が赴任して以来、積もり積もった問題のすべてが噴出し、大変な時期であったとは露知らなかった。

その頃の心境を先生は次のように述べている。

「現地の一般的な弊風―民族・宗教的な分派主義は徹底的に芽を摘み取らねばならない。『改革』といっても出血なしにはできまい。転機という以上は、私情を殺して断固たる措置を取るべきである。やんわりと『アフガン人は非協力』と脅されても、だれが脱落しても、一人になってもやるつもりでいた。

（中略）

個人的に私はシャワリ医師に全面的な信頼を置いていた。しかし、その時漠然と、しかし確実に感じたのは、私の身の危険であった。愛憎は一体である。私がペシャワールで消されるとしたら、決して敵対者ではなく、最も身近な人々の手によるだろうと思っていた。それでも、我が身を守る気になれなかった」（『医は国境を越えて』　石風社）

ＰＭＳ病院建設

総工費五千万円の予算で、「パキスタン政府及び北西辺境州に承認された『ペシャワール会所有』

の地下一階、地上二階の七十床、二千坪の土地付き、建坪延べ一千坪の病院」の建設が始められた。私は「予算五千万円」と聞いたとき、パキスタンとは物価が違うとはいえ、東京の小さなマンション一戸より安い金額で本当にできるのかと首をかしげた。

完成までには、筆舌に尽くしがたいほどのトラブルの連続だった。二千坪の建設用地確保は妨害工作で二転三転。地元業者にとっては滅多にない儲け話とあって詐欺師まがいの連中が我も我もと集まってきた。

現地の請負業者にすべてを任せると、「取れるものはとる」というのが当たり前で、外国人ならば尚更のこと、油断すると粗悪な材料で暴利を貪られる。このため先生自身が設計図を作成し、医師というより「土建屋のおっさん」のいでたちで建築現場に張り付けとなり、現場指揮をしていたのである。先生のことを「日本の建築アドバイザーなのか」と尋ねられることもあった。現地の請負業者のプロの設計士が先生の作成した設計図を見て、首をふりながら感心していたのを記憶している。

請負業者を雇い、レンガ・セメント・砂・ガラスなどの基本資材については、現地の新聞に掲載されている公定価格を毎日調べあげて量と品質を監視させた。

「利益が薄い」と見て手抜き工事をして逃げ出したり、窓やドアを逆さにつける業者を先生が解雇したりと、請負業者が何度も変わっていった。

先生は、「地下室の換気はどうしようか、ドアを内開きにするか外開きにするか、女性病棟のトイレの入り口をどこにするか」など夜遅くまで設計図とにらめっこだった。

私が日本人スタッフの宿舎にある先生の部屋の近くを通ると、「小林先生、小林先生」と呼び止め

PMS（Peshawar-kai Medical Service）病院完成

られ、設計図を前にして意見を求められる。睡眠時間を削って（先生にはそういう意識はなかったかもしれない）、懸命に取り組んでおられた。意見を述べた後すぐに帰るわけにもいかず、夜遅くまで付き合う事態に陥ることがしばしばあった。

振り返ると先生は、「医者の本業」ばかりか、ハンセン病患者のうらきず防止のために、地元の伝統スタイルのサンダルを設計してサンダルワークショップを作っただけでなく、病院を設計して現場監督を行い、さらには井戸を掘り、用水路を設計して建設した。先生はまさにペシャワールのダ・ヴィンチだった。

ＰＭＳ病院は、最終的には約七千万円の費用で完成した。先生は予算を確保するのに大変苦労され、予算が当初の五千万円より大幅にオーバーしたことを嘆いておられた。パキスタンとは物価が違うとはいえ、私の金銭感覚では非常に安い費用で建設できたと思った。思わず先生に「現地の業者に任せると数倍以上の建築費用がかかり、もっと質の悪い建物になったと思いますよ」と言ったものである。

ＰＭＳ（Peshawar-kai Medical Services）病院は完成したが、のっぴきならぬ問題が発生していた。アフガン人のシャワリ医師は、ＪＡＭＳがＰＭＳの下部組織となったことに憤っており、敵意を隠さなかった。

シャワリ先生はペシャワール会の「裏切り」とＰＭＳへの非協力を明言し、恨みと憤りで神経衰弱状態に陥っていた。以前のような明るい愛嬌のある表情が消え、猜疑心の塊のような表情になっていた。

しかし混乱と議論の末、シャワリ医師に統合案の合意書に署名させて実行を誓わせたのである。中村哲総院長のもとＰＭＳ統合病院の下準備はようやく整った。

一九九八年四月二六日、開院式が盛大に行われた。ＰＭＳとその傘下のＪＡＭＳの現地スタッフ百四十名、北西辺境州大統領をはじめとする要人、在パキスタン日本国大使夫妻、ＪＩＣＡ（日本国際協力事業団）パキスタン支部の代表、五九名の日本からの訪問団が式典に列席した。

なかでも「日本人訪問団」の効果は絶大で、それまで表立って知られなかった「日本・ペシャワール会」の存在を強烈に現地にアピールし、ＰＭＳやＪＡＭＳ内部でも背後にあって支えてきた日本人パワーを印象づけることになった。

日本大使館は、病院全体を賄う規模の発電機、車両二台の寄付を決定し、医療活動への支援を惜しまなかった。

北西辺境州大統領は、「スピーチで用意された原稿にないことですが」と断り、「大勢のＮＧＯが出たり入ったりする中で、ペシャワール会という日本の団体が、十五年の長きにわたってアフガニスタン難民・ハンセン病患者のために支援してきたことは驚きだ。感銘を受けるとともに心より感謝したい」と言う言葉を述べ、深く印象に残った。

ＰＭＳ正面玄関の入り口のプレートには、次のような中村先生の文言が刻まれた。

「本病院は多くの日本の寄付者とアフガニスタン・パキスタンの人々の献身的な協力により、らいを初め恵まれぬ患者たちのため、建設された。

この病院に拠り、民族と国境を越え、平和と融和を掲げ、日本とパキスタン・アフガニスタンの良心を体現することをここに誓うものである」（『医は国境を越えて』石風社）

まさに、この一言のために皆がこぞって「対立しながら協力した」のである。ここに新体制は道標を置き、波乱の海を漕ぎ出した。

野戦病院からの脱皮

ＰＭＳ病院が完成し、中村先生より「野戦病院的な診療に終止符を打ち、本格的な診療の中身の充実を図っていく」という方針が打ち出された。先生は、「貝は、殻だけでは貝といえない。我々の病院はやっと貝殻が出来上がったばかりである。これから中身の充実をはからねばならない」と語った。

これまでは、ハンセン病患者を中心に診療していた。邑久《おく》光明園（国立療養所）からの応援チームの尽力により、「らい菌の抗酸菌塗抹検査」「病理組織標本作成」などの高度な技術が受け継がれていた。多面的な診療を開始するためには、その他の診療技術の充実も必要になってきた。

そこで安価で高品質の医療機器を購入する任務を中村先生より命じられた。パキスタンの大都市ラホールに行き、必要な医療機器の品質を確認して値引き交渉をしながら購入しなければならない。レントゲン機器は、画質の悪いものが多かったが、ブラジル製の値段の割に高性能のレントゲン機器を手に入れた。

その他さまざまな医療機器も購入した。最終的には、血液生化学・検尿・検便・らい菌および結核菌などの抗酸菌塗抹・病理・細菌培養・マラリア診断のための血液塗抹標本（ギムザ染色）・ギムザ染色した標本中のリーシュマニア原虫の証明・妊娠・レントゲン・心電図・腹部エコー・心エコー・胃カメラ・脳波等の検査ができるようになった。

診療技術が飛躍的に向上し、検査助手や看護助手の人材育成にも力を注げるようになった。これらの検査は日本ではどこの病院でも可能な検査だが、現地ではそれぞれの検査が可能になるまで技術者の確保や教育が必要だった。それらも多くの人たちに支えられ、実現可能となった。

その後二〇〇二年、私の後に医師として現地に赴任した仲地省吾先生はＰＭＳ病院を次のように評価している。

「設備に関しては日本とは比較できないぐらい不十分かもしれませんが、私はここに来て以来、このＰＭＳ病院が日本の病院より劣っていると思ったことは一度もありません。医師や看護師などの医

療スタッフはみんなとても優秀で真面目です」(「ペシャワール会報」No 76　二〇〇三年七月九日付)

振り返ると、私は治安が保たれ、お膳立てされた環境の新生PMS (Peshawar-kai Medical Services) 病院で、現在私が徳之島で行っている診療と同じように、診療科を問わずあらゆる症状を訴えるアフガン難民患者の診療をすることができた。

PMS病院が完成するまでの中村先生をはじめとする職員たちの苦労は尋常ではなかった。このような稀有で安全な環境で医療活動ができたのは大変幸運であった(当時は、そのありがたさを感じていなかった)。

ラシュトとワハン回廊

私が赴任した頃、アフガニスタン東部山岳地帯の三か所の診療所は、すでに完成していた。次はパキスタン北部山岳部のハンセン病多発地帯である。

前述のように一九九六年六月、パキスタン北部のハンセン病多発地帯であるラシュトに診療所を建てるための下準備として、ヤルクン川上流の「定期診療」が開始された。私が赴任して間もない一九九七年十月、この「定期診療」に行く任務を中村先生から指示された。

ラシュトはパキスタンの最北部、アフガニスタンの国境近くにある。標高は三千二百メートルで、周囲は五千メートル、六千メートル級の峻険な山々に囲まれた盆地にあり、近くには氷河が望見された(その後、この氷河が二〇〇〇年八月に崩落して川を塞ぎ、川は氾濫して周辺地域に大災害をもたらした。

ラシュト、沈黙を強いられる風景（奥にあるのは氷河）

地球温暖化による影響と考えられる）。

ラシュトの北側の地域は「ワハン回廊」と呼ばれて回廊状に細長く、タジキスタン、中国、パキスタンと接する辺境中の秘境である。ワハン回廊の属するバダクシャン地方からラシュト周辺の北部カイバル・パクトゥンクワ州（旧北西辺境州）はハンセン病の密集地で、先生はこの地域を重要拠点と考えていた。

「ワハン回廊」は、パキスタン（旧英領インド帝国）またはタジキスタン（旧ロシア帝国）に属するのが自然と考えられるが、アフガニスタンに属している。東西に細長く伸びて、虫垂のような形をし、三か国（中国・タジキスタン・パキスタン）の国境と接している。回廊と呼ばれているように、この地は廊下のように長い。どうしてこのような形をして、数カ国と接しているのか疑問を持ち、調べてみた。

プラッシーの戦い（一七五七年）以降、インドに地位を確立した大英帝国は次第に西方に勢力を拡大した。その一方ロシア帝国は積極的な南下政策で次々と中央アジアの諸民族を征服してアフガニスタンに迫っていた。大英帝国は、アフガニスタンを征服することによってロシア帝国の南下政策を阻止しようとし、二度にわたってアフガニスタンと戦いを交えたがパシュトゥン諸部族の抵抗で、いずれも敗退した（第一次英国ーアフガン戦争・一八三八～四二、第二次英国―アフガン戦争・一八七八～八〇）。ロシア帝国もまたトルコ系諸部族の激しい抵抗でアム川を越えることができず、アフガニスタン征服を果たせずにいた。「アングレーズ（大英帝国）、ルース（ロシア帝国）」が敵の代名詞として用いられるようになったのはこの時からである。

「インド防衛」が至上命令である大英帝国は策を変えた。アフガニスタンを財政的、軍事的に支援して国内を統一することにより、この国をロシア帝国に対する緩衝国に仕立てようとしたのである。この時（一八九三年）にアフガニスタンのパシュトゥン族の住地を二分する形で「デュランド・ライン」と呼ばれる軍事境界線（その後の国境）が大英帝国とロシア帝国の対立のはざまでひかれ、その東部が英領インド帝国に組み込まれた。

その時、ロシア帝国はこのワハン回廊を併合しようとしたが、ロシア帝国がワハン回廊を併合すると英領インド帝国と接することになる。このため、ロシア帝国と直接接する国境を嫌った大英帝国が働いてワハン回廊をアフガニスタンに属するようにしたのである。その結果、この様な細長く虫垂のような形になり、三か国もの国境と接するようになった。（マーティン・ユアンズ 著　金子民雄 監修『アフガニスタンの歴史』明石書店）

もともと国境という概念がなく自由に移動していたところに、大国の論理で国境というものができ、民族（アフガニスタンではパシュトゥン族）が二分された。島国に囲まれた日本人には理解しにくいところがあるかもしれない。

中村先生は「現在のアジアの国々の国境線は、ヨーロッパ列強支配の中で多くの住民たちの都合を無視して勝手にひかれた『山分け』の境界線である」と語っている。

「山分け」の後、どうなったかは次のように述べている。


「そして都合が悪くなると出て行って、そのまま彼らの領土が一つのまとまった近代国家としての体制を整えていく。――それはとても無理なことでして、そのために国内にいろいろな矛盾・内乱、それから難民が発生してきます。今度はヨーロッパ列強が、『難民救済』と称して、それをまた助けるためにいろいろなビジネスが行われる。植民地時代に、やり放題やって絞り取っておいて、今度は引き上げた後、彼らが残した後遺症でまたそこを喰っているというのが、ヨーロッパ対アジアの関係だというのが、大雑把に言えると思うのです」（『ペシャワールからの報告―現地医療現場で考える』　河合ブックレット）

当時のアフガニスタンにおける内戦は民族同士の争いだけではなく、その背後にいろいろな国が自国の利益のために見え隠れしているのが現地にいるとよくわかった。

この「ワハン回廊」の手前のラシュトという村での定期診療に行った。ジープで道路の途切れると

ラシュトまでの山道

ころまで行き、残りをロバに荷物を運ばせて徒歩でラシュトまで行く。

テントを立てて青空診療を行い、「どのような患者がいるのか、果たしてハンセン病の新患患者がいるのか」を調査した。この村出身で看護スタッフのヤールマスディンによるとこのあたりではハンセン病に対する偏見が強く、ハンセン病という診断を受けて地元の人に知れ渡ると、近所づきあいを絶たれて孤立して生活しなくてはならない。実際に、この村でハンセン病と診断されている患者七人は孤立して生活しているという。そのため診療は慎重に行わなければならなかった。

この時の診療では、三日間で二百二十二名の患者が来た。農作業・育児・家事などの重労働によると考えられる腰痛・膝痛・肩痛などを訴える患者が多くみられた。腹部症状を訴える患者の糞便の直接塗抹法による顕微鏡検査で、約半数の患者に回虫、赤痢アメーバ、ランブル鞭毛虫、小型条

ラシュト診療基地で診療を行う筆者

虫などの腸管寄生虫が見られた。前回の調査で多数見られた貧血患者は、すでに治療が開始されていたためか、三名だけだった。肺結核を疑う患者も二人見られた。

出発前に中村先生から「我々がこの地域に来る前、彼らの唯一の薬品が鎮痛剤の代わりに用いられるアヘンでした。このためアヘン中毒の患者が多いので鎮痛剤、ビタミン剤を惜しまずばらまくように。都市部の者とは違って、心理的依存がほとんどないのでアヘン中毒者は根絶できます。同じアヘンでも、『文明の毒』とはずいぶん異なります」と言われていた。

麻薬中毒とは、「麻薬には依存性物質が含まれているため、これをしばらく摂り続けると、体がこの物質に依存して生理的に必要とするようになり、麻薬中毒になる」と言うのが定説である。一方で、手術や急性膵炎などで入院した際に、激しい疼痛に対して、麻薬を一定期間使う患者は多くいるが、ほとんどの人が麻薬中毒にはならない。

私がくも膜下出血になったときには、激しい頭痛を訴えため、ペンタゾシン（商品名ソセゴン）という麻薬拮抗性鎮痛薬を投与されていた。痛みが取れ、頭がすきっとする。時間がたつと、再度注射をして欲しくなるので、看護師さんに腕を指さして、「ソセゴン30㎎、ぎゅっとやってくれ」と言っていた。

「だめですよ、先生。あと一時間待ってくださいね（六時間おきと決まっていた）」と厄介な医師患者はたしなめられた。その後、私も麻薬中毒にならなかった。

イギリスのジャーナリスト、ヨハン・ハリは、TED talksで、「人は他人と心を通い合わせ繋がることを求める動物です。健全な人間は、触れ合いを通じて人間関係を築きます。しかし、それができない人は、人生の中で経験したトラウマ・孤立・虐待などが原因となり、安心感を求めて人間以外に繋がる対象を探し始めます。それは、ギャンブル・ポルノ・コカイン・マリファナだったりするかもしれません。社会での健全な人間関係や繋がりのある人は、麻薬を使用する機会があったとしても、麻薬中毒にはなりません。『依存症』の反対は、『繋がり』です」と述べている（Johan Hari. "Everything you think you know about addiction is wrong" Ted: Ideas Worth Spreading, June 2015, https://www.ted.com/talks/johann_hari_everything_you_think_you_know_about_addiction_is_wrong)。

アフガニスタンの山岳地帯の人々は、厳しい環境のなか身を寄せ合って暮らしている。心の繋がり

ラシュトの北、ワハン回廊近くにあるボローギル峠で診療する中村医師

がなければ生きていけない。先生は、そのことを知って「アヘン中毒者は根絶できる」と断言したと思う。

この時は予定が遅れたため、大変寒く、初雪も降ったので、ワハン回廊周辺のアフガニスタン側からは患者が来なかった。ヤールマスディンは、「ハンセン病らしき新患患者が少なくともこの村だけで三人はいる」と言っていたのだが、この時は偏見を恐れてか患者は来なかった。すでにハンセン病と診断を受けている患者数人が、普通の患者とは離れたところで回りを気にしながら診療を待っていた。

その後一九九八年、ラシュト診療所が完成し、一般診療とハンセン病患者の診療が開始された。完成後先生の予言通り、次のように、アヘン耽溺者を同地域で一掃することができた。

「ラシュト診療所の存在は、小さくとも画期的で、ワハン回廊住民の夏期診療を可能にし、同時にアヘン耽溺者を同地域で一掃した（鎮痛剤も入手できぬため、住民の半数以上がアヘン嗜癖《しへき》であった)。ここを足掛かりにワハン回廊、バダクシャン山岳部を睨むことが可能になった」(「ペシャワール会報」No 64　二〇〇〇年七月五日付)

PMS病院完成

一九九八年、「パキスタン北西辺境州(現在のカイバル・パクトゥンクワ州)およびアフガニスタン北東山岳地帯のハンセン病コントロール」と「ペシャワールのアフガン難民および周辺の貧しい人々の診療」の基地病院としてPMS病院は完成した。アフガニスタンの将来のため「アフガニスタンの混乱で難民となった医師・看護師・検査技師などの医療スタッフの教育」という目的もあった。

PMS病院は、最終的にはJAMSと再編統合し、PMS病院で医療スタッフを教育し、本来の目的であるハンセン病多発地帯に交代で医療スタッフを派遣することを考えていた。PMS病院に来るアフガン難民は、貧困層もいるが、ハンセン病山岳地帯の住民と比較するとまだ裕福である。このため、PMS病院に、際限なく来院するペシャワール在住のアフガン難民の診療のために多くの財源を費やすことより、ハンセン病多発地帯の診療に力を入れることを、先生は考えていた。

私の主な仕事は、このPMS病院での医療スタッフの教育だった。言葉の問題もあり、本来の目的である最前線のハンセン病多発地帯で、長期間診療できなかったことが、心残りである。

PMS病院には当初、私と中村先生を含め四人の医師がいたが、暫くしてJAMSより四人の医師が移って来た。

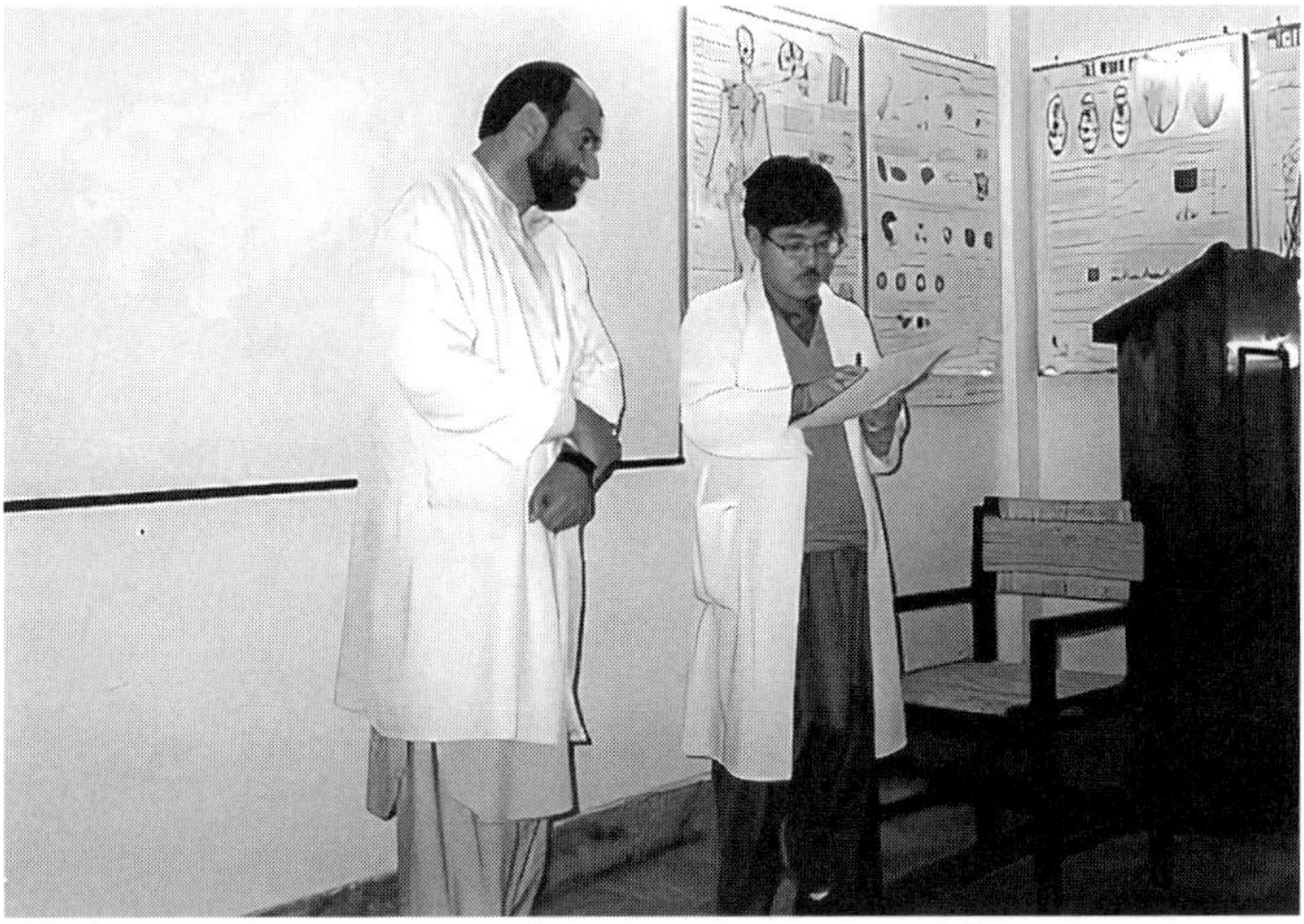

ジア先生と

カブール大学卒業の二十八歳の若い秀才ズベイッドラー医師、モスクワ大学卒業の勉強家ジア・ウル・ラフマン医師、病理の専門医イブラヒム医師、それに日本人に似ているハザラ族のディン・モハンマド医師である。

ジア先生は現在でもアフガンでＰＭＳの責任者として用水路事業・医療事業を続けるのに先頭に立って活躍されている。

ＰＭＳ病院やアフガン東部山岳地域の診療所の外来では、現在私が勤務している日本の離島の病院のように診療科を問わず、内科・小外科・小児科・眼科・耳鼻科・皮膚科などのすべての診療を行う必要があった。

アフガニスタンで医師になるのはたいへん難しく、全国で選び抜かれた秀才ばかりである。しかし、医学的知識は豊富だが、戦乱のために臨床経験が乏しかった。そのため私でも臨床指導で役に立つことができた。

ディン・モハンマド先生

ズベイッドラー医師は、アフガン国内の混乱によるストレスのためか顎髭に円形脱毛症を持っていたが、いつもおしゃれな髪型をしているイケメンで、外来では多くの女性患者から指名があった。茶飲み話で、「中村先生も少し見習って髪を整えたらどうでしょうか」という話が出ると、皆が一斉に頷いていた。

ディン・モハンマド先生はＪＡＭＳにおける医師の人員整理の対象となっていた。英語をほとんど話すことができず、臨床能力もいまいちなのだ。温厚な性格でモンゴロイド系のハザラ族のため日本人に顔が似ていた。

私はディン先生とは仲が良く、日本人に似ているため親近感を覚えていた。「私情は禁物ですが」と断ったうえで、中村先生に解雇しないようにお願いした。

中村先生も気にされていたようで「将来らいのコントロール計画においてハザラ族のいるバーミ

ヤンに行くときに役立つかもしれない。日々の忙しい病院生活の中で、何人かはいるだけでホッとするような人材も必要だろう」ということで、医者としてではなく薬局長としてPMSに呼び寄せた。

ディン先生の属するハザラ族は日本人と同じモンゴロイド系の人種である。その起源はチンギス・ハーン時代、モンゴル帝国の残存兵士の末裔ではないかという説がある（マーティン・ユアンズ 著 金子民雄 監修『アフガニスタンの歴史』明石書店）。「赤ん坊のお尻に青あざ（蒙古斑）がお互いの民族に認められる」ということで会話が盛り上がった。

ディン先生は戦場で患者の治療をしているときに左肩に銃弾を受け、左手が不自由だった。アンパンマンのような優しい顔だが、同僚によると大変勇猛果敢な人だと聞いた。ディン先生は、ハザラ族とタリバンの間で大規模な戦闘があったとき、家族の安否を知るためにバーミヤンに行った。そこで、ディン先生の兄を含め親戚のうち十人が殺されたことを知ることになった。

ハザラ族はパシュトゥン民族に次ぐ人口を抱え、バーミヤンを中心にハザラジャートと呼ばれるヒンズークッシュ山脈中央部の広大な山岳地帯に居住している。アフガン社会では「下層市民」とみなされて最も貧しい民族である。そしてアフガニスタン内で最もハンセン病の多発するのがハザラ族であり、その故地がバーミヤンである。その患者数は数万とされていて、中村先生は、バーミヤンを「ハンセン病根絶計画」の重要拠点と考えていたのである。

後に二〇〇〇年に首都カブールでの臨時診療所を設立した際、バーミヤンに地理的に接近することになった。先生はバーミヤンでのハンセン病診療を開始することを考えていたのだ。しかし、二〇〇一年の九・一一事件の後ブッシュ政権の報復爆撃開始でタリバン政府が崩壊し、治安悪化と大旱魃のため、残念ながらこの話は立ち消えになった。

朝の唱和と院内秩序

PMS病院のスタッフは、「国籍はアフガニスタン・パキスタン・日本」「宗教はイスラム教・キリスト教・仏教」「人種はパシュトゥン・タジク・ハザラ・トルコマン・日本など」「言語はパシュトゥン・ダリ・ウルドゥー・英語・日本語」などさまざまだった。このため当初、内部統制をとるのは非常に困難を極めた。

PMS病院の給食

病院の給食は、入院患者さんと同じナンとスープが基本で、スープはひよこ豆にムング豆などの豆スープがベース。週に一度牛肉とジャガイモの入った美味なスープが出た。ところがこの肉の大きさで「いざこざ」が始まることがあった。例えば配膳係がパシュトゥン族であれば、「パシュトゥンには大きな肉を配ってわれわれタジクには小さい」などの争いが病院内でしばしば勃発したのだ。

私が以前勤務していた日本の病院で事務職員が「朝の唱和」をしていたことを思い出した。規律を保つために、中村先生に「朝の唱和」をすることを提言し、承諾された。

以下が「朝の唱和」の内容である。

PMS病院の朝礼　建業精神の復唱

1. 我々は、貧しい患者への助けを通して神に仕える。

2. 我々は、国籍・宗教と、あらゆる別《わ》け隔てを超えて協力する。

3. 我々は公私混同を厳しく避ける。

4. 我々は、病院の職務規定に服従する。

（「ペシャワール会報」No58　一九九八年十二月十六日付）

簡潔すぎるかもしれないが、これがペシャワール会の活動が始まって十五年目の結論と方針である。宗教・民族の違いによる紛争が頻繁に起こる中で、これがバラバラになりがちな現地の、多様な人々を結び付ける共通の絆であり、掟でもあった。

朝の唱和の際には、日本人スタッフと、新しく事務長として迎えたイクラムラ・カーン氏が前に立ち、目を光らせた。

イクラムラ・カーン事務長はパキスタンの国防を実直に担ってきた元少佐で、貫禄がある。少佐のことを英語では"Major（メイジャー）"と言うので、日本人の間では親しみを込めて「メイジャーさん」と呼んでいた。先生は、「メイジャーさん」を全面的に信頼しており、病院管理の重責を任せることができた。

私は、特に大阪商人の生まれなので、全てのスタッフに日本式にお辞儀をしながら、愛想よく挨拶をしていた。

中村先生が一時帰国する前に、「小林先生、もっと偉そうにしたらどうでしょうか。作り笑顔は不必要です。威張る必要はありませんが、ここは階級社会です。スタッフからなめられますぞ」と言われてしまった。そして、「しばらく私は帰国するので、その間、『院長代行』の仕事をするように。朝の唱和の際、スタッフの前に『偉そうにして』立ってください」と言われた。私は当惑して、「今まで、小学校の時に学級委員長になったことは一度ありますが、そのような大役は……私としましては医師の教育に専念できればありがたいのですが」

先生は、「まあ、将来何かの役に立つでしょう」と、いつもの調子で言われ、中村先生不在の時は、院長代行の任務を授かることになった。看護師長の藤田さん、会計の藤井さん、事務長のメイジャーさんに助けていただき、何とか任務を果たすことができた。

ちなみに日本の職場では、「おはよう」の挨拶もしないで難しい顔をして素通りする人がいる。現地では挨拶をしないと相手から「敵意があるか病気」と思われる。挨拶のできない人はペシャワールでは暮らしていけないのだ。

中村先生は、「厳しい自然条件と社会環境、特に大家族の封建的序列で育ってきた者と、一般日本人とでは成熟度がちがう。（中略）敵を作らぬおおらかな社交性・忍耐力がないと現地では生き延びられない。長上を立てる心くばりも要る」(『辺境で診る 辺境から見る』石風社)と述べている。

朝の唱和をはじめ、少しずつ規律が保たれるようになってきた。

先生は、「こんな雑多な人々の集まりを束ねて活動が続くのは何故でしょう。思想、宗教や民族のちがい、個々の人の性格、社会的立場を超えて、どんな人でも共有できる『人間の真実』に訴えるものがあるからでしょう」と語っている。

メチルアルコールで医師死亡

将来の生活費を得るために一時帰国して日本の病院でしばらく働いた後、一九九九年十月十一日、日本を出発し、翌日ペシャワールに着いた。

スタッフハウスに到着するや否や、「国軍部隊が首都イスラマバードの首相官邸を包囲、閣僚の自宅や政府施設に乱入、国営テレビ、ラジオ局の建物、空港などを占拠した」というクーデターのニュースが飛び込んで来た。あと一日遅れると空港が閉鎖されたため、日本で足止めを食うところだった。陸軍参謀長であるムシャラフ氏が無血クーデターを起こし、当時のシャリフ首相を追放し、軍事政権を発足させたのである。

翌朝病院に向かうと、町は予想外に平穏で人々はいつもと変りなく生活していた。このような大事件の時でも、ペシャワールではさまざまな民族や国籍の人間がいるので暴徒が組織化されにくく、大都市と違って大きな暴動にならず比較的安全だと聞いた。

パキスタンは政治家の腐敗などにより政治は安定せず、クーデターが度々起こっている。イスラム諸国家における初の女性首相であったベーナズィール・ブットー氏は、後に暗殺された。

PMS病院の事務長として採用されたパキスタン軍元少佐、イクラムラ・カーン氏は、パキスタンに関して次のように述べている。

「パキスタンは発展途上国で、今も発展と繁栄への道に至る様々な試みを続けています。これは主に国益よりも個人の利益を優先してきた身勝手な指導者達のせいです。パキスタンは、少数の卑劣な成り金と、多数の明日の蓄えもないような貧しい人々が占める国で、適正な会計制度を欠いているために、政府は恒常的な破産状態にあります。

パキスタン国民は不正について次のように考えています。もし誰かが何千ルピーの横領・不正事件に関与したならば、『捕まって』さらに『投獄される』が、何百万ルピーもの横領・不正事件に関与した場合は『捕まる』だけで、投獄されることはない。さらに何十億ルピーもの横領・不正事件に関わるほどの者は、捕まりもしなければ投獄されることもない」（「ペシャワール会報」No 71　二〇〇二年四月二十六日付）

久しぶりに病院に着くと、病院内は、ピリピリした雰囲気になっていた。緊張の原因は軍事クーデターではなかった。これまでの朝礼では「朝の唱和」だけだったが、朝礼および終礼の際にスタッフ全員の名前を呼んで出席をとっていた。その時に正当な理由なく不在であればその日の給料を支払わないことになっていた。

朝のミーティングで中村先生から「我々が不在中に大変な事件が起こってしまった。現在、最も大切なことは規律を保つことである。上下関係をはっきりさせるために相手から挨拶をしない限り、こちらから進んで挨拶をする必要はない。病院での規律を保つために軍隊のようにやらざるを得ない。少し窮屈だがよろしく」と言われた。

私と中村先生が不在時、規律は乱れに乱れて信じられない事件が起こってしまったのである。当直中に若い医師が病院の薬庫から消毒用「エチルアルコール」を盗み検査室の技師を誘ってコーラで割って飲んだのである。

アルコールとは、「エチルアルコール」「メチルアルコール」などの総称で、「エチルアルコール」は酒の主成分である。「メチルアルコール」は、誤飲をすると失明や死亡の危険性もある。学生時代、メチルアルコール誤飲により失明することがあるので語呂合わせで「目散る」アルコールと覚えたものだ。

同僚に聞くとパキスタンの消毒用エチルアルコールは品質が悪く、「メチルアルコール」が混合されていることが多いと聞いた。彼らはそのようなメチルアルコールの混ざったアルコールを飲んでしまったのである。若い医師はメチルアルコール（メタノール）中毒で死亡し、技師は失明してしまった。あってはならない禁酒国での不祥事だった（ちなみに、イスラム教徒は禁酒が原則だが、カブール育ちの一部の医師や知識人は、隠れて飲酒していた）。

この事件の後、中村先生は、多数の問題のあるスタッフを容赦なく解雇した。「『飲酒事件』を起こ

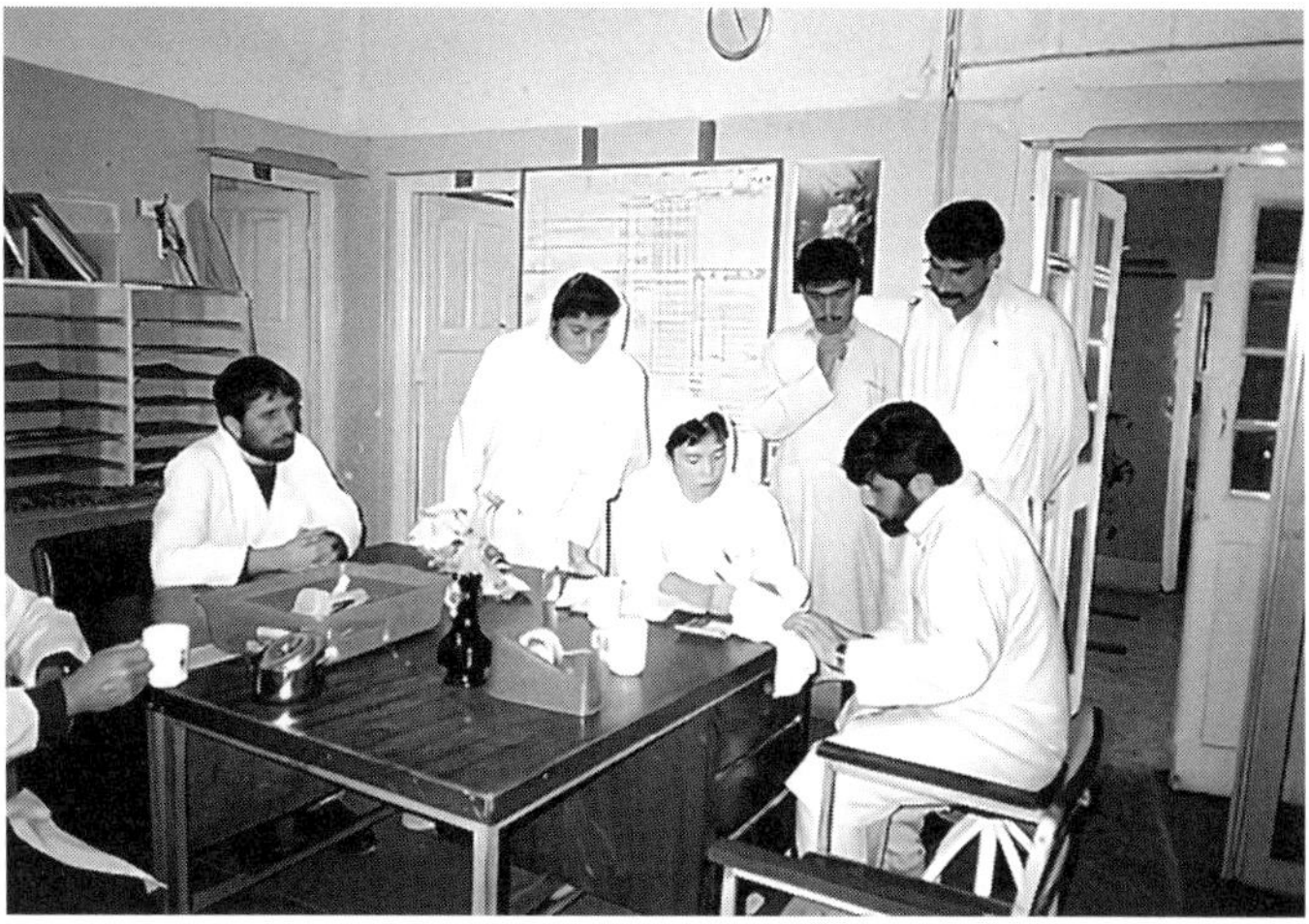

PMS病院の看護スタッフ

したことに関連したすべての者」「何度も警告を発したにもかかわらず上司の指示に従おうとしなかった者」「金銭をごまかそうとした者」「勤務時間内に私用の仕事を繰り返した者」などを解雇した。

先生は、この時、中国の「三国志」の故事を我々に語った。

「『諸葛孔明《しょかつこうめい》、泣いて馬謖《ばしょく》を斬る』というのがあります。名軍師が掟に従い、違反を犯したかわいい部下を自分で斬って、全軍の風紀紊乱《びんらん》を収めたというものです。私は、決して諸葛孔明ほどえらくはないが、人を束ねて何かまとまったことを起こすにはそれほどの覚悟と非情さが必要なこともあります」

ペシャワールの狭いアフガン社会では、互いをかばおうとする傾向が強いため、周りのスタッフからの強い嘆願によりそれまで大目に見ていたこともあった。

しかし、この時先生は、全く妥協することなく「腐

PMS病院の医師

食の根」を断つために、問題のある人物を次々に解雇していったのである。

「一つの例外を許せば、無秩序で病院が破綻する」「恨みを買い下手をすれば命を狙われるかもしれないが、病院の将来を考えれば」と心を鬼にして徹底して解雇していった。時には解雇された者の怒号が病院に響き渡ることもあり、しばらく病院内には緊張感が漂っていた。

職員の大量解雇と採用

怠業や分派活動、血族・郷党意識による秩序の弛緩を徹底的に押さえ込み、ようやく規律を回復することができた。解雇二十八名、懲戒十二名という大量処分である。

多くの職員を解雇したこともあり、「病院の運営」および「アフガン国内の東部山岳地域の診療所」「パキスタン北部のラシュト診療所」に医師を含む職員を交代で派遣するため、新たな人材が必要となった。これまでは先生が多忙なこともあり、シャワリ医師が縁故関係を使って職員を採用することが多く、シャワリ先生の息がかかった者が多く採用されていた。

腐れ縁を断つためにも、今回は新聞の広告欄などを使って一般に広く公募することにした。当時、ペシャワールでは戦乱により逃れてきた難民のほとんどが失業者で、アフガン人が働ける職場は限られていた。そのため多くのアフガン難民、パキスタン人が応募してきた。

パキスタンの大都市以外の地方では医師が働くことができる設備の整った病院がなく、そもそも医者にかかれる富裕層の人口が少ないこともあり、都市部では多くのパキスタン人医師が失業していたのである。

将来の病院を担うべきトレーニー（訓練生）が、百二十名の応募の中から二十名、検査技師が十二名の応募の中から二名、医師が六十名の応募の中から六名、試験と面接で選んだ。面接での態度が悪ければ不合格である。

試験を一番で合格したアフガニスタン人のサイフラー医師はパキスタンのラホールの医学校を卒業していた。アフガニスタン人でパキスタンの医学校に入れるのは年に四名だけで、サイフラー医師はエリート中のエリートと考えられた。

日本ではこのように面接や試験によって行う採用方法は普通のことだが、パキスタンでは縁故関係を使って就職するのが普通で、賄賂を使って就職する場合もあるという。そのため優秀な人が、コネがないとか宗教が違うなどの理由で就職できない場合もあると聞いた。

ＰＭＳ病院では講師を雇い、英語や医学的知識の講義を病院内で行っていた。講義は訓練生を対象にしていたが、清掃員でも料理人でも希望すればだれでも無料で受けることができた。

トレーニーの募集が終わったあと、カブール大学法学部出身の弁護士が清掃員として求職してきた。彼は、仕事の合間に講義に出席して猛勉強し、その結果、努力が認められて看護師として採用されＰＭＳ病院に貢献したというような例もあった。

ペシャワールの公的病院では、研修医の初任給は当時平均六千ルピー（一ルピー約二円）で、勤務時間は午前中のみである。午後からは開業医のところなどでバイトをして平均四千ルピーぐらい稼ぎ、月額平均一万ルピーぐらいの収入がある。

日本のＮＧＯということで高給を期待してきた人もいたが、ＰＭＳ病院の医師の初任給は六千ルピーだった。ペシャワールの公的病院の勤務時間は午前中だけだが、ＰＭＳ病院では日本と同様、朝八時から夕方四時半まで。本業がおろそかになり、勉強する時間が無くなるとの理由でアルバイトを禁止した。

「給料が安い」「アフガン国内の東部山岳地帯に行かなければならない」「勤務時間が長く病院の規則が厳しすぎる」との理由で、採用した六名の医師のうち二名は、一週間も経たないうちに辞めてしまった。アフガンの東部山岳地域はアフガン人でも恐れる未知の辺境地域なのだ。

二人の医師が辞めたので、再度医師を募集することになった。採用試験の前に「給料・拘束時間・アフガン国内の東部山岳地帯派遣」などについて詳しく説明した。同意を得た医師三十二名に選抜試験をし、面接をして二名の採用が決まった。

その後、厳しい条件にもかかわらず、医師を募集すると毎回多くの医師が応募するようになった。

「『ＰＭＳ病院に行けば、様々な医療技術を指導してくれる日本人医師がいる』という噂が地元の大学病院であるカイバル医学校の研修医の間で囁《ささや》かれている」という嬉しい話も耳にするようになった。

医師の教育

病棟回診を始めたばかりの頃、「骨折には骨再生を促進させるビタミンＣが必須である」「脳梗塞の治療には血管拡張作用のあるニトログリセリンが有効で……」と過去にあったと思われる医学的知識をＪＡＭＳから来た古参のアフガン人医師が堂々と述べていた。

「そのような治療法は聞いたことがないですが」と尋ねると、驚いたことに旧ソ連のモスクワ大卒の医師が自信ありげに、「私が学んだ教科書に書いてあります」と、古いロシア語の教科書を私に見せた。

患者さんの前で、心電図や胸部レントゲン写真の所見に関する臨床症状とかけ離れたピントのずれた議論が長々と始まり、辟易することも度々だった。

このままではいけないと考え、『Rapid Interpretation of EKG's』（Dale Dubin著）という心電図の教科書を配布し、基本的な心電図の勉強会を始めた。さらに日本から胸部Ｘ線と同時に撮影した胸部ＣＴを持参して、胸部Ｘ線読影の講義も始めた。『Kumar and Clark's Clinical Medicine』（Parveen Kumar, Michael L. Clark編集）という著明なイギリスの内科の教科書も全員に配った。さらに、パキスタンの大都市ラホールに行き、医学書を約百冊購入して医局に図書室を作ったのである。

患者の回診・プレゼンテーションでは「私の経験では……」という言葉をなるべく使わないように指導した。新しい医学書に記載されている「医学的な見解」に基づき議論するように指導したのであ

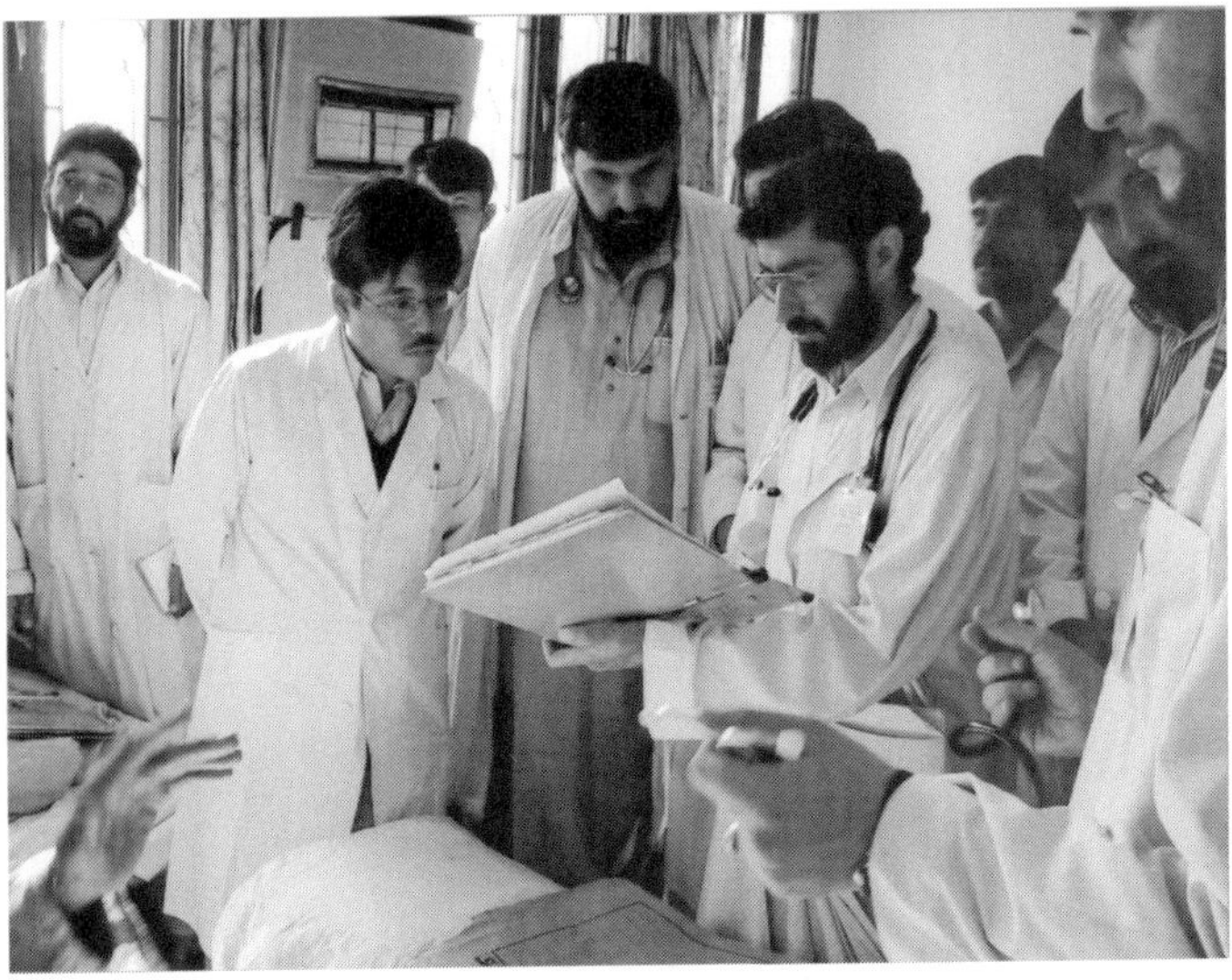

病棟回診

る。

朝の外来が始まる前に前日に入院した患者のプレゼンテーションを行い、午後からは症例検討会、腹部エコーなどの勉強会などを始めた。腹部エコーの勉強会では、皆が技術を習得しようと、非常に熱心に私の講義を受け、実際の手技を学んでいた。その中には、カブール大学耳鼻科の元教授も混じって、謙虚な姿勢で講義に参加していた。その結果、少しずつ高度な議論ができるようになっていったのである。

二度目の医師募集の際、筆記試験を一番で合格したガジ・スルタンという優秀な若いパキスタン人医師がいた。彼はペシャワールの有名な外科医を父に持つ裕福な家庭の息子だった。ガジ先生は文学や詩をこよなく愛していた。ウルドゥー語の有名な詩を詠み、私に詩の意味を長々と解説してくれた（よくわかりませんでしたが)。日本の文化や風俗にも詳しく「ドクター、日本では女性とデートするときはギンザ(銀座)でするのでしょ」などと私に質問していた。

ガジ先生と同時期に入ったヌール・アガという若い優秀なアフガン人医師は、使い古したボロボロの海賊版の『ハリソン内科学』(アメリカの著明な内科の医学書)を持っていた。彼は、本の内容のほとんどが頭に入っているようだった。

患者の治療方針の際に、「ハリソンには、……と記載されているので、このような治療方針はいかがでしょうか」など、流暢な英語で話し、他の医師たちに大いなる刺激を与えていた。ちなみに、正規の『ハリソン内科学』の教科書は二百米ドル以上で、彼らの月給よりも高価だった。

ペシャワール盆地の夏は大変暑く、五月から九月までの期間、最高気温は四五度を超えることがある。同時期にPMS現地連絡員(会計担当)として働いていた藤井卓郎さんは、現地の暑さを、「殺人光線のように鋭い直射日光をあびて、炎天下立ち尽くしていれば死ぬことができる。個々の日射しは重さを持っているようで、昼間戸外を歩くときは、その太い光の束をかき分けているような感じがする」と文学的?に表現していた。

藤井卓郎さんは、イスラマバード語学院・ウルドゥー語学科を卒業し、私が赴任した一年後に現地に赴任した。ウルドゥー語がペラペラで、ペシャワール会現地連絡員および会計の仕事を任されていた。藤井さんが赴任したころ、中村先生は大変忙しかったのだが、会計や現地と日本との連絡などの仕事を藤井さんに任せることができるようになった。先生は、事務仕事などの負担が軽減されたので

地階のPMS病院医局

「おお、藤井さんが輝いて見える」と語っていた。

ウルドゥー語に「ルー（熱風）」という単語がある。日本では暑いときに風が吹くと心地よいものだが、この「ルー」が吹くと何とも心地が悪い。

最高気温四十八度というのを経験したことがあるが、日本と違って乾燥しているので、日陰に行くと案外涼しく感じる。中村先生は、この暑さを想定してＰＭＳ病院に地階を作った。灼熱の地上から地下に降りると空気がひんやりとして心地よく感じる。品質を管理するため、薬品庫、サンダル倉庫は地階に作られた。医局も地階にあったので、真夏でもクーラーなしで勉強会を開くことができた。

腰痛患者

「腰痛」が主訴のチョキダール（門番）の中年男性が私の所に診察に来た。すでにＪＡＭＳ

で数人の医師に診察を受け、単なる腰痛と診断され鎮痛薬を処方されていた。それでも納得いかないのか、不安げな表情で私の所にやってきたのだ。患者の診察をすると、筋膜性の腰痛が疑われたのだが、念のため腹部エコーをして腎臓や腹部大動脈などに異常のないことを患者に説明した。それでも患者は帰ろうとせず、何やら訴えたい様子だった。

現地語がよく理解できなかったので、研修医のアヤーズ先生に詳しく病歴をとるように言うと、患者は何やらひそひそとアヤーズ先生に話していた。

「患者さんは、久しぶりに故郷に帰った日に、妻と一晩に四度、夜のおつとめを行ったそうです。四度目の妻へのおつとめの際、なにも出ずに果ててしまった瞬間、突然腰に激痛が走ったそうです。患者さんは腰痛よりも何もでなかったことが心配なように思われます」

大学時代、酒の席の馬鹿話で、先輩が同様な経験をした話を聞いたことがあったので、「余り頑張りすぎると何も出ないことはよくあることである。単なるぎっくり腰であるから心配しないように」と患者に説明した。患者は一応納得した様子で帰っていった。

この話を医局ですると、十三人の子どもがいるサイード先生が、「ドクター、わかりますか、我々は夜になると何も楽しみがないのですよ。ナイトクラブもない。夜になると治安が悪く、外にも出れない。人口爆発の原因として、『避妊知識の欠如』『子供を労働力として使うため』とか言われていますが、夜間の娯楽の欠如というのも人口爆発の重要な原因として考えられますよ」と半ば冗談っぽく、私に言うのである。ちなみにサイード先生は実際の子どもは七人で六人は戦争でなくなった兄さんの子どもを引き取ったのである。

ＰＭＳ病院のスタッフの中で一番の子持ちは門番のラフマットで、十四人もの子供がいた。ドライバーのハンジャンは五十近い年齢だったが、子供を作り続けていた。

ちなみに日本の合計特殊出生率の全国平均は、１・３６（二〇一九年）だが、私が日本で働いている徳之島の伊仙町はその二倍近くの２・８１（二〇〇八〜二〇一二年）である。三人兄弟が一般的だが、五〜六人兄弟も珍しくない。地元の人は、「夜なにもすることがないからや」と冗談で言っているが、徳之島には夜遅くまでやっている居酒屋・スナックもある。

徳之島の出生率が高い本当の理由は子育てしやすい環境が整っているからだと思われる。子育ては、身内だけでなく近所の人や友人も一緒になって支えあっている。子どもの送り迎えも友人同士交代でやっている。病院では予防接種の時、一人の母親が自分の子供と一緒に近所の子供を五、六人連れてぞろぞろやってくることもある。

徳之島の空港の愛称は「徳之島子宝空港」である。島の人は「くゎーどぅたから（子は宝）」と口にし、生まれてきた子どもは、家族や親戚だけでなく友人や近隣住民にとっても大切な宝とされている。私が単身でパキスタンに行っていた時期に赤子を抱えた妻は、島の人に大変お世話になった。アフガニスタンでも大家族で住んでいるため、子供が生まれても支えあう環境が整っているのではないだろうか。

日本の大都市では、「保育所等の数が不足して容易に子供を預けられない」「子育てのコストが高い」「三世帯同居の家庭は少数派であるため、夫婦は子供の面倒を両親に見てもらうこともできない」などが出生率の低下の原因として挙げられている。

帰国後のトラブル

現地に赴任後ペシャワール会から十分な給料を頂くわけにはいかないので、将来の家族の食い扶持、子供の教育費などを稼ぐため、日本で年に四ヶ月間働いていた。

最初の二年間は問題なく働かせて頂き、パキスタンと日本を往復する生活をしていた。ところが一九九九年一月、帰国して病院に戻ると医局の雰囲気ががらりと変わっており、疎外感を感じたのだ。

私の不在の間、私がペシャワールに行くことを快く思っていなかった島外から来た医師が、「このような忙しい病院に、ボランティアか何か知らないが、一人だけ好き勝手させておくのは許されない」と医局の会議で私の事を非難したようなのだ。

「II－1　アホとちゃうか」で述べたように、中村先生が、「計算高い者は来ないどころか、赴こうとする者に冷たい視線さえ投げかけるということも起きてくる」と言われたことが現実になった。この時、この医師は、「冷たい視線」を投げるだけでなく、彼にとってどのような利益があるのか知らぬが、私を追い出そうとまでしていた。

私はこの病院を去ることにした。日本で仕事をしながらこのような活動を続けていくことの難しさを突きつけられたのだ。

幸い妻は、「現地での生活はいろいろ大変なこともあるけど、耳から膿が出た自分の子どもと同じ年ごろの子供たちや、ペシャワールのスラム街の子どもたちを見てしまうと、このまま放っておくわけにはいかないね」と言ってくれた。

当初は、日本で医師アルバイトでもして何とか食いつないでペシャワールでの仕事を続けていこうと考えたのだが、幸い、年に数か月働かせていただける病院がすぐに見つかり、その後もペシャワールで活動することができ、現在もこの宮上病院で働かせていただいている。ペシャワールから帰国後もタイの熱帯医学校に半年間行かせていただくなど私のわがままを何度も聞いてくださり、宮上寛之院長には感謝しかない。

再就職先が宮上病院に決まった後、一部の医師以外の多くの職員の方は私の活動をよく理解していただいていたようで、ありがたいことに、私の退職に反対する署名運動までしていただいたことを知った。また、私が病院に戻るようにと患者さんからの嘆願があったことも聞いた。さらにこのような話を聞いた後に、私が去った病院から戻るように言ってくださったが、新しい就職先が決まっていたこともあり、丁重にお断りした。

中村先生も生活費を稼ぐために某病院でお世話になっていたが、私と同様の状態になったことがあり、その時のことを次のように述べている。

「現地のことは、関心のない人々にどんなに話しても分かって貰えなかった。日本列島は密閉された世界である。どんなに『情報化』されても、どんなに『国際化』されても、狭い世間に逆らうのは並大抵ではない。面と向かわず、じわりじわりと真綿で首を絞めるように包囲され、疎外感で責める。これは、すぐれて日本的である。現地で向けられた銃口の方が、まだ分かりやすく、対処がはるかに容易であった。

一九九一年一月、ちょうどペシャワールへ戻る数日前、湾岸戦争が勃発した。日本では挙げて

『野蛮なイスラム対民主主義』というイメージが横行していた。

（中略）

米軍がイラクを爆撃し始めたとき、若い医師たちがテレビにかじりついて見ていた。まるで、ファミコンのゲームを見るようである。一人が言った。

『ふん、（イラクが）弱いくせに強がりを言うからよ。イスラムなんか』

ざまを見ろと言わんばかりである。私は最先端の爆弾の凄まじさを少しは知っていた。映像に映される花火のような無数の光の瞬きの光の下で何が起きているか、即座に理解できて戦慄した。しかも傍若無人なワンサイド・ゲームである。集団となれば世間を頼んで居丈高となり、弱きをかばう侠気はないのか。これが同じ日本人かと思うと情けなく、抗弁するのも空しかった。こんな人々と一緒にいると命が縮む。私は病院を去る決心をした」（『医は国境を越えて』石風社）

その後、中村先生は、かつて勤務していた脳外科病院に物乞いの心境で転がり込むことになる。その時の様子である。


「『十年前の技術しか持ち合わせません。何も役に立ちませんが、せめて何か手伝いができれば……』と私が言うと、院長は即座に述べた。

『役に立つやつならたくさんいる。ゼニさえ出せば、そんな者は集まる。役に立たん奴が欲しい。精神安定剤の方が要る』

この言葉は一生忘れられない。私は言葉をつまらせた。私の机も、名刺も、そのままにしてあった。

(中略)

実に、このような支えが背後にあって、以降の活動を継続できたのである。私は、ますます頑なに巧みな言葉を信ぜず、世間のいう是非善悪が眉唾となり、新しい流行ものを受けつけなくなった」(『医は国境を越えて』石風社)

その後、先生は家族まる抱えで生活の面倒をみてもらうのも内心気が引け、属する病院長に退職を真剣に願い出ようとしたことがあった。


「『先生の厚意がある間は大丈夫でしょうが、失礼ですが先生亡き後は……。旦那芸で終わってもまずいですし……』

『旦那芸で何が悪かとか。わしが死んでから考えてもらおうか。わしが悔しかとは、先生を置くことで、他人から自己宣伝のごとく勘ぐられることだけたい』

という調子であった」(『医は国境を越えて』石風社)

私の場合、支援してくださる病院がすぐに見つかったが、当時、四人の子供を抱えていた中村先生は自らの生活の経済的な危機に何度も遭遇された。しかし、ペシャワール会の募金を決して自らの給与に当てることはなかった。

また、ペシャワール会の事業においても、経済的な問題で、事業が分解する危機に何度も遭遇された。先生はこの時の心境を次のように述べている。

「家族が居るからには軽々しく『一命を捧げる』などという決心はできない。日本側の問題でこの事業が分解するときは、せめて腕の一本くらいは切り落として彼らに捧げ、詫びを乞おう、と思った」（『ダラエ・ヌールへの道』　石風社）

再編統合

二〇〇〇年二月、懸案のＰＭＳ病院とＪＡＭＳとの再編統合が始まった。ＰＭＳ病院建設の目的は、基地病院としての役割のほかに、入院・事務・検査室・薬剤・厨房などの業務をＪＡＭＳと一本化して予算を削減することにあった。しかし、中村先生は、「『再編統合』の方が病院建設より困難である」と語っていた。

元凶は民族的な対立・反目である。すなわちアフガニスタン側（ＪＡＭＳ）とパキスタン側（ＰＭＳ）の二本立てを統合するには、いくつもの難関があった。シャワリ院長を初めとした一部のＪＡＭＳのスタッフから大きな抵抗があった。ＰＭＳ病院完成後の混乱のために中村先生は十分に説得する時間が取れずに、再編統合はなかなか実現できなかった。

発足当初は、「アフガンの農村復興に寄与する」という中村先生の真意を理解するメンバーで統率されていた。彼らがＪＡＭＳに参集した一九九二年当時、アフガンでは権力の座をめぐって二大軍閥勢力が激突し、カブール市街が廃墟と化した。医師などの知識層・医療関係者は一斉にペシャワールへ退避したが、彼らを吸収できる外国NGOは既になかったのである。

そこでカブール大学医学部の教授クラスを含む多くの医師がJAMSに参加するようになり、職員の大多数がカブール周辺の都市出身者で占められるようになった。診療所成功にともなうJAMSの名声の高まりも手伝って、彼らはいつしか初心を忘れるようになった。シャワリ院長をはじめとする一部のJAMSのスタッフはアフガン山岳地帯での診療を軽視し、首都カブールに乗り込んで医療を行うことを目指すようになったのである。

従来の「山村無医地区の診療モデル創設」から微妙な方向転換が起き始めた。先生が「俺はやらん」と決めていたことは、カブールでの医療活動である。アフガニスタンの情勢が好転し、治安が安定すれば、諸機関・諸団体がカブールで活動を始めるはずである。

JAMSの一部のスタッフには、JAMSの過去の栄光が忘れられず、ペシャワールでのJAMSの活動が縮小していくのに我慢ならないようだった。この間、「日本人はパキスタン人に騙されて、JAMSを潰そうとしている」など、いろいろな噂が飛び交った。パキスタン側とアフガン側の露骨な対立・反目を目の当たりにし、中村先生は、「高い理想で結び合うより、共通の敵を仕立て上げる結束の方が、はるかに容易だというのは人間の病理である。これに自省のない驕りが加わると、手のつけようがない」と語っていた。

肝心の予算は日本側が握っているのでJAMSを潰そうと思えば容易だが、強引に事を進めると空中分解する可能性がある。先生は耐えて機を伺っていた。この頃、先生の頭には円形脱毛症ができていた。

統合に向け、先生は組織改革を断行した。ＪＡＭＳをＰＭＳ分院と位置づけてＪＡＭＳを残し、人員だけを大幅に移動した。医師に関しては、若いＪＡＭＳの医師をＰＭＳ病院に定期的に勉強に来させることに決めたのである。

シャワリ院長に相談すると話が長くなるので、「ＰＭＳ病院からの命令」ということで、ＪＡＭＳの医局長を呼んでこの話を進めた。抵抗があると思っていたが、問題なく受け入れられた。医局長からは「ＰＭＳ病院で勉強できない医師から不満が出るのではないか」という答えが返ってきたほどである。

ＪＡＭＳから若いダウドという優秀な医師がやってきた。彼の父は、ハーバード大学に留学したこともあるカブール大学の著明な生化学の元教授である。彼はＰＭＳ病院に来ることを非常に喜び、懸命に診療を行い、カンファレンス・回診などでも積極的に意見を述べ、ＰＭＳの医師たちにも大きな刺激を与えた。先生は、活動に貢献した優秀でやる気のある医師をイギリス・リバプールの熱帯医学校に留学させることに決めた。将来を期待して、五年以上ペシャワール会のために働いているシャキール先生とＪＡＭＳで患者さんに貢献しＰＭＳに移動したばかりのダウド先生を留学させることになった。ＪＡＭＳとＰＭＳのスタッフが相互に行きかうことで、ある程度理解し合えるようになりつつあったのである。

満を持して、ペシャワール会から村上優事務局長（現ＰＭＳ総院長・ペシャワール会会長　医師）を日本から呼び、現地スタッフ全員を集めてペシャワール会の基本的な活動方針についての説明がおこなわれた。緊張が走った。

村上先生は、「ペシャワール会の不変の活動方針であるが、ハンセン病と類似の身体障害を伴う疾病の治療を第一の目的とする。JAMSとPMSは統合し、ペシャワールのPMS基地病院を拠点にし、ハンセン病の多発地帯であるパキスタン北西部・アフガニスタン東部山岳地帯に活動を集中する」と話した。その時シャワリ先生が、冷ややかな態度で聞いているのを私は目撃した。

その後、シャワリ院長と一部のJAMSのスタッフが突然辞職した。シャワリ院長と残りのスタッフは「カブールに帰ります」と言ったのである。ところがその言葉とは裏腹にシャワリ医師は旧JAMS診療所で、JAMSの名のまま診療を開始したのである。あまりにも準備がいいので、恐らく以前からこの計画をたてていたのだろう。

十年以上も苦労を共にして、この様な形で別れるのは悲しいことだが、結果としてペシャワール会にとっては長年の懸案が解決され、事務・薬剤・厨房などが統一されたのである。


イギリスの熱帯医学校に留学させたシャキール先生とダウド先生には、留学前に大学病院に心エコーの勉強にも行かせた。彼らには、イクラムラ・カーン事務長の意見を取り入れ、留学後すぐに辞めないように「イギリス留学後は、最低五年間はPMS病院に勤めて後任の指導に当たること。さもなければ留学費用を全額返却すること」という誓約書に念のためサインをさせた。ところが、二人とも見事に約束を破り、帰国後病院を去ってしまった。

シャキール先生は、午前中のみ勤務の政府の病院に勤め、午後は私的病院で、こちらで学んだエコー検査などでアルバイトをしていると聞いた。残念ながら二人には、ペシャワール会の貴重な募金で留学させたため、PMS病院所属の弁護士を使って留学費用を返却する訴訟を起こす事態になった。

前述したように、私が一九九三年に胃カメラの指導をしてその後、病院を去った元JAMS院長のシャワリ医師は、誰にも胃カメラの手技を伝えていなかった。彼は院長としての権威を保つために「胃カメラができる」ということを利用したようである。胃カメラは、日本では何も特別な検査手技ではない。しかし、後になって知ったが、当時アフガニスタンの首都カブールには、胃カメラができる施設はプライベートクリニックが一か所あるだけだった。このため、現地では非常に高度な検査手技と考えられていたようなのである。

現地の一部の医師は、胃カメラや超音波検査などの手技を習得すると、偉くなったように錯覚して謙虚さをなくす場合もある。また、シャキール医師のように、手技を習得した後、病院を辞めて自分のビジネスに利用する場合もあった。

病院の質を早く上げるために、定期的に行う試験の成績で医師を評価して胃カメラや超音波検査などの手技を指導してきた。しかしこれらの反省もあり、以降は、成績よりも、ハンセン病多発地帯の診療所に率先して不満を言わずに行き、真面目にコツコツやる医師を高く評価するようにした。

中村先生とこのことに関する話をしていた時、先生は、「秀才が集まる日本の某大学が、日本をダメにしたことを忘れないように」と語っていた。

現在ペシャワール会の医療施設で残っているのは、ダラエ・ヌール診療所のみになった。私も含め多くの医師、医療スタッフが辞めていったが、現在も残っている医師で私が知っているのはハミドゥッラー先生だけとなった。ハミドゥッラー先生は、中村先生がペシャワールに赴任した一九八四年から六年後の一九九〇年六月、現地の活動に参加された。前述したように、難民キャンプでハンセン病患者の診療を行っていた頃である。

現在に至るまで実に三十二年間、ペシャワール会の医療施設で、現地の貧しい患者さんのために尽くされている。私がＰＭＳ病院で働いていた当時、ハミドゥッラー先生は、英語ができず、無口で目立たず、いつも自信なさそうで定期試験の成績もいいとはいえなかった。

先生の働くダラエ・ヌール診療所では、多いときには一日二百から三百人の患者が押し寄せることがある。他の医療スタッフもいるが、医師は一人でこれだけの患者を診なければならない。ハミドゥッラー先生は、「文句も言わず、黙々と患者を診ている。アフガン山岳地帯の診療所に進んで行く」ということで定評があった。当時私は、彼のような医師の長所を見抜くことができず、成績がよく優秀な医師を優先的に指導していたことを反省している。

ペシャワール会報にハミドゥッラー先生が書いた記事があるが、ハンセン病患者、医療過疎地域の診療など中村先生が目指していた診療について書かれている。そして最後に、「私は、私達の国の貧しい人々の為に、このように日本から支援して下さる全ての方々にアフガン人として感謝しております」と締めくくっている（「ペシャワール会報」No 111　二〇一二年四月一日付）。

混乱はあったが、ＰＭＳ病院では一日の外来患者が二百人、入院患者は五十人を超えるようになった。

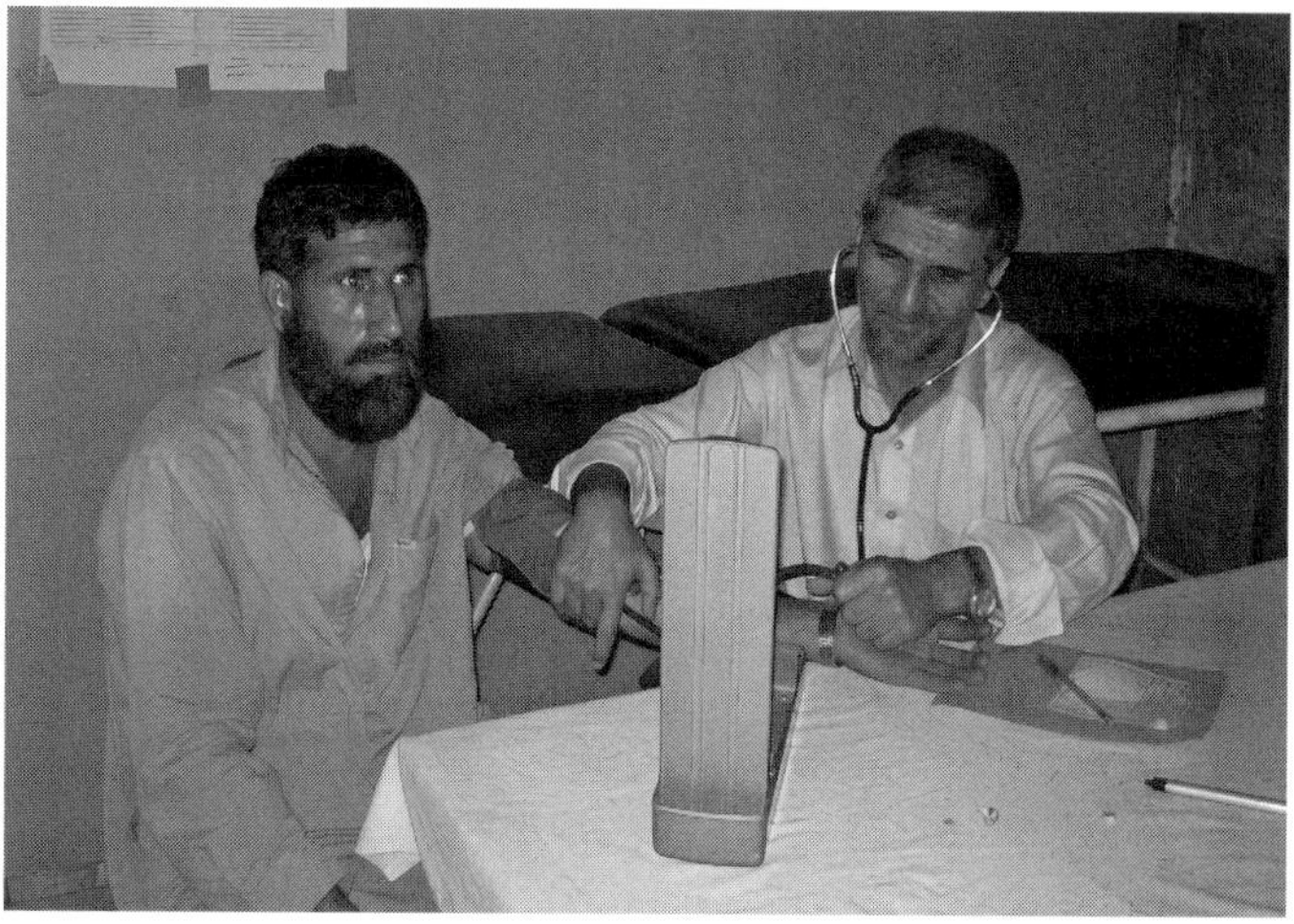
ダラエヌール診療所で診療をするハミドゥッラー医師

その他、一日の外来患者がコーヒスタン八十名・ダラエ・ヌール、ダラエ・ピーチがそれぞれ百二十名・ダラエ・ワマ八十名、各診療所に来るようになった。これらの診療所の外来患者を合わせると、一日にＰＭＳ病院を含め六百名以上の患者を診ていたことになる。

その後、外来患者は、爆発的に増加して、ＰＭＳ病院では多い日には、四百人を超える患者が押し寄せてくるようになった。しかし財源に限りがあるため、一日に外来患者を最大三百人ぐらいまでに制限した。患者さんの受付をしている病院の前では、一定の数に達すると、診察券の配布を停止する。その後、重症救急患者だけを受け付けることにした。

ちなみに、ＰＭＳ病院で診る患者さんは、ハンセン病およびてんかん患者以外は、全て急性疾患である。日本の外来患者のように、高血圧や糖尿病の慢性疾患患者はいない。慢性疾患患者を診るだけの財源がないからである。

その後も患者が押し寄せるため、当初、ＰＭＳ病院では、全ての患者に対して無料診療を行っていたが、一部負担制にした。ただし、「貧困層・身体障害者・てんかん患者・ハンセン病患者の診療」「本来の目的であるアフガン東部山岳地域・ラシュト診療所の診療および巡回診療」では、変更なく全額無料にしていた。

貧困層であるかどうかは、診察券の配布をしているスタッフが患者の身なり・栄養状態などで貧困層と判断する。その後、我々医療スタッフの所に連れてきて、最終判断を下していた。

一部負担制にした理由は、「財源に限りある医療を、可能な限りそれを最も必要とする患者に届くようにしたい」「ペシャワールのアフガン難民は、アフガン国内の郡部の患者に比べ、比較的裕福と考えるからである。「元気な患者」がもらった薬をバザールで売りさばくという噂も出ていた。貧しい患者・重症患者が排除されることになってはいけない。ちなみにＰＭＳでの患者負担分は、施設利用費として一人十五ルピー（約三十円）だった。

一部負担制にしたが、患者さんからは取り立てて不満も上がらず、「診られるべき病人が診られる」ようになり、逆に信頼性を高める効果を生みだしたといえる。

3　家族で赴任そして現地の風習

ペシャワール赴任前後

現地に行くことになった時、中村先生は私がその時勤務していた鹿児島県の離島の徳之島までわざわざ来て、妻に現地の情勢、治安などの話をしてくださった。

私が単身で赴任した一九九七年当時は、すでにタリバンがアフガニスタンのほとんどを実効支配していたため、ペシャワールの治安は安定しており、家族で食事や買い物に行ったりすることも可能だった。振り返ると、その当時は治安が良かったため、中村先生は我々家族をペシャワールに呼ぶ決断をしたのだと思う。

政府やＪＩＣＡ（独立行政法人国際協力機構）のような組織ではなく、ペシャワール会は一般の人々からの募金で成り立っているＮＧＯ（非政府組織）である。十分な給料をもらうわけにはいかない。往復の交通費、海外旅行傷害保険代、子供のインターナショナルスクールの費用、現地での生活費月額七万円をペシャワール会から支給していただいた。当時のペシャワール会の財政状況を考慮すると、家族四人の交通費だけでも大きな支出になったと思う。ちなみに、現地での生活費月額七万円というのは、パキスタンの物価を考えると、十分に家族で生活できる金額だった。

中村先生と相談し、将来の家族の食い扶持、子供の教育費などを稼ぐために日本で数か月間働いて日本とペシャワールを往復することにした。幸い日本で一年のうち四か月間のみ働いて給料を頂ける病院が見つかり、経済的不安もある程度解消された。当時、中村先生もペシャワール会の募金からビタ一文家族の生活費を得ず、私と同様に九州のとある脳外科病院で数か月間働いておられた。

まずは単身であったが、現地赴任が決まり一九九七年二月、中村先生と同じパキスタン国際航空（ＰＩＡ）のフライトで、成田空港から北京経由でイスラマバードに向かった。

先生は、医療器具・薬・日用品などの大量の荷物を持参していた。重さが許容量を超えると、超過手荷物料金を払う必要がある。明らかに重量オーバーの荷物を持つ先生は、出発カウンターの計量器に足を置き、荷物をちょこっと浮かしていた。荷物を軽く見せようとしていたのだ。先生をよく知っていると思われる出発カウンターの女性職員は足をちらっと見て、笑いながら荷物を通した。

現地では最初に言葉の壁にぶち当たった。現地は英語・パシュトゥ語・ペルシャ語（ダリー語）・ウルドゥー語（パキスタン）と、主要言語だけで四つある。大変なところに来てしまったと思った。

当時は、英語も満足に話せず「英語もろくに話せずにすみません」と先生に言うと、「英語を流ちょうに話す奴にろくなやつはおらん。日本の秀才の集まる某大学が、日本をダメにしたことを忘れなさんな」「たくみな論理や断定的に述べられる真実というものを、私は信じない。口先だけで巧みな言葉を話す奴にろくなやつはおらん。真実は、不透明さを残して口ごもって述べられるものです」と励ましとも慰めともとれる言葉をいただいた。私は、英語で話すときは（日本語でもそ

徳之島の自宅に来られた中村先生

うですが）、口ごもることが多いのでほっとした。

まずはパキスタンの国語であるウルドゥー語の勉強である。大変ありがたいことに中村先生にウルドゥー語の個人レッスンをしていただいた。「言語に関しては世界で最も難しいところだからあわてずにやりなさい」と先生に言われた。その後ウルドゥー語を猛勉強し、数か月で何とか日常会話ができるまでになった。

家族で赴任

最初の一年は単身赴任でペシャワールに滞在したが、一九九八年九月より長女（七海）が一歳になったのを機に、三歳の長男（又三郎）、妻（玉子）の四人で現地暮らしをはじめた。

じっとしていられない子供たちはスタッフハウス（中村先生やワーカー達が住む住居）の中庭で遊び、中村先生や看護師の藤田千代子さんの部屋に行って仕事の邪魔をしていた。子供たちは藤田さんのことを「チーちゃん、チーちゃん」と呼んで遊んでもらっていた。

藤田千代子さんは、約三十年に亘り中村先生を支え続けて患者さんの診療に尽くされた。現在、PMS支援室の室長として日本側で現地事業を支えている。

中村先生は、「子供は嫌いじゃないけん」と言って、子供たちにお絵描きなどをして遊んでくださった。

スタッフハウスの門の横にある門番（現地語でチョキダール。自宅周りの警備と外出・帰宅時の門扉の開閉が主な仕事）の小さな待機部屋にもよく遊びに行っていた。

昼食時間に、子供たちを探しにその待機部屋に行った時のことである。たくさんのアリが這っているプラオ（アフガニスタンのピラフ）を子供たちは、門番さんたちと一緒においしそうに手で食べていた。「幼児期までに多様な細菌と触れ合うと免疫力が高まり、アレルギーや自己免疫疾患にかかりにくくなる（Olszak, T. et al. Science http://dx.doi.org/10.1126/science.1219328, 2012）」という仮説を信じ、「行き過ぎた清潔志向」を嫌う私でもこれには少々驚いた。

「アリがいるよ」と言うと門番の一人が、アリを指さして、嬉しそうに「ドースト（現地語で友達）」と言っていた。

厳しい男女隔離の掟があるペシャワールでは、現地の女性が外出する際には、「ブルカ」と呼ばれる顔付近に網目の窓を残した布で全身をすっぽりと覆う必要がある。外国人女性はスカーフ（頭や身体を覆う布）で頭髪のみを隠して外出しても問題なかった。

当時は、比較的治安が安定しており、男性である私はペシャワールの町を日中であればどこでも自

スタッフハウスにて

由に歩くことができた。女性である妻は一人では外出できないが、ペシャワール会が雇用しているドライバー（運転手）を呼べば買い物などに行くことができた。近くのマーケットでたいていの日用品も手に入れることができた。電気製品、スーツケース、食器など高価なものを安く購入するためには、ペシャワール郊外のカイバル峠へと続く部族自治区の検問所前にある通称「バラ・マーケット」と呼ばれる所に行った。そこでは、日本・ヨーロッパ・ロシア製などの高級日用品、電気製品、家具、衣料品、布地、化粧品など車以外のあらゆる製品を安価で手に入れることができた。後に知ったことだが、「バラ・マーケット」は、アフガン人が公然と麻薬を含めた密輸品を売りさばいている一大マーケットであった。関税がかからないので安価で商品が売られていた。部族自治区と同様に、パキスタン政府の権力が及ばない治外法権地域であった。（『アフガン―乾いた大地、戦火

の中の民』丸山直樹　ＮＨＫ出版）

時折ドライバーを呼んで、パールコンチネンタルホテル（ペシャワールの高級ホテル）や中華レストランに食事に行った。パールコンチネンタルホテルでは、娘が自分の大盛りのアイスクリームのみならず、兄が残したアイスクリームも全部平らげたのには驚いた。中華レストランの焼き飯・焼きそばなどは、日本食に近くてうれしかった。酸辣湯《サンラータン》という酸っぱくて辛い中華スープも美味であった。

ペシャワールにある遊園地に子供を連れて行くこともあった。娘を私の膝、息子を妻の膝に座らせて観覧車に乗った。観覧車の高さは十メートルぐらいで、ゴンドラが八つ付いている小さな観覧車だったと思う。観覧車は、なんと完全な人力で回転した。観覧車の軸の部分を、ちょうどハムスターが「回し車」の中を走るような要領で、身軽で器用な若者が体重移動で勢いよく回していて恐ろしく速かった。観覧車が止まって降りた後に、私は目が回って気分が悪くなり勢いよく嘔吐したほどだった。

四歳の息子が、レールの上を走るバイクに乗りたがった。日本では、おそらく年齢制限で乗れないと思う。レールに電気が通っていて、電気の力で走るバイクだった。直線のレールの上を、息子を乗せたバイクが凄まじい速さで走り去った。さらに、バイクのタイヤ付近から大きな火花がパチパチと恐ろしい勢いで飛び散っているのが見えた（夜間であるのでよく見えた）。我々は恐怖の瞬間をあっけにとられて見ていた。バイクが止まり、急いで息子のところに駆けつけた。息子は放心状態で固まっていた。

翌日、笑い話として同僚医師にこのことを話すと、彼は真顔で、「ドクター、あそこの遊園地には行ってはだめだ。遊具を動かすための露出した送電線を踏んで、子供が感電死したことがある」と語った。どうも安全感覚や基準が、日本の尺度とはかけ離れているようだった。

町に出ると四季折々の地元の新鮮な野菜を購入することができた。ジャガイモ、トマト、タマネギ、ニンニク、ネギ、キャベツ、カリフラワー、オクラ、レンコンなどごぼう以外は日本で手に入る野菜のほとんどが現地で手に入った。秋になるとキノコ類が手に入り、鍋に入れて水炊きにして楽しむことができた。日本の柿と同じ味がする「パキスタン柿」もあった。

現地のコメは長粒米（インディカ米）で、細長い形が特徴で、粘りが少なく独特な香りがする。日本の短粒米（ジャポニカ米）に慣れた日本人の口には合わない。ペシャワールから車で五時間ぐらいの所に、緑豊かで美しい山並みが広がるスワート渓谷という観光地がある。そこの住民はジャポニカ米に似た粘りのある米（スワート米）を食している。観光を兼ねて米を購入するためにスワート渓谷に出かけた。

日本からは、醤油、味噌、ポン酢、お好み焼きソース、乾麺、干しシイタケ、干し昆布、高野豆腐などを持参した。このため現地の食材で、味噌汁、お好み焼き、煮物などのたいていの日本食を作ることができた。時々日本人スタッフを呼んで、お好み焼きパーティーをすることもできた。

ペシャワール盆地の夏は大変暑く、五月から九月までの期間、最高気温は摂氏五〇度近くになることがあった。ひどい時には朝起きるとすでに汗がだらだら流れ、朝早くから水をがぶがぶ飲まないと

家族で買い物

脱水状態になった。

　この暑い時期に嬉しいこともあった。マンゴー・スイカ・メロンなどの果物が豊富にあり、安価（日本の十分の一ぐらい）で手に入る。こちらのスイカは巨大で、ラグビーボールのような形をしている。果物が巨大になるのは太陽の光の強さが影響しているのだろうか。日本で売られている高価なマンゴー・メロンより現地のマンゴー・メロンの方が美味だ。地獄のような暑さの中で生き抜くには、これらの果物が必須だった。特に、安価で手に入るラグビーボールのようなスイカをギンギンに冷やして値段を気にせず大量に食べるのが夏の楽しみだった。

　ペシャワールの果物屋では生搾りジュースを販売しているところがある。オレンジ、パイナップル、バナナ、マンゴーなどのほかに、ザクロを大量に使用した贅沢な生絞りジュースを味わうことができた。手動ミキサーに、ほぐしたザクロの実を大量に入れ、ハンドルをぐるぐる回して、生絞り一〇〇%ザクロジュースが完成である。妻のお気に入りのジュースであった。

子供たちはインターナショナルスクール（ペシャワールには日本人学校がなかった）の外国の子供たちとも仲良くなり、すぐに現地の環境に慣れた。物心つく前の子供は、何も疑問を持たずに、ありのままの環境を受け入れるからではないかと思う。子供はたくましく、いわば野生である。

当時、三歳から六歳までペシャワールに同行した長男・又三郎に、当時の思い出やストレスに感じたことなどを聞いてみた。

兄弟以外に日本人のいないインターナショナルスクールに通っていた。入学後しばらくは英語が理解できなかったが、最低限の「トイレ」「サッカー」などの単語だけで不自由なく過ごせていたように思う。今となってはどうしてそのような状況下で不自由も孤独も感じずにいられたかはわからない。

スタッフハウスの敷地内から一歩でるとアジアらしい喧騒だったが、敷地内は自然豊かであった。多くの野鳥のさえずりが聞かれ、オウムやリスもいた。中村先生をはじめとする日本人スタッフ、現地スタッフの皆様は、私たちと一緒に遊んでくださった。のびのびと過ごすことができた。たまの贅沢は家族で行くパールコンチネンタルホテル（ペシャワールの高級ホテル）のディナー。パイ生地の中にチキンの入った料理と大盛りのアイスクリームが嬉しかった。帰国後二〇〇九年、パールコンチネンタルホテルが爆破されたのには驚いた。

物心つく前で自分の置かれている状況に疑問も感じていなかったためストレスに感じることはあまりなかったと思う。

（長女・七海の現地での思い出、ストレスに感じたことなどは、「Ⅳ 心の中にまかれた種」で触れる。）

前述したような楽しみもあるが、物心つく前の子供と違い妻がイスラム社会で暮らすには、ストレスに感じることも多く大変な苦労を要したはずだ。特にペシャワールはイスラムの掟の厳しいところである。女性は気軽に外に出られない。外出できたとしても被り物をする必要があり、現地の男性の多くの視線にさらされる。子供が学校に行き、私が仕事で不在の時は、一人で過ごさなければならないことも多かったと思う。子供二人を抱えて将来の経済的な不安もあり、妻には大変な苦労をかけた。

ブルカ

ブルカについては前にも述べたが、「特別な考え方や立場、思想信条、理論に囚われない」ということを説明するために先生は、しばしば講演などで、アフガン女性の被り物「ブルカ」について取り上げ、次のように語っていた。

「よく、外国人が犯す過ちというのは、自分たちのモラル概念が最も優れたものであるという文化均一化の欲求、欲望を押し付けることです。『女性にこんなものを被せて、これは許すべからざる性差別の最たるものである』と決めつける。挙げ句は、結局地元の人と衝突して本国に引

PMS病院で診療を待つブルカを着た女性

き上げる。そして国際なんとか会議か知りませんが、人権問題として取り上げて話をして終わる。

私に言わせますと、『あなたたちはそれで自分の思想を満足できていいかもしれませんけれども、残された患者さんたちをどうしてくれるんだ』と言いたい。

ここは人道主義者たちの主義主張する場でもないし、お遊びの場でもない。人間というのは所詮いろんな制限の中で生きておるのです。この掟の中にあって、彼女たちが一番幸せと思えるような状態にするのが、医療というものです。

ペシャワール会としては、現地の慣習や風習、文化については、いい悪いの問題として断定しない。個人的には賛成できなくても、その中で、彼女らにとって一番いい治療法、一番いい生き方を準備するというのが、基本的な態度としてこれを貫き通してきました」（講演より）

現地で女性がブルカを着用する理由は、いくつかある。

女性は性的な部分を隠さねばならないとコーランにあることから、女性はみだりに男性に素顔をさらしてはならないというイスラムの教えがある。このため、イスラム世界の女性たちは男性の性的関心から身を守るためにブルカでなくても必ずスカーフか何かで髪をおおっている。パシュトゥヌワレイ（パシュトゥン族の掟）にナームースというのがある。ナームースとは、男はいかなる犠牲を払ってでも妻や娘の貞操および名誉を守らなければならないことである。アフガニスタンは古来、遊牧文化圏でもある。遊牧というのは一種の略奪の文化である。従って女性は略奪の対象になるので隠すという習慣がある。このような影響の薄い都市化されたカブールのような特殊な地域の一部の富裕層やジャーナリスト、フェミニスト、人道主義者などはブルカ着用に異議を唱えている。

二〇〇一年米同時多発テロ後にタリバン政権は崩壊したが、我々が活動していたアフガニスタン東部およびペシャワールで、ブルカを脱ぐ女性は皆無であった。ブルカを脱いで肌を露出して歩くことは、近代化されていない大多数のアフガニスタンの農村部の女性には全く考えられないことだからである。

二つ目は、気候的な問題である。現地は、夏は四十度を超える世界で、日差しが非常に強く、乾燥して埃っぽい気候である。日本でも真夏になると農家の奥さんたちが、目だけ出して全身を覆って農作業をしていることがあるのと同様、そのような気候に対する防御的な意味もある。ある状況によっては女性の身を守るためにブルカは必要である。

さらに先生は次のように述べている。

「これはパキスタン北西辺境州からアフガニスタン全土にかけて着用されてきた伝統的な女性の

外出着で、さしずめ日本の和服に相当する。これが女性差別の象徴として、『悪のタリバン』というイメージを作り上げ、『アフガン解放』という名の戦争を正当化する一助となった」(『空爆と『復興』―アフガン最前線報告』　石風社)

「保守的なイスラムの世界で女たちのことを語るのは容易ではない。

(中略)

だが、確実なのは、彼女らはその社会の中でふさわしい、女としての地位と役割を十分演じているということだ。日本人にそれが解らなくなったのは、西欧化した『教養』と共に、共同体への所属感を喪失した個人意識が無用な邪魔をするからである。パシュトゥンの女たちにはそれぞれの個性的な顔がある。近代化された自我にはそれがない。日本の女たちには少ない輝き、あくの強さ、しぶとさと弱さ、高貴と邪悪が率直にとなり合っている」(『ダラエ・ヌールへの道』　石風社)

現地の女性は、それなりに合理的な理由でブルカを被っているのである。現在のアフガニスタンでは、「満足に食べられて家族と一緒におられる」(中村哲)という最も大切な「生存する権利」が、農民が八〇%以上を占める大多数のアフガン人に保障されていない。ブルカを脱ぐか脱がないかというのは、我々がとやかく言う問題ではない。「生存する権利」が保障された後に、現地が近代化されていく過程で、現地の人々が考える問題である。

アフガンの子供たちの笑顔

前にも述べたように先生は難民キャンプで、住民としばらく寝食を共にした。その時に「栄養失調の子供たちは死ぬまで明るかった」と語っている。そのことについて次のように述べている。

「難民キャンプでは、死が日常的に隣り合っていた。弱い子供は下痢で簡単に落命した。戦死の報が毎日家々に届けられた。キャンプの外れでは、連行された捕虜の処刑が普通に行われていた（ロシア人の捕虜だけはペシャワールに送られ、アフガン人は「処理」された）。

私は彼らとしばらく寝食を共にしたが、配給の小麦粉も遅れがちで、絶対的なカロリー不足のように思われた。

それでも、人々がいつも陰鬱な思いで日々を過ごしていたわけではない。人間は何にでも慣れる動物である。生活上の課題が生存できるかどうかにかかっていても、『貧すれば鈍する』とは限らない。私たちの手持ちの食料が切れると、空腹をかかえるキャンプの住民が、乏しいパンを分かち合い、食を共にしてくれた。冷えた薄いナンと水のようなスープも、団欒のひととき、楽しい会話が味付けになった。栄養失調の子供たちは死ぬまで明るかった。人々は、ささやかな楽しみに大きな慰めを見出した」（『医は国境を越えて』 石風社）

中村先生は、明日の命もわからない現地の子供が「生き生きしている」ということを繰り返し講演や著書の中で述べている。私も現地でそのように感じていた。その理由として、「何も失うものがない人の楽天的な気持ち」ということを強調されている。学生時代に私がインドのバスの中で出会った手足を切断された物乞いの子どもたちも、堂々と生き生きとしていたことを思い出した。

「印象的なのは向こうの子供が非常にいきいきしているということです。かえって日本人のボランティアのほうが暗い顔をしているという現実があります。

日本に帰って来るとですね、『失業だとか不況だとか倒産が続いて、先生日本も大変ですよ』と言われます。つい私も向こうの実情を思い浮かべ、『それで何万人が飢え死にしましたか』と聞くと、誰も飢え死にした人はいないと言う。でも自殺者が増えていて、年間三万人が自殺するそうですね。私はびっくりします。アフガン人は日本の何万倍も困っているのに、自殺者なんかいません。

そんなにくよくよするなと言いたいわけですけれども、現地に行くと、生き生きした子供が印象的です。彼らは明日の命もわからない。栄養失調が基礎にありますから簡単な下痢で死んでいく。けれども死ぬまで彼らは明るい。これはいったい何なのだろうか。やはり何も失うものがない人の楽天的な気持ちというのはあるのではないかと思います」（『医者よ、信念はいらないまず命を救え！』羊土社）

先生は、「戦火の中でも人々は絶望なんかしない。不満と不安だらけは欲望水準だけが高い、たらふく食っているどこかの国での話だけかもしれませんね。どうも人間というのは持てば持つほど不安になって顔が暗くなるらしい」と語っている。

先生は、詰まるところ「アフガニスタンより貧しいのは『近代社会』の方だ」と述べている。

「生きとし生けるものは全て厳しい自然にひれ伏し、つつましく生命を全うする。テレビや車もないし、時には飢饉で痩せこけ、病気で子供は簡単に死ぬ。だが、悲惨さを想像するのは筋違いだ。生死が隣り合う状況で、ささやかな時間を精一杯生きている。私たちが忘れ去った家族の温もり、人としての真心を失わない。よく何日も歩いて診療に出かけるが、野の花を手折って帽子にさす者が必ずいる。戦争や国際政治も無縁な山の民に心が和む。貧しいのは騒々しい『近代社会』の方だ」（『空爆と『復興』―アフガン最前線報告』石風社）

4　ハンセン病診療

現地を主役に

先生は、ハンセン病患者さんに接する現地赴任ワーカーの心得として、次のように言われていた。

「教えたり指導に行くのではなく、『協力』にゆくのである。技術水準の低さは必ずしも現地のレベルが低いということではない。日本で役立つことが現地で役立つとは限らない。多少不快なことがあっても『現地を主役に立てる』ことを鉄則にすべきである」

患者さんと接する際には、「かわいそうだと思って患者を猫かわいがりしてはいけない。大声で話し、率直に意思表示をし、思い切り泣き、思い切り怒り、思い切り笑うのが現地の一般的な気風である。粗野に思える態度が現地では普通なので、これを不親切と勘違いしてはいけない。『親切な態度』は、特に異性の患者にとって誤解を招くことがある」と注意喚起していた。

確かに私が接した外来患者さんの多くは、大声で自分の困っている症状を訴え、何とかしてくれとおおげさに意思表示した。中には、高度な医療機器や特殊な検査を行わないと正確に診断できないような症状を訴える患者や、すでに診断されているが、我々の病院の設備・予算では治療できない患者も多く来院した。これらの患者に、できる限りの誠意を見せて診療を行い、率直に現状を説明し、状況に応じてビタミン剤、鎮痛薬などを処方すると、お礼も文句も言わず（日本人には粗野な態度に思える）、あっさりとその場を去る（インシャ・アッラー（すべて神の思し召し）と思っているのであろうか）。現地の貧しい患者の多くは、日本のように医療に対する要求水準が高くないかもしれない（だからと言って、あまりにぞんざいに扱い、悪い結果をもたらすと「復讐」される可能性がある）。診察室に入ると大声を出し、急によろめいて倒れこみ、意識障害、けいれんのような激しい症状を来す、ヒステリー（転換性障害・解離性障害）が疑われる女性患者も多く経験した。同僚医師によると、戦乱によるストレスや心的外傷のためか、ヒステリー患者は多いらしい。彼らは慣れた手つきで、意識障害のある女性患者に、アームドロップテスト（仰臥位《ぎょうがい》の患者の両上肢を顔の上に挙げ、突然離す）を行っていた。患者の手が顔にそのまま勢い良くぶつかれば頭蓋内疾患による意識障害で、患者が手をそらして顔にぶつけるのを回避した時はヒステリーあるいは詐病による意識障害が疑われる。

私の後に、現地に赴任した仲地省吾先生は、外来の女性患者を次のように述べている。

「患者さんの大部分は子供を連れた女性達です。外に出る機会があまりないイスラム社会の女性達なのでおとなしい人たちであろうと、一般には想像するでしょうけど、いやいや、とても激しいです。外来での訴えの激しさは日本人の比ではありません。貧乏だから何とか助けてくれと哀願されたり、こちらの治療方針に納得しなくて、いろいろわめいても私が『この薬を飲みなさい。これで終わり』と言うと、あんなに激しく言っていたのに、あっさりと何事もなかったかのように、すぐに引き下がります。実にさわやかです。ああ、日本と違うなと思ってしまうところです。でも、ここのパシュトゥン人達の『激しさ、あっさり』スタイルがだんだん心地良くなってきているこの頃です」（「ペシャワール会報」No 77　二〇〇三年十月十五日付）

仲地省吾先生は、二〇〇二年二月よりペシャワールに赴任し、三年間、現地で患者さんのために尽くされた。その間、ラシュト診療所に三度も行かれ、他の医療スタッフと共に、医者は先生一人で診療されていた。

ラシュトゥ診療所にて　仲地省吾先生（左から3番目）

胃カメラ検査も三年間でほぼ三千件を経験された。「約百例あった悪性疾患の内、約三分の二が食道癌。残りの胃癌の中でも大部分は噴門付近や胃上部に集中し、日本で見られる早期胃癌や良性のポリープはほとんどなかった」と報告している。

二〇〇五年、私が、タイのマヒドン大学熱帯医学校に留学した際、申し合わせしたわけではなく、偶然に仲地先生と一緒だった。先生は、熱帯医学校を卒業した後、タイ語を猛勉強し、日本人で初めて、タイ国の医師免許を取得された。その後、二〇〇八年より、タイのバンコク病院で勤務をスタートされ、現在も同病院で活躍されている。

てんかん

当時予算の関係で、高血圧や糖尿病のような慢性患者の外来診療は行っていなかったが、多くの慢性疾患であるてんかん患者が、定期的に来院して診察を受け、薬を処方されていた。不思議に思い、中村先生に尋ねると、「てんかん患者はハンセン病患者よりある意味悲惨ですよ」と語られた。「てんかん」とは突然意識を失って反応がなくなるなどの「てんかん発作」を繰り返し起こす病気のことである。先生は、「てんかん」に関して次のように述べている。

「元来、私がハンセン病を手掛けたのは、現地の無限のニーズの中にあって『least（いと小さき者）』に主力を投入する、陽の当たらないところで悩む人々をまず診ようとすることであった。てんかんは、ある意味でハンセン病よりも悲惨であり、患者の数もハンセン病の類ではなかった。本来、大部分の患者は案外安い治療法でコントロールできるのに、不適切な診療で金を使い果たしたうえにその一生を棒にふるものも多い。『least』は何もハンセン病患者のみではない事実を再認識してもらうことも重要であった。（一部編集して記載）」（「ペシャワール会報」No 16　一九八八年七月九日付）

中村先生は神経病学の専門医だが、当時ペシャワールのカイバル医学校（ペシャワール大学）には本格的な神経病学専門医がいなかった。

大学より先生に、神経病学・ハンセン病の講義をするように求められ、「神経病学は診断のために特別な医療機器は必要なく、理学所見と病歴でほとんどの疾患は正確に診断できる」ということを示したのである。

高度の機械の不足（当時は大学病院でもＣＴスキャンも脳波計もなかった）を理由に神経疾患の診療は困難であると考えていた大学病院では、一つの新鮮な衝撃を起こした。その結果若手の医師や教授を交えて神経病学カンファレンスが発足した。

その頃、交通事故でカイバル医学校に入院中の整形外科教授が昏睡状態に陥ろうとしていた。この時、先生は診察を依頼され、「医療器具のハンマー（打腱器）一本で神経学的所見を取り、病歴から慢性硬膜下血腫を疑った。ペシャワールには当時CTスキャンがなかったので、イスラマバードの軍病院に搬送されて慢性硬膜下血腫と診断、教授は手術により一命をとりとめた」と先生は、語っていた。

当時ペシャワールには、神経病学の背景をもっててんかん診療を行う施設はなく、中村先生は脳波計を導入してハンセン病と共にてんかん診療を始めた。

私たちは、病棟回診の際、医療器具のハンマー（打腱器）・音叉・眼底鏡などを使って神経学的所見をとり、神経の障害部位を推定する方法を中村先生から学んだ。

このような神経診察は、難しく感じられ、私を含め苦手意識を抱く医師は少なくない。日本ではMRI、CTスキャンなどの画像を容易に撮ることができるため、中村先生のようなハンマー一本で診断できる達人医師は少なくなってきているように思われる。

患者、先生の仕事を手伝う

私が赴任した当時、ハンセン病患者が、清潔操作をしっかり身につけた優秀な看護スタッフや立派なサンダル職人になっているのを見て不思議に思った。

中村先生が、少ない予算で誰の助けも得られず「ハンセン病棟の改善」を行っているときに、ハンセン病患者たちが、先生の仕事を手伝ったのである。

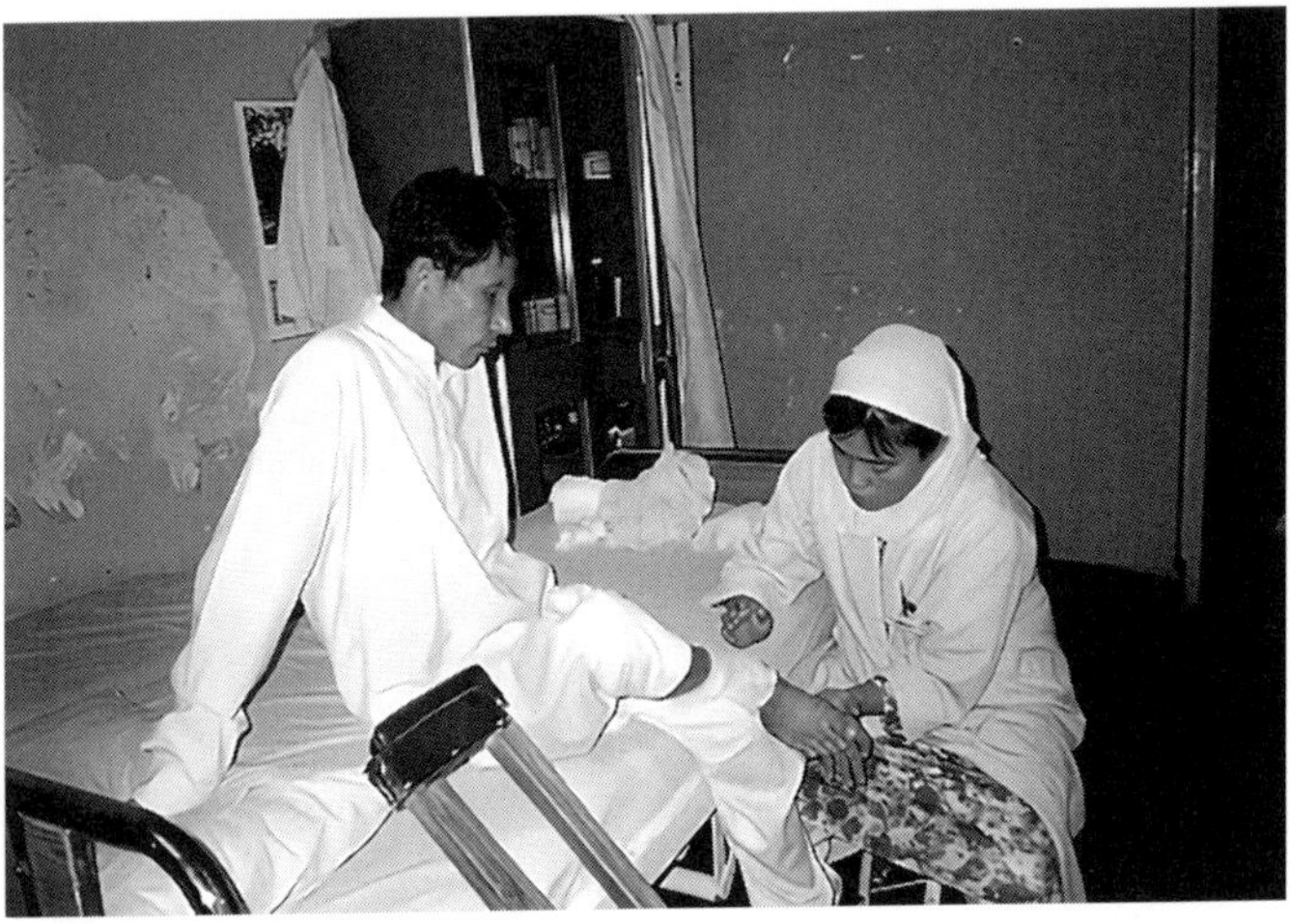

アブドゥラーと藤田看護師

「ハンセン病患者たちは病棟スタッフたちをよく観察しており、損得ぬきに病友の治療を手伝うようになった。スタッフがいないときは、患者の搬送、傷の処置、消毒、ギプス巻き、果ては手術助手まで、患者たちが手伝った。弱いものは人の誠意を敏感に嗅ぎ取る」(『医は国境を越えて』石風社)

病棟の手伝いをしていたハンセン病患者のアブドゥラーは、私が赴任して間もない頃、間違ったハンセン病患者の傷の処置をしていると、私に「ドクターサーブ」と横から遠慮がちに言って、そっと教えてくれた。

アブドゥラーは、一九八〇年後半に、中村先生が診療していたミッション病院に入院した患者である。二ヵ月の入院で症状が安定すると、自宅で治療するように言われたのである。しかし、当時アフガニスタンは戦争中で国は荒廃しており、故郷に戻るのは

看護助手のサダーカットと筆者

困難な状況だった。そこで、中村先生に相談すると、「それなら、ハンセン病棟の患者の世話をしながらミッション病院で治療を続けなさい」と言われた。治療しながら、ハンセン病患者の世話に関する知識を蓄えていき、傷の治療や食事の介助、ハンセン病患者用のサンダル製作の訓練なども続けた。そして二年後、正式に医療補助スタッフとして病院に勤務することになったのである。当時看護師長であった藤田さんは、アブドゥラーを、決して「有能な看護助手」ではないが、正直にバカがつくほど真面目に責任を果たそうとしていると語っていた。

話は遡るが中村先生が、ミッション病院の管理上の問題でらい病棟が円滑に運営できないため、院長と対立して病院を去ることになった。この時、ミッション病院の年金を棒に振ってまで「自分は中村先生となら死地でも赴く」と公言したサダーカットと共に、命運を共にしたのはアブドゥラーだった。

サダーカットは印象に残るスタッフで、中村先生がミッション病院に赴任した当時から看護助手としてミッション病院で働いていた。長身でいかつい顔と太い髭、そこから野太い声を発していた。当初、少々おっかなく感じたが、心優しい、先生からの信頼の厚い、曲がったことが大嫌いな大男だった。

私が現地に赴任したころ、ハンセン病の診療に本気で取り組んでいた医師は、サイード先生だけだった。当時、サイード先生には子供が十三人いた。本人の子供は七人で、六人はアフガン戦争で亡くなった兄の子供であることは前にも述べた。そしていつも数珠を持つ敬虔なイスラム教徒だった。

サイード先生にコーランの英語版をいただき、机の上に、無造作に置いておいたところ、大切にしまっておくように注意されたこともあった。サイード先生のことを中村先生は次のように評している。

「『サイード』という宗教家の一族で、敬虔なイスラム教徒である上、根っからの正直者であった。一般にアフガン人・パキスタン人を問わず、本気でハンセン病の診療にあたる医師はいない。JAMSでさえ、患者に触ることがなかった。その中で、ただ一人、別け隔てなく診療する医師がいた」（『医は国境を越えて』石風社）

先生の事業は、このような真心のある職員たちに支えられ、事業を継続することができたのである。そのことについて次のように述べている。

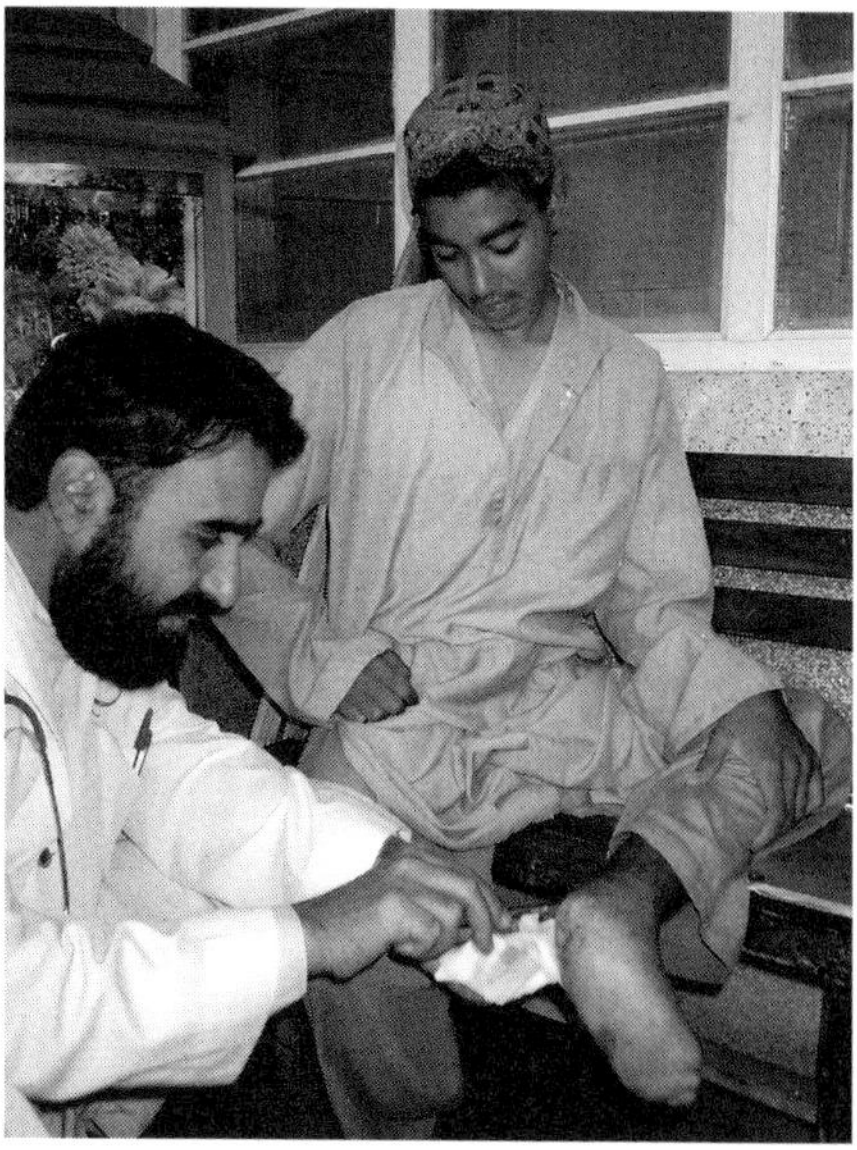
サイード先生

「いまにして思えば、現地事業は、地元庶民の支持と、職員たちの私への個人的忠誠心で成り立っていた。いや、私にではなく、私の示す何かしら人間の共有できる神聖さに対して、忠誠を置いてきたのだ。人間は紙のように薄いと嘆いたり、みなギブ・アンド・テイクの世界だと誤解するものもある。しかし、私は断じてそうは思わない。艱難を共にしてきたスタッフたちは、アフガニスタンでもパキスタンでも、そして、日本でも、金や地位や名誉など、何らかの利益を目当てで動いてきたのではなかった。少なくともその決意の瞬間において、人間の真心に魂を委ねたのである」（『医は国境を越えて』石風社）

ハンセン病とは

先生はハンセン病の仕事に関して次のように述べている。

「個人的に言えば、私は人間に興味があった。らいの仕事に携わる者は、その愛憎、醜悪さと気高さ、怯懦《きょうだ》と勇気、深さと軽薄、怒り、哀しみ、喜び、およそあらゆる人間事象に、極端な形で直面させられるからである。治療する者もされる者も、そこには濃密な人間が影を落としている」
（『ペシャワールにて』 石風社）

ハンセン病の起源には諸説が存在する。それは古文書の解説やミイラや骨化石の形態的調査などを用いて研究がなされてきたが決定的な証拠がなかった。しかし、近年の分子生物学の進展により、らい菌のＳＮＰ（一塩基多型）を分析することによって、単一クローンのらい菌が世界中に広まっていったことが分かった。この単一クローンの伝播を遡って調べた結果、ハンセン病は、東アフリカまたは近東（エジプト、トルコ、バルカン半島諸国）に起源を持つと考えられた（On the origin of leprosy. Science 308:1040-2, 2005）。世界のハンセン病の歴史的記録は、インドの紀元前６０００年頃が最古のものである。歴史的記録からインド、エジプト、中国には紀元前からハンセン病が存在し、その後、世界各国に伝播していったと考えられている。紀元前三三四年に始まったアレキサンダー大王の東征はインドに迫り、この大東征によってインドなど東方のハンセン病がギリシャに持ち込まれたと言われている。その後、戦争、交易、民族移動などにより、四〜五世紀には欧州内陸部に蔓延、さらに十一世紀末に始まった十字軍以降、欧州各地に広がり、一三世紀、一四世紀の中世ヨーロッパで猖獗《しょうけつ》を極めた。その後、アフリカ内陸を席巻した。南北アメリカ大陸には、一四九二年のコロンブスによる「新大陸発見」に続いて始まったスペインによるアメリカ大陸の植民地化の後、一八世紀まで盛んで

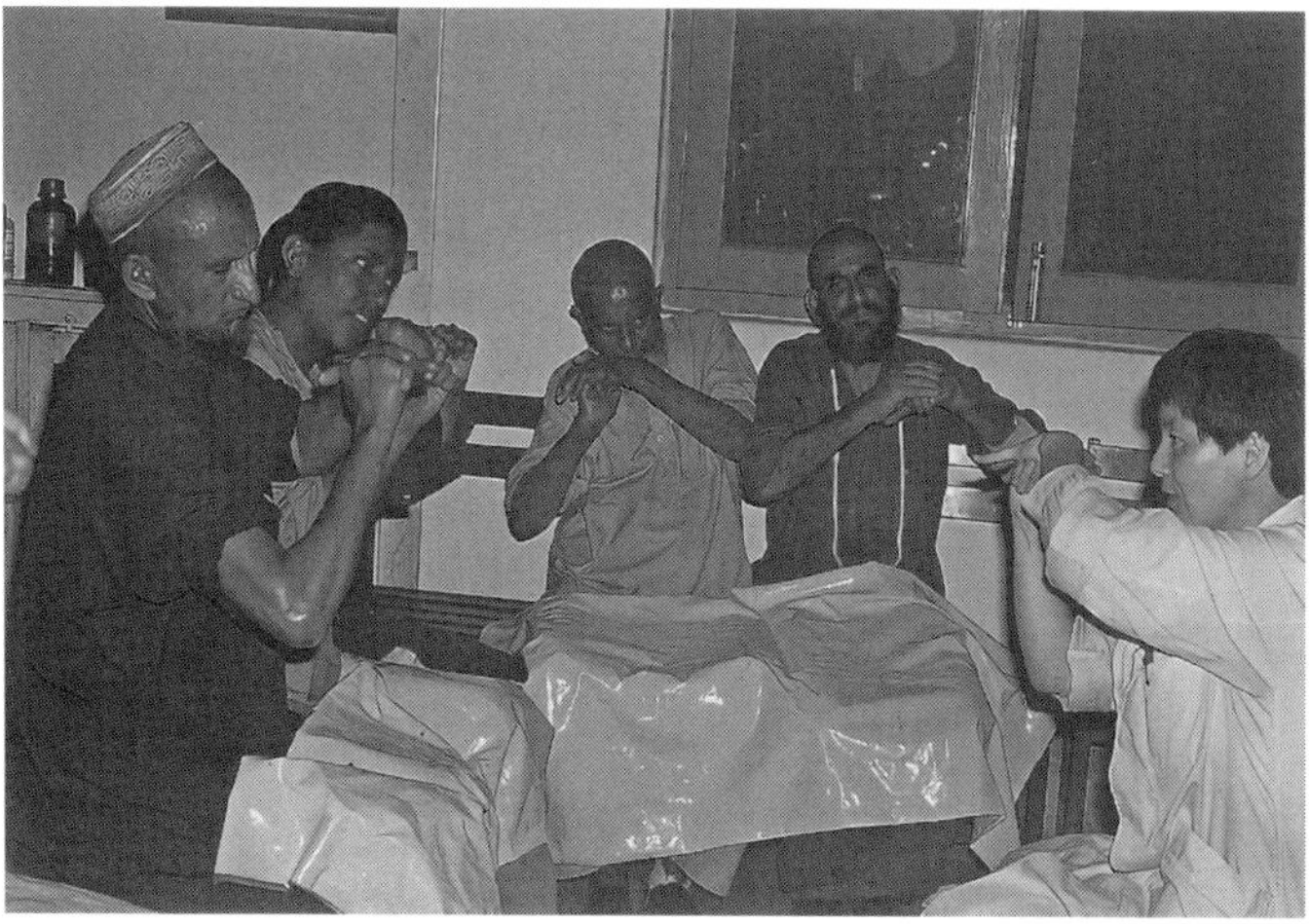

ミッション病院でのリハビリ風景
手関節伸展、わし手変形予防。元ワーカー理学療法士の倉松由子さんとハンセン病患者さん（Tetu Nakamura. Hansen's Disease in NWFP, Pakistan & Afghanistan for medical cowerkers, 2005）

あった奴隷貿易によりアフリカから持ち込まれている。「人間の欲望と征服の歴史がらい菌を広めたのである」（中村哲）。日本へは、仏教と共に中国から朝鮮半島を経て渡来したと云われている。奈良時代に成立した歴史書『日本書紀』や平安時代に成立した『今昔物語集』に「らい」の記述がみられる。

　ハンセン病は、結核菌に近縁の抗酸菌、らい菌（*mycobacterium leprae*）によって起こる慢性の細菌感染症である。結核菌とほとんど形を区別できないが、結核菌と異なり、分裂の速度が遅くて非常にゆっくりと増殖する。感染経路は不明だが、気道を経て感染する経路を重視する考え方が主流になりつつある。

　伝染力は非常に低く、保菌者と濃厚な接触を繰り返した場合にのみ感染することが知られている。現在では有効な治療薬が開発され早期に適切な治療を行えば根治が可能である。しかし、いったん生じた神経障害は後遺症を残すのである。

「拘縮予防のためのリハビリテーション」「運動麻痺に対する機能回復手術」「変形に対する形成手術」などが行われる。ハンセン病のケアとは、皮膚科・整形外科・内科・眼科・神経科・形成外科・リハビリテーションさらには「社会的偏見下のソーシャル・ワーク」などが動員される文字どおりの総合医学である。

らい菌は手足・顔・耳たぶなど温度の低い体の表面を好み、肝臓など温度の高い内臓に病変は生じない。主に皮膚と末梢神経を冒す。人社会ではこれが決定的な意味を持つことになるのだ。

非常にゆっくりとした経過で、すなわち、顔や四肢の変形・眼の障害・神経麻痺による障害が進み、じわりじわりと低温部分＝体の表面から蝕《むしば》んでゆく。

進行して皮膚から軟骨が侵されると鼻梁が陥没して顔面に変形をきたす。運動神経麻痺を放置すれば手足の拘縮をおこして機能障害は元に戻らなくなる。顔面の神経麻痺はしばしば閉眼を困難にし、目の表面が乾燥して角膜炎を起こし、さらには失明につながることになる。そのため、目につくところに障害（顔の変形など）などを生じて差別の対象となってきた。

患者は徐々に崩れていく肉体に耐えながら生き続けなければならない。外貌も悪くなるので、「あのような病気になりたくない」という集団的な恐怖心が、古代から強固な偏見を作り上げた。

優生保護法とは、「母体の保護と不良な子孫の出生を防止する」などの目的で優生手術（断種）や人工妊娠中絶（堕胎）などを認めた法律であるが、我が国では昭和二三年（一九四八年）にハンセン病患者も対象とされた。しかし、この法律の対象とされる以前からハンセン病療養所内では患者同士の結婚の条件として断種や堕胎が強いられ、堕胎させられた胎児はホルマリン漬けにされ標本とされることもあった。ハンセン病の感染力は弱く、昭和一八年（一九四三年）、特効薬プロミン（注射薬）の出現にひき続いて内服薬（DDSなど）も開発された状況では、通院治療が十分に可能な条件が整った。にもかかわらず、政府は昭和二八年（一九五三年）、あろうことか戦前からの法体制を維持・強化する、時代に逆行する法律「らい予防法」（一九三一年改訂の「癩予防法」に対して通称「新法」）を新しく作り直した。強制隔離政策を続ける我が国に、開放外来治療政策が主流をなしている国々から多くの批判が寄せられた。一九〇七年に明治政府によって制定された法律第一一号「癩予防ニ関スル件」に始まり、一九九六年に法律「らい予防法」が廃止されるまで、実に一世紀近くもの間、非人道的な国家による強制隔離政策を続けてきたのである。

先生は、これまでのハンセン病の差別の事実から、問題提起をしている。

「あの時代、『訳の分からぬ暗黙の合意』ともいうべき精神的雰囲気が実態として存在していた。これが世間にあって、真綿で首を絞めるような、迫害の猛威を振るったのである。誤解を承知で言えば、そのころに厳然とあった『訳の分からぬ暗黙の合意』に対し、自由にものを見ることのできる視点や自省がなければ、テーマが変化するだけで、『悲劇のババ抜き』が続くだけだろう。現にエイズで同様の差別が起きたし、学校の『いじめ問題』もそうである。らい問題から得る教訓は、単に現代感覚で陋習を批判するだけであってはならない。問題はもっと人間の本性に根ざす根源的なもののような気がする。我々は、中世はおろか古代人から継承してきた『顔のない残虐性』を克服していない。それは現代的に装いを変える新たな残虐を生み出すだけであろう」（『医は国境を越えて』石風社）

現代的に装いを変えた「顔のない残虐性」の一つに「ネットいじめ（インターネット上におけるいじめおよび嫌がらせ）」があり、それによる自殺者まで出ている。「顔のない残虐性」を克服するどころか、さらに陰湿になっている。

先生は、ハンセン病患者をペシャワールで診ることにより、「近代化」の功罪を論じた。

「『科学的知識』は中世的な迷信を駆逐するが、偏見は温存される。それどころか、ますます患者に対する迫害が無慈悲なものになってゆくとさえ思われるのである。ちなみに、偏見は医療関係者において最も過敏で著しいのも特筆に値する。

中世的な迷信である『たたり』や『天刑』などは、不合理ではあっても精神的事象が重視される。美醜の感覚のみで人を断罪するうしろめたさや良心が、患者に対して共同体内の片隅にしろ、生きる場所を与えるなど、社会的ルールの中に反映される余地がある。ところが、細菌感染という精神的なものを介さぬ科学的知識は、正しい理解より先に、迫害をより露骨でひどいものにし

てゆく」（「西日本新聞夕刊」一九八七年九月二五日付）

「人々の精神生活をらいを通してみる限り、『近代化』とは中世の牧歌的な迷信が別のもっともらしい科学的迷信におきかえられてゆく過程であるにすぎない。そして、古い迷信のほうがまだ人情味の残渣があるだけマシであった、と私はつくづく感ずるのである。近代化の恩恵は我々の日常生活の便利さと快適さ以外に何があったのであろう。人間の意識の中で空白となった神の座に別の目に見えぬ偶像が居座ったといっても過言ではあるまい」（『ペシャワールにて』石風社）

らい菌は末梢神経を侵すことにより、感覚麻痺による温痛覚の喪失（熱い・冷たい・痛いなどを感じなくなること）をきたす。ハンセン病患者は、痛みを感じる感覚が鈍くなっているために、手や足が傷ついたり、火傷をした時に気が付くのが遅れ、怪我の状態が酷くなるまで放置する。怪我を放置すると細菌が感染して化膿し、皮膚表面だけでなく骨まで変形して指が短くなり、手が変形することがある。

私が大学の卒業旅行で初めてハンセン病の患者さんに出会った時、ほとんど指がなくなった両手で拝むように私の手をつかんで挨拶してくれた時の手のごつごつとした感触を今でも鮮明に覚えている。

ハンセン病患者の変形した手に関する、中村先生と藤田さん（現ＰＭＳ支援室室長）の治療者ならではの話がある。

「変形して崩れたらい患者の手先の、ごつごつした手触りを何度も懐かしく確認した。彼らの無邪気な笑顔を見るだけで、日本のつまらぬ議論も人間関係の杞憂もふきとんでしまった。この笑顔を見るためにわざわざやってきたような気がした。後のことは些細な、どうでもよいことのように思えた」（『ペシャワールにて』　石風社）

ハンセン病患者の中でまっすぐに伸びた五本の手指を持った人はほとんどいない。当時、ミッション病院では拘縮を予防し、残った指を有効に使うように指導する作業療法士がいなかったので、現地に赴任して間もない藤田さんは次のように感じていた。


「最近二つのことを感じています。

一つはどこかに時間とエクササイズの知識を持っているひとがいないだろうか、ということ。

二つめは指の五本そろっている手より、指がなかったり少なかったりする手の方に愛しさを感じるということ」（「ペシャワール会報」No 27　一九九一年四月二十七日付）

何気ないようだが「指のない手に愛しさを感じる」というのは、心に響く言葉である。

このような気持ちを持ち、らい患者さんにはなくてはならない存在であったが故に、藤田さんは、何度も帰国の話はありながら、患者さんを見捨てることはできずに長期間現地で患者さんのために尽

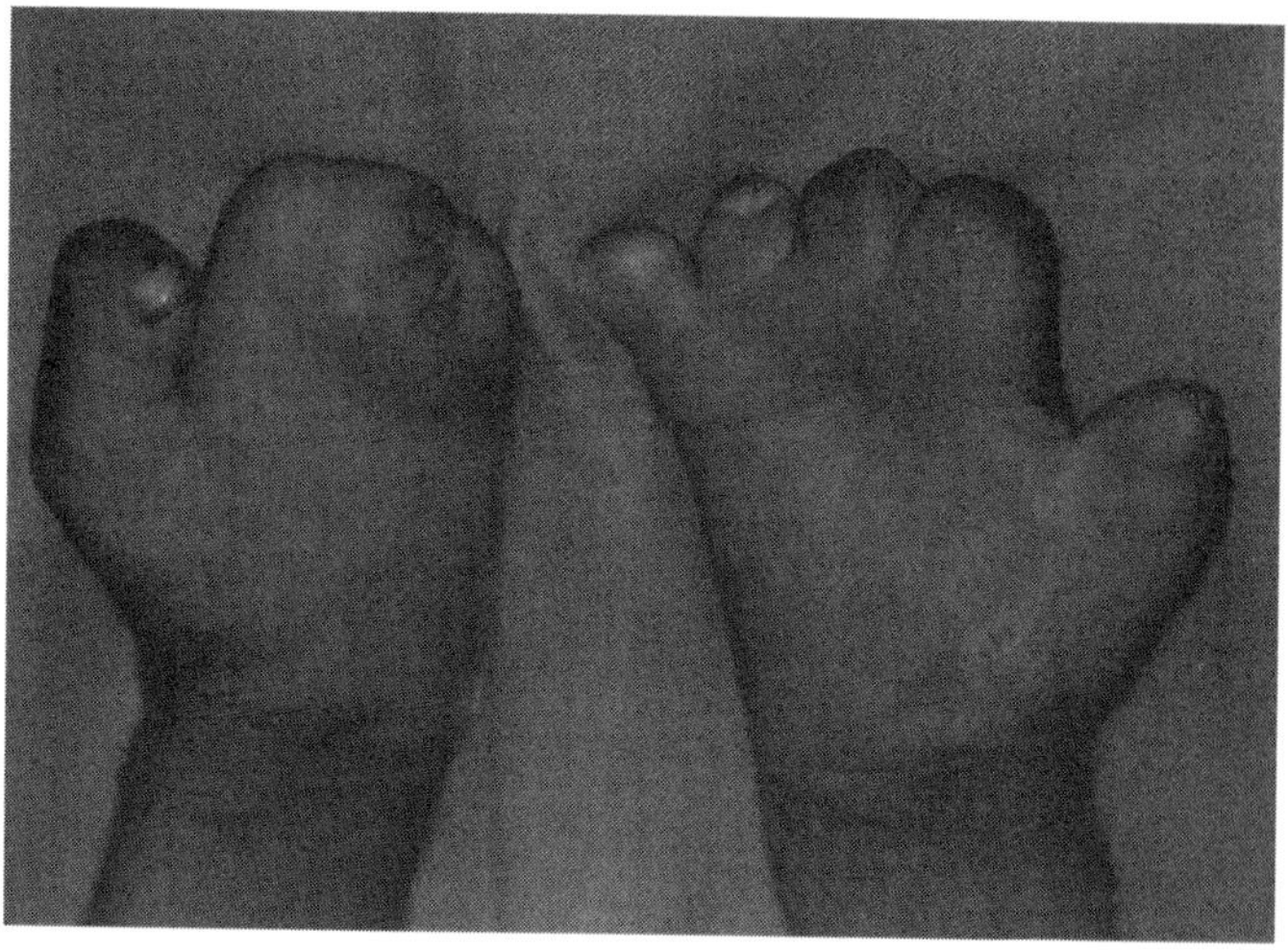

指のないハンセン病患者の手
（Tetu Nakamura. Hansen's Disease in NWFP, Pakistan & Afghanistan for medical cowerkers, 2005）

くされたと思う。

その後、藤田さんの思いが通じ、作業療法士の蔵所麻里子さん、理学療法士の倉松由子さんがペシャワールに来られ、患者さんのために尽くされた。

現地では女性は被り物、ブルカをしなければならないという慣習が何世紀も前からある。このため、顔に発疹やただれが出てもわからない。また、ハンセン病の初期症状は全身の皮膚に出てくるので、男性であれば簡単に見ることができるが、医療者であっても男性が女性の肌を見ることは、大変不道徳なことをしたとみなされる。このため、女性のワーカーの存在は女性患者を診療する上で、現地では必須であった。

うらきず

健康者の場合でも履《は》きなれない靴で長歩きをすると、体重を支える部位や不自然な摩擦にさらされる所に水疱を生じる。これが俗にいう「まめ」で殆どの人は経験する。「まめ」を生ずれば、痛みを感じて傷をかばうか、何らかの処置を講じて患部は自然に治る。痛みは我々に障害を知らせる「重要なサイン」なのだ。

ところがハンセン病患者は、痛覚神経を侵されているので痛みを感じないから平気で歩き続ける。その結果、同一患部の皮下組織が挫滅を起こして、治りにくい潰瘍、いわゆる足底穿孔症（うらきず）という厄介な合併症を生じてしまう。

さらに二次感染が加わって、化膿性の関節炎や骨髄炎を起こして最終的には足の切断を余儀なくされることもある。そうなると、主婦なら離婚、小作人なら村を追われ、物乞いに身を落とすものが少なくない。

ペシャワール・ミッション病院でのハンセン病患者の入院理由の約六〇％は「うらきず」だった。病棟の仕事の半分以上をこの「うらきず」との戦いに明け暮れたと言ってよく、抗生物質とギプスの費用が最も大きな財政的な負担になっていた。

患者さんの履物を見ると、たいていは硬い革に釘をふんだんに打ち込んで修理を重ねたひどいサンダルだった。しかも貧者にとって公共交通機関（バス）は高嶺の花で、ほとんど歩く生活だけに、「うらきず」ができやすい。

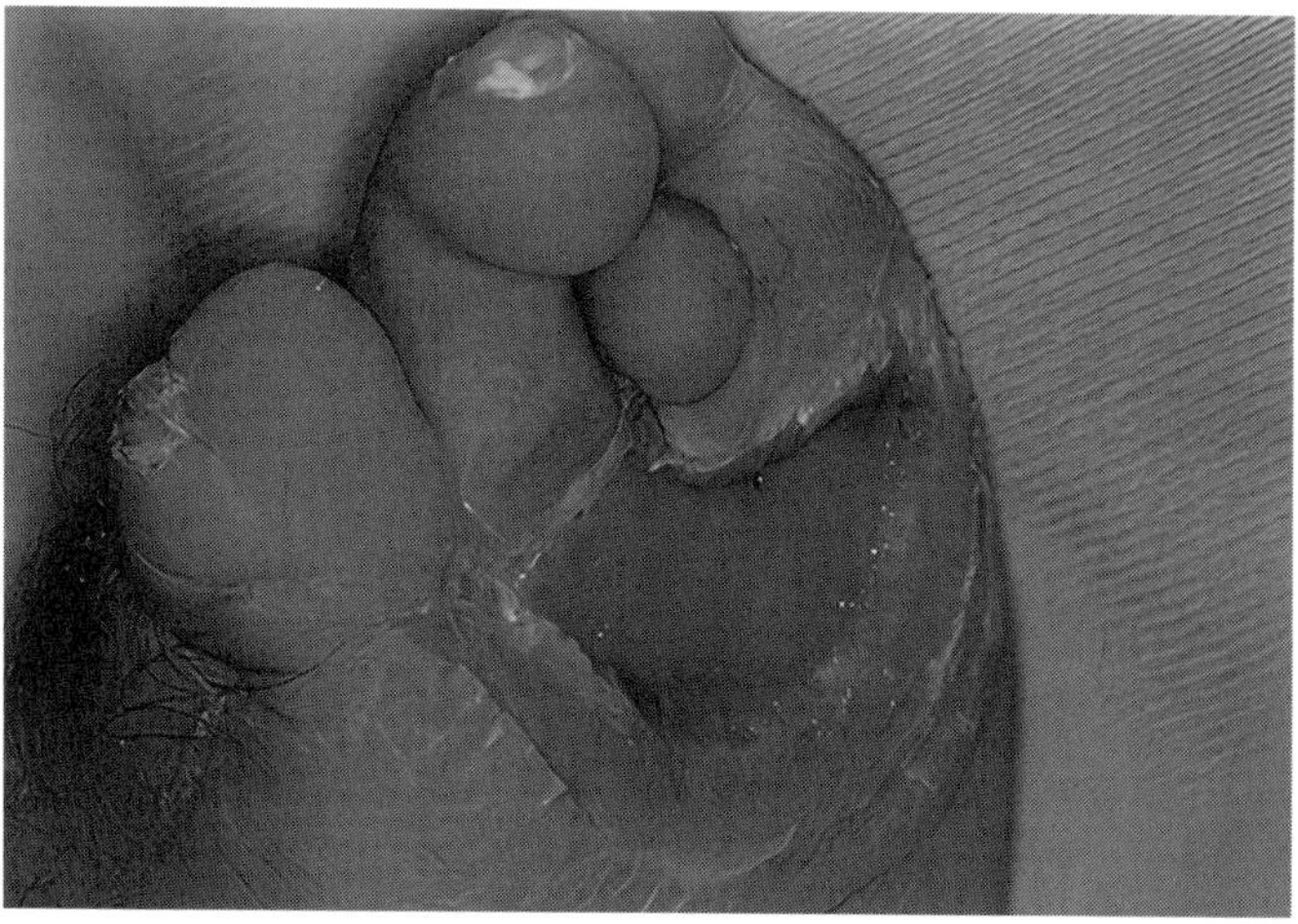

足底穿孔症（うらきず）

（Tetu Nakamura. Hansen's Disease in NWFP, Pakistan & Afghanistan for medical cowerkers, 2005, 23p）

そこで先生は、「うらきず」からハンセン病患者の足を保護するサンダルをつくるための工房（ワークショップ）を病院内に作った。この靴を作るのに、先生はバザールをうろついて地元スタイルのサンダルを次々と買い込み、自分で履いて、近辺を歩き回ってその後、そのサンダルを分解した。快適さ・工夫の余地・耐久性・革の質・素材・コストなどを調べ、地元のパシュトゥン民族の伝統スタイルのうらきず防止のサンダルを設計したのである。病棟の一角にサンダル工房を設け、地元の腕利き職人のモルタザ親方を町から引き抜き、変形した患者の足にあう履物をつくった。

サンダル工房のおかげで、確実に足底穿孔症患者が激減し、再発までの期間が著しく延長され社会生活が守られた。

「たかが履物、されど履物。十五年のペシャワール会の活動でも、これは決して派手では

靴職人のモルタザ親方（右）

ないが、一つの金字塔であった」（『医は国境を越えて』石風社）

ハンセン病により腓骨神経麻痺をきたすと垂足《すいそく》といい、文字通り足を足関節で挙上することが困難になり、歩行が困難になるだけでなく、しばしば関節を痛めて切断を余儀なくされる。顔面では兎眼《とがん》（瞼を閉じる筋肉が動かなくなり、目を閉じることができなくなること）になり、角膜が空気にさらされて炎症、感染を起こし失明することがある。

ペシャワールにはこれらの障害の治療―再建外科ができる施設はなかった。中村先生は、日本でのハンセン病患者の再建手術はほとんど終了していたため、韓国に行って再建手術の勉強をされた。タバコの好きな先生が韓国に行って、最初に覚えた韓国語は「タンベ　チュセヨ」だったと嬉しそうに語っていた。「タバコ頂戴」という意味だ。

私が現地にいた頃、垂足の患者に対して、つま先が上がるように「後脛骨筋腱移行術」、兎眼の患者に対して目が閉じることができるように「側頭筋筋膜移行術」などの複雑な手術をされていた。当時私は手術助手として深く考えずに、「先生は難しいことをしているな」と思いながら先生の手伝いをしていた。

振り返ると、精神科の医師であった中村先生がこのような高度な手術ができるようになるためには、大変なトレーニングと努力があったのだと思う。

らい反応

前半に記載されている「らい反応」の病態生理は、医療関係者でないと内容は難しいと思うが、雰囲気だけでもつかんでいただければと思う。

慢性で緩徐に進行するハンセン病の経過において、例外的にきわめて急激な炎症性変化を示すのが「らい反応」である。抗菌薬で死滅したらい菌が、宿主の免疫系に捕われると通常、免疫系は調節的に働き、患者に明らかな害を与えずに菌抗原を処理してしまう。通常の免疫学的調節が崩れ、殺された菌に過剰に反応し、急性の炎症性変化を生み、それが組織障害を来して臨床症状の増悪が見られるのが、「らい反応」である。宿主の免疫応答の違いで、細胞性免疫を主体とする一型らい反応（境界反応）と、免疫複合体形成による二型らい反応（らい性結節性紅斑、*erythema nodosum leprosum*：ＥＮＬ）がある。ここでは、二型らい反応についてのみ述べる。

抗菌薬の治療あるいは菌自体の寿命によってハンセン病の菌体が破壊され、菌体からの多量の抗原

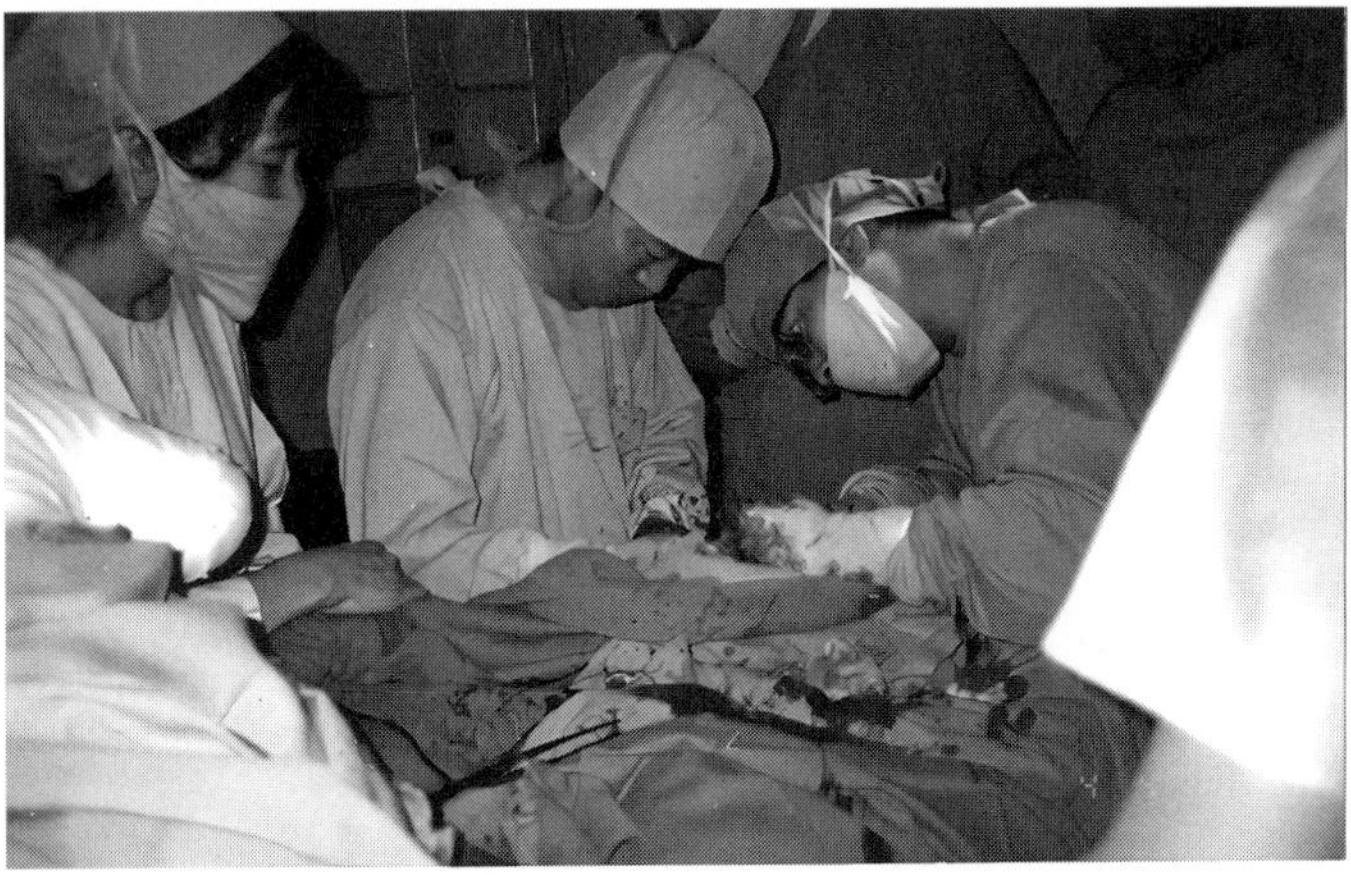

ハンセン病の再建手術（中央が中村医師）

が組織や血流中に放出されると、その抗原に対する抗体が産生される。そこで抗原抗体の免疫複合物が形成され、補体の活性化を生じ、それらが組織や血管を障害するのが二型らい反応である。

典型的な二型らい反応は、発熱を伴って発症する。三九から四一度の高熱、全身倦怠、関節痛が生じる。菌抗原のあるところでは、皮膚・神経・眼・リンパ節・関節・精巣など、どこでも急性炎症を起こす。皮膚では発赤を伴う硬結を生じ、ＥＮＬ（らい性結節性紅斑）と呼ばれ、この名称が二型らい反応の代名詞としても使われる。

ＥＮＬは小豆大から栂指頭大の圧痛を伴う硬結や隆起性紅斑が一見正常の顔面・四肢・体幹など全身に生じる。重症になると末梢神経炎を起こし、耐え難い疼痛に苦しめられることがある。とくに尺骨神経に有痛性腫脹が起こりやすく、二型らい反応の経過中に手指変形（鷲手変形）を生じる例も少なくない。

眼では急性の虹彩毛様体炎、強膜炎を生じ、充血・

眼痛・羞明（まぶしさ）・視力低下を来す。慢性虹彩毛様体炎を生じ、失明にいたることもある。

特効薬はサリドマイドで、投与したその日から、自覚症状や発熱などの全身症状が劇的に消退する。私が赴任した当時は、二型らい反応の患者にサリドマイドがすでに使用されており、痛みで苦しむ患者はほとんどいなかった。

サリドマイドは西ドイツで睡眠剤、精神安定剤として販売が開始された。一九五八年にわが国でも発売された。サリドマイドは妊娠初期に服用すると、新生児に重い先天異常を引き起こすことが明らかとなり販売停止となったが、日本でも先天異常の被害者が出て社会問題になった。

実在のサリドマイドによる先天異常の被害者の半生を描いた映画、『典子は、今』が一九八一年に公開されて大ヒットを記録したことを記憶している中高年の人も多いであろう。

その後、たまたまハンセン病の二型らい反応をもつ患者がサリドマイドを服用したところ、その症状が治まったことから、ハンセン病の二型らい反応に特異的に効果を示すことが分かってきた。一九九八年に二型らい反応に対する治療薬として米国で承認された。その後、多発性骨髄腫・ベーチェット病にも有効が確認されている。

神経膠腫にも有効で、中村先生の息子さん*（次男）が二〇〇一年十歳で脳腫瘍（悪性神経膠腫）を発病し、疼痛に苦しめられていた。日本で先生が介護している時に、苦労して手に入れたサリドマイドを彼に与えた時に、激痛がピタリと止まったのである。先生が赴任した当時は、二型らい反応の特効薬であるサリドマイドが手に入らなかったため、多くの二型らい反応の患者が、耐えがたい疼痛で苦しめられていた。

中村先生がペシャワールに赴任して間もない一年後の一九八五年、先生は一人の二型らい反応で苦しむハリマという女性患者と出会った。アフガニスタンから戦火を逃れてアフガニスタンの難民キャンプで暮らしていた。ハンセン病が悪化し、体全体に吹き出物ができ、高熱と全身の痛みでもはやたえられなくなった時、同情したキャンプのゲリラ指導者が先生のもとに送りつけてきたのである。ハリマはらい反応で、激しい痛みとの戦いを強いられていた。その苦しみを取り除くために何をすべきか、先生も苦悩していた。

「らい反応がくり返し体を痛めつけていた。喉頭浮腫で声がかすれ、しばしば呼吸困難と肺炎に陥った。『殺してくれ』という痛々しい叫びを無視して病状の収まるのを待つ以外になかった。私が密かに抱いていた暗い自問は、このまま重症肺炎に陥らせて死を待つべきか、何とか生きながらえさせるかということであった」(『ダラエ・ヌールへの道』石風社)

気管を切開すれば命をつなぎとめることができるが、声を失うことになる。ただでさえ厳しい難民生活が、さらに過酷なものになることを意味する。が、先生はついに気管切開にふみきった。気管切開とは、喉に穴を開けて直接気管から楽に呼吸ができるようにすることである。患者ハリマは呼吸困難からは解放された。が、声を失った。

「ハリマという患者、ハリマという一個の人間はこれで幸せだったのだろうかという疑問は、しばらく自分を暗い表情にしていた。（中略）だがおそらくハリマという患者自身もこの疑問を共有していたに違いない。（中略）自分もまた、患者たちと共にうろたえ汚泥にまみれ生きてゆく、ただの卑しい人間の一人にすぎなかった」（『ダラエ・ヌールへの道』　石風社）

先生を救ったのはある日のささやかな出来事だった。クリスマスの日、先生は入院患者全員に、ペシャワールで一番上等のケーキを配った。

「山の中から出てきた患者には恐らく最初で最後の豪華な食べ物であったろう。（中略）例のハリマも同室の女性患者と共に笑顔で向かい合っていた。変形した手で器用に気管切開の部位を押さえ、かすれ声をふりしぼって談笑し、ケーキをぱくついているのを見て私はほっとした。

鉛色の空と冷たい雨にこだまする砲声の下、迫害と戦乱に疲れた者にとっては、たとい一瞬でも暗さを忘れる暖かさが必要だったのである。それが私の感傷から出たものであろうと、口の中でとろけるケーキの一片と共に命のあることの楽しさを思い起こせば、それでよかった。彼ら患者たちとハリマの笑顔こそが何よりも代えがたい贈り物であった」（『ダラエ・ヌールへの道』　石風社）

当時、事業の拡大で資金が底をついていたので「カネがない、カネがない」と先生は語っていた。ハリマの話を現地で涙して読んだ私は思わず、多忙な中村先生に「先生、小説を書いてください。芥川賞を取り、本の印税をペシャワール会の資金にしましょう」と大変失礼なことを言った。先生なら素晴らしい小説を書けるに違いないと思ったからだ。

私の呑気な突拍子もない依頼に「私に無限の時間があればいいのですが……」と苦笑いされていた。当時は、このような軽口をたたいても黙って聞いて下さる優しい先生だった。

先生は一人の患者ハリマに対して真剣に取り組み、患者さんから学んだことを次のように感謝されている。


「実に一人のらい患者の悲痛な叫びが、次々と良心の連鎖反応を呼び起こし、アフガニスタンへの抜本的ならい対策発足を実現させる強い推進力となったのである。（中略）我々の協力が真の意味で『共に生きる』ということであれば、私は彼女たちに感謝しなければならない。そこで我々が人間を発見し、その何たるかを肌で理解できたからである。変貌したのは、ハリマというらい患者のみではなかった。我々もまた彼女によって変えられたからである。絶望から希望が生まれようとしていた」（「ペシャワール会報」No 31　一九九二年五月六日付）

参考文献
1　犀川 一夫、石井 則久、森 修一『世界ハンセン病疫病史：ヨーロッパを中心として』皓星社　2012
2　森 修一　ハンセン病と医学　日本ハンセン病学会雑誌　83 (1), 22-28, 2014
3　田中 等　ハンセン病の社会史：日本「近代」の解体のために 彩流社　2017
4　森 修一、石井 則久　ハンセン病と医学　Ⅱ―絶対隔離政策の進展と確立―日本ハンセン病学会雑

誌 76 (1), 29-65, 2007

5 石井則久ほか：らい性結節性紅斑（ＥＮＬ）に対するサリドマイド診療ガイドライン．日本ハンセン病学会雑誌、80（３）：275-285, 2011

6 熊野公子：らい反応について．日本ハンセン病学会雑誌, 71: 3-29, 2002

7 後藤 正道ほか：ハンセン病治療指針（第3版） 日本ハンセン病学会雑誌， 82(3), 143-184, 2013

8 中村哲〈教材〉ペシャワール：らいセンターで働く人の手引き［１９９５年４月版］：九州大学附属図書館中村哲著述アーカイブ (https://hdl.handle.net/2324/4488429　2021/3/16)

9 Sheskin J: Thalidomide in the treatment of lepra reactions. Clin Pharmacol Ther 6: 303- 306, 1965.

＊サリドマイドは神経膠腫患者の緩和ケアにも有効であると報告されている（Hassler MR, Sax C, Flechl B, Ackerl M, Preusser M, Hainfellner JA, et al.. Thalidomide as Palliative Treatment in Patients With Advanced Secondary Glioblastoma. Oncology (2015) 88:173–9. doi: 10.1159/000368903)。

Ⅲ　大旱魃と9・11

1　未曾有の大旱魃

百万人が餓死線上

二〇〇〇年春、中国の西から中央アジア全体が未曽有《みぞうう》の大旱魃に見舞われた。五月になって国連機関が注意を喚起した内容は、衝撃的だった。

被害は、モンゴル・中国西部からイラン・イラクにまで及んだが、アフガニスタンの被害が最も激烈で、人口の半分以上、約千二百万人が被災し、四百万人が飢餓線上にあり、そのまま放置すれば百万人が餓死すると警告された（国連機関、二〇〇〇年六月報告）。

農地の砂漠化が進み、家畜の九〇％以上が死滅したとされる。農民たちは続々と村を捨てて流民化した。

中村先生は、この恐るべき自然の復讐とも云うべき大旱魃を次のように述べている。

「こうしたアフガニスタンの現実は、西欧グローバリゼーションと真っ向から対立するものです。不必要に消費／生産を繰り返さなければ生き延びられない西欧グローバリズムの構造が、自然の復讐として、アフガニスタンに旱魃をもたらしているという現実を忘れてはなりません。

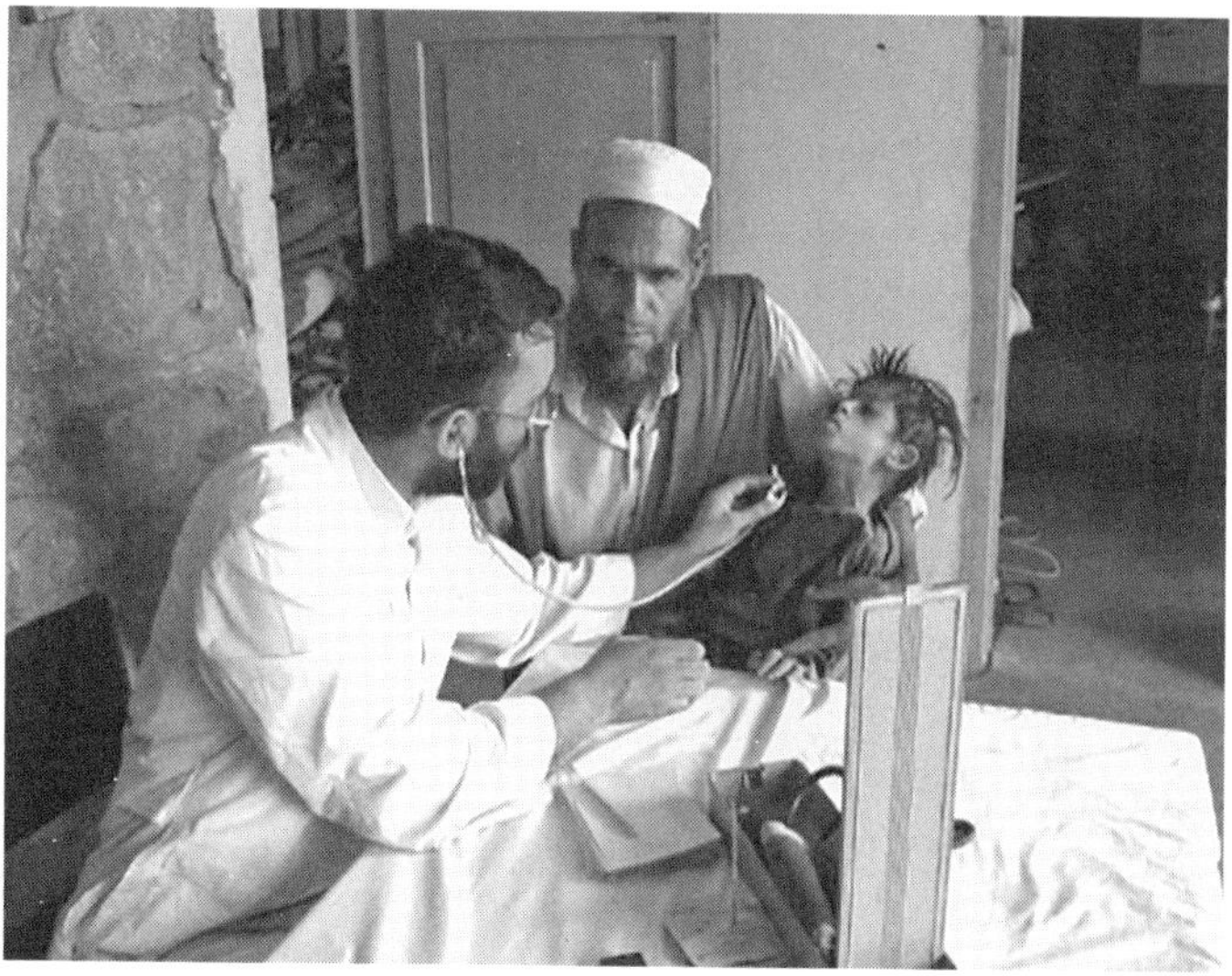

下痢で脱水を来したマラスムス（栄養失調）男児

アフガニスタンを発火点として波及する混乱は、世界的に何かを訴えるものになるはずです。究極はグローバリゼーションの崩壊が起こる可能性さえ秘めている」（『空爆と『復興』――アフガン最前線報告』　石風社）

冬が近づくにつれてアフガニスタンからの難民がどんどん増えた。これまではアフガニスタン国内での政治的不安・戦闘・治安の悪化などが原因で難民が増加していた。今回は未曽有の大旱魃のために、「間近に控えた冬に対する備えができていない」ことが一番の原因として考えられた。ＰＭＳ病院でもこの影響のためか患者数が増えてきた。

難民が急激に増えるのを避けるためにパキスタン政府は国境を閉じた。そのために一部のアフガン難民が国境付近で行き場を失った。体力のある難民であれば山を越えて国境を越えることができるが、女性・子供・病人・老人は国境付近で「その日の食料にありつくのも困難な状況で待機するしかない」という過酷な状態が続いていた。

二〇〇〇年六月、中村先生がダラエ・ヌール診療所の建て直しに訪れたときのことである。診療所で群れを成して待機する患者たちを見て、先生は「何事か」と驚いた。患者の大半が赤痢などの腸管感染症である。

上流から何時間もかけて歩いてくるものも少なくなかった。生きてたどり着いても外来で列をなして待つ間に、「死んで冷えてゆく乳児を抱え」途方に暮れている母親の姿は珍しくなかった。「餓死」とは、空腹で死ぬのではない。旱魃による食べ物不足で栄養失調（マラスムス）になり、抵抗力が落ちてしまう。そこにきれいな水が不足するなか、汚水を口にして下痢症などの腸管感染症にかかり、簡単に落命するのである。その犠牲者の多くは体力のない子供たちだった。抗生物質をいくら配布しても、飢えや渇きを薬で治すことはできないのだ。

「病気はあとで治せる。ともかく生き延びろ！」

二〇〇〇年八月、「井戸掘り事業」が始まった。病気のほとんどが、十分な食料と清潔な水さえあれば防げるものだった。アフガニスタン東部の中心地、ジャララバードに「ＰＭＳ水源対策事務所」が設けられ、本格的な「井戸掘り事業」が渇水地帯に展開された。

中村先生の意を体して先頭に立ったのが、ワーカーの蓮岡修さん、目黒丞さんら、日本人青年たちとアジア・アフリカで井戸掘りの指導を続けているＮＧＯ（民間海外協力団体）「風の学校」から来て

干上がった川床の汚水を飲む子供たち

いただいた中屋伸一さんだった。

ほとんど絶望的な状態に陥っていた人々は、タリバン・反タリバンを問わず、協力した。日本人青年たちは地元の若い職員数十名を率いて、作業地をまたたく間に拡大した。二〇〇〇年十月までに二百七十四ヵ所、翌二〇〇一年九月までには六百六十ヵ所となり、その九割以上で水がでた。

餓死者百万人という想像もできないことが実際に起きつつあった。必ず国際的な支援が行われるに違いない。それまで頑張ろうと待っていたのである。

しかしあろうことか、やってきたのは国際救援ではなく、タリバンを「テロリスト勢力」と決めつける二〇〇一年二月のアメリカ主導の国連制裁だった。

初めの頃、食料まで制裁項目にあったということが、アフガニスタンの大部分の人々にとって、国連に対する、あるいは国際社会に対する決定的な不信を起こさせることになった。アフガニスタンのほとんどの地域の農民は、中央の動きとは関係なく自分たちの生活を続けている。それなのに「なんでわれわれがとばっちりを受けなくてはならないんだ」というのが、人々の実感だったのである。

国際社会では、「反タリバン・キャンペーン」がヒステリックな様相を帯びていた。

当時の国際社会の対応に関して先生は、次のように述べている。

「逃げ場もなく、あの旱魃の最中で、水運びに明け暮れ、死にかけたわが子を抱きしめて修羅場をさまよう女たちの声は届くべくもなかった。

いや女だけではない。一般民衆の声は総て届かなかった。第一、外国人と触れる機会がないのである。世界のジャーナリズムが聞いたのは、ごく一部の、西欧化してアフガン人とは呼べない人々の声であった。極めつけは、或るNGOで働く西欧人が、『そんなに飲料水がないなら、コカコーラかワインを飲んだらどうか』と述べたことである。

(中略)

しかし、この無知は責めを負わなくてはならぬ。フランス革命時代、王妃マリー・アントワネットが、飢えて蜂起した人民に対し、『パンがないなら、お菓子を食べればよいのに』と言ったのに同様である。

これに対し、他ならぬパリの西欧人権主義の先駆者たちは何と述べたか。

『自由と財産の権利は大切である。だが、人権のうち第一のものは生存する権利である。自由と財産は人間生存に必要である。殺人的な貪欲と、責任なき放埒に濫用されるべきではない』（ロベスピエール）」（『医者井戸を掘る』　石風社）

アメリカを中心とした国際社会は、「自由と民主主義」を掲げて国連制裁を決議し、アフガニスタンの人々の人権のうち第一のものである「生存する権利」を奪ったのである。

タリバン政権の主流は、まだ国際的認知を期待して国連機関の存在を許していた。しかし、国連制裁により経済封鎖で困窮したタリバンは、政権内部で過激な主張が力を持つようになり、二〇〇一年三月、雨ごい名目でバーミヤンの仏跡破壊が行われた。国連制裁に対する対決の意思表示と思われた。当初、私もハザラ族のディン先生といつか「バーミヤンの石仏」を見に行くのを楽しみにしていたので大変残念に思った。しかし、現地にいると旱魃と戦争であえぐ約百万近くの餓死寸前の人々にとって、「仏跡破壊の問題どころではない」ということが身に染みて伝わってきた。

この時中村先生は次のように述べた。

「今世界中で仏跡破壊の議論が盛んであるが、我々は非難の合唱には加わらない。私たちの信仰は大切だが、アフガニスタンの国情を尊重する。暴に対して暴を以って報いるのは、我々のやり方ではない。餓死者百万と言われるこの状態の中で、今石仏の議論をする暇はないと思う。平和が日本の国是である。少なくともペシャワール会＝ＰＭＳは、建設的な人道的支援を、忍耐を以て継続する。そして、長い間には日本国民の誤解も解ける日がくるであろう。我々はアフガニスタンを見捨てない。人類の文化とは何か。文明とは何であるか。考える機会を与えてくれた神に感謝する。真の人類共通の文化遺産は、平和と相互扶助の精神である。それは我々の心の中に築かれるべきものである」（『医者井戸を掘る』石風社）

バーミヤンの仏跡破壊後、首都カブールでは、流民に等しい旱魃避難民の群れに対して、国際支援が与えられるどころか、欧米各団体が続々と撤退していった。

二〇〇一年三月、巨大な無医地区と化したカブールに、PMSは急遽五ヵ所の臨時診療所を設けた。私がその二年前に視察に行き、カブールの惨状を目の当たりにして中村先生に興奮して「先生、カブールに診療所を」と言ったことが現実となった。

一カ月間のカブールの臨時診療所勤務を終えてペシャワールに帰ってきたサイフラー医師は、少し興奮した様子で、「カブールは戦乱や旱魃のために避難する人で膨れ上がり、昔のロシア大使館は宿なしの避難民であふれている。我々の五ヵ所の各診療所には医師・看護師・検査技師が一人ずつ配置されているが、毎日約二百人以上の患者で溢れかえっている。入院施設は、イタリアが援助を行っている戦争外傷の治療を行う外科系の病院のみで内科系の入院施設はない。ペシャワールに辿り着くだけのお金のある人は助かるが、その他の人々は自宅で息を引き取らざるを得ない」と報告した。

サイフラー医師は「カブール市内にぜひとも入院施設を」と言った。

「金がない」。中村先生は、答えた。

「破壊されたバーミヤンの石仏を再生するための募金が日本で六億円集まったと聞きました。そのうち一億円でもあればカブールに立派な入院施設ができるのに」と思わず私は先生に言ったのである。カブールでの臨時診療所開設のために奔走したジア先生は、「カブールのハザラ族居住区でハンセン病を疑う皮疹のある患者を診た。このような皮疹のある患者がバーミヤンにはたくさんいるらしい」と語っていた。この話を聞いて、私もすぐにでもカブールとバーミヤンに行きたくなった。

現地ワーカー

本書に「ワーカー」という言葉がたびたび出てくるが、ペシャワール会では「ボランティア」という言葉は使わず、「現地ワーカー」という言葉を使う。私も医師のワーカーとして、ペシャワール会から現地に派遣された。中村先生は、理由として次のように述べている。

「今、国際支援の全体的な色調を眺めるとき、途上国の立場よりも先進国が支援内容の是非善悪を決めてしまう傾向が強くなってきた気がしてならない。私たちに確乎とした援助哲学があるわけではないが、唯一の譲れぬ一線は、『現地の人々の立場に立ち、現地の文化や価値観を尊重し、現地のために働くこと』である。言葉に出せば大仰であるが、己の利を顧みず、為にするところがない無償の行為は昔からあった。『ボランティア』という新語に私はなじめなかった。私たちが『ボランティア』でなく、『現地ワーカー』と呼ぶのはこのためである」（『医者、用水路を拓く』石風社）

先生は、しばしば「現地は外国人の活躍の場所や情熱のはけ口でもない。共に生きる協力現場である。主役は現地の人々で、我々はともにあゆむワーカーとしてわき役に徹しなければならない。『教えてやる』というのは論外である」と語っていた。

当時中村先生が、日本人ワーカーの住んでいたペシャワールの宿舎で下着のようなものを洗っているので、不思議に思ってお聞きしたところ、「汚れた下着をそのままにしていると、嫌な気持ちになるでしょう」と言って、激しい下痢で寝込んでいた私の同僚のワーカーの下着をせっせと洗っていることがあった。

先生は「現地ワーカーの心得」として厳しいことを述べられることもあったが、このように、私が働いていたころの先生は優しくて、「怖い」という印象は全くなかった。妻も同様に感じていたそうである。

一方で、用水路ワーカーの多くが、「中村先生の眼光は鋭く、怖くて近寄りがたい存在であった」と語っている。二〇〇〇年頃から、アフガニスタンに大旱魃が襲来した。清潔な水がなくて、子供が下痢などで亡くなり、多くの人が故郷を離れて難民になった。先生は、あらゆる方面から用水路建設のための陳情を受けていた。早く用水路を完成させないとたくさんの人が路頭に迷うと自分のことのように感じて、その責任感からいつも厳しい表情をされ、怖い存在に見えていたのかもしれない。

アフガニスタン東部で井戸掘り事業、カブールでの臨時診療を行っている頃、ＰＭＳ病院では相変わらず様々な事件が起こった。

毎年ラマザン（断食月）が終わる頃、各職員に二千ルピー（約四千円）、正式採用ではないトレーニー（訓練生）にはその半額をボーナスとして出していた。ところが、トレーニーのうちの四人が会計の藤井さんに半額しかボーナスを貰えないことで不満を言い、さらにイクラムラ事務長に暴言を吐いた。そこで日頃から態度が悪く、真剣に仕事をしない二人を懲戒免職、残りの二人を戒告とした。

その後、解雇されたトレーニーが元陸軍少佐イクラムラ事務長とアーベット看護師宛に、「毎月二千ルピーずつよこせ。さもないと子供の命はない」という内容の手紙を病院に送りつけてきたのである。

しばらく無視していたが、今度は勤務中のアーベット看護師に脅しの電話をかけてきた。さらに、朝の通勤時に職員を乗せたバスの正面に立ち、両手を広げてバスを停止させ、中に乗り込もうとした。その際、ポケットにはピストルを忍ばせていた。

そこで弁護士を通して警察に訴え、本人は逮捕された。この弁護士は様々な事件が頻繁に起こるので、病院の専属として雇い入れたばかりだった。すると、彼の父親・親戚・村の有力者が病院に来て謝罪した。本人も謝罪したため、訴えを取り消して彼は釈放された。

この問題が片付くと、今度はＰＭＳ病院の車に近所の住民がふざけて無理やり乗ろうとしたので、降ろそうとして住民の一人が肩に軽い打撲とかすり傷を負うという事件が起こった。

興奮したこの村の住民約二十人が病院に押しかけてきた。しかしイクラムラ事務長が落ち着いて対応することで、大きな事件に発展することはなかった。職員の一人でもいきりたてば、暴徒化した住民が発砲してもおかしくない状態だった。

この村の住民は貧しく、病気になるとほとんどの人々がＰＭＳ病院に来る。「お世話になっている病院に暴力事件を起こすとは何事だ」と思わぬでもないのだが、ＰＭＳ病院周辺の村は問題が多いところだった。

ＰＭＳ病院は、地価が大幅に安いため、ペシャワールの中心より少し離れたところに建てられた。後になって、ＰＭＳ病院周辺の村は、昔からの盗賊のすみかで治安の悪いところだとわかった。事実上法秩序の及ばぬところで、警察も手出しできなかった。

以前、病院の近くに警察の分署が二度建てられたが、いずれも住民に襲撃されて破壊されてしまった。移転直後、病院の門前で二名の仇討ちをめぐる事件が起こったが、警察は見て見ぬふり。この辺りは四つの盗賊グループに分かれていて、互いに争っていた。このあたりをまとめる絶対的な力を持った人間がいなかったのだ。

アフガニスタンの山岳地域のクリニックでは、強い力を持った村の長老がいる。問題が起こればジルガ（長老会議）で話し合いをして秩序を回復することにより、このような事件は全く起こっていない。ジルガの決定は絶対的なものだからである。

病院を巡って問題が頻繁に起こるため、州の警察署長・政治家・四つの盗賊グループの有力者などを病院に招き、治安を保つための話し合いをもった。その後、このような問題は少なくなったが、些細なことでいざこざは起こった。その都度、イクラムラ事務長が忍耐強く問題を解決していた。

このような悪条件にもかかわらず、外来患者はどんどん増えていった。この周辺は盗賊の村だが、実際には大変貧しい人が多く、「本当に困っている患者さんのために」というペシャワール会の理念には一致したのである。

精神的な疲労

当時の辛いことや苦しいことは、忘れていたが、この頃書いたペシャワール会報（No 67　二〇〇一年四月四日）の私の記事を見ると、私は様々なストレスによる精神的な疲労が溜まっていたようである。その時に私が書いた記事の一部である。

お釈迦様が「人生は困難なものである」と仰っていたように、人間誰しも生きていればそれぞれが楽しいことばかりでなく、問題や苦しみもあると思います。

最近、私自身も普通とは少し異なった生活をすることで様々な問題に直面し、少々疲れていました。そのためか自分の代わりに誰かが問題を解決してくれると期待し、また問題を放置しておけばそのうち解決されるだろうと無視することもあったように思います。

しかし中村医師を見ていますと本当に絶えずいろいろな問題に直面されています。問題を解決することで、他者の生活に影響するような胸の痛くなる決断も絶えずしなければなりません。その結果、恨みを買って命の危険にさらされることもあります。とても自分にはできないことだと感じています。

精神科医M・スコット・ペックは、「人生は問題の連続である。しかし、問題に直面し解決する全過程にこそ人生の意味がある。問題が我々の勇気と決断を呼び起こす。問題によってのみ、我々は心理的、精神的に成長する」と述べています（一部編集して記載。M. Scott Peck『The Road Less Travelled』TOUCHSTONE PR、一九九八年）。

中村先生は問題解決の決断に伴う苦しみを快く引き受け、しかも決断できる人です。これまでの自分を反省して、問題の解決に伴う苦痛を回避せずに、問題に対して真摯に取り組んでいきたいと思いました（ペシャワール会報No 67　二〇〇一年四月四日　一部改稿）。

当時、ペシャワールの書店でベストセラーとして売られていたこの本を読み、自分を励ましていたのかもしれない。

9・11米国同時多発テロ

一時帰国していた二〇〇一年九月十一日、アメリカ同時多発テロが発生した。「同時多発テロを起こした犯人たちを、アフガニスタンがかくまっている」と言って、「アフガン報復爆撃」がアメリカ下院で採択された。その際、ブッシュ大統領は「今や世界には二つの立場しかない。我々と共にテロリズムと戦うか、テロリストに加担するかである。これは吾が十字軍の戦いである」と国際社会に宣告した。そして、十月七日からは、アフガニスタンに対して報復爆撃を開始した。

この空爆とアフガン侵攻は二〇二〇年八月まで続くことになった。

これに対して、中村先生は次のように述べた。

「これも可笑《おか》しな理屈で、自分に賛成しないものは皆敵だということである。このことを指摘するものは皆『反米的だ』とされるような雰囲気となり、日本の世論の主流を成した。心あるものは黙っていた。第一、『十字軍』などという物騒な言葉は、聖書のどこにも出てないもので、巷には『文明の対決』、『キリスト教対イスラム教』という奇妙な議論が横行したが、私のような普通の一キリスト教信徒にとっては、迷惑千万だと思った」（『医者、用水路を拓く』石風社）

アフガニスタンの国民のほとんどは農民である。テロリストとも、テロリストをかくまったほんの一部の人とも無関係である。アフガニスタンという国全体が、まるでテロリストの集まりのように扱われた。一般民衆は旱魃に襲われ、厳しい冬が迫り、それどころではなかった。「食べていかなければ、生きていかなければ」という状況だったのだ。

現地の治安悪化が予想され外務省の強い退避勧告が出たために、「井戸掘り事業」をしていた日本人ワーカーが、一時ペシャワールに退避したり、帰国せざるを得なくなった。中村先生は現地職員に事情を説明し、事業は必ず継続する旨を説明した。すると長老の職員、タラフダール氏が、立ち上がり次のように感謝を述べた。

「皆さん、世界には二種類の人間があるだけです。無欲に他人を思う人、そして己の利益のみを図ることで心がくもった人です。ＰＭＳはいずれか、お分かりでしょう。私たちはあなたたち日本人と日

本を永久に忘れません」（同前書）

この年の十月、中村先生は、「テロ対策特別措置法」成立前に、参考人として国会に呼ばれた。「このままでは、農民たちの多くが旱魃による飢餓でなくなってしまう。このことを伝えなければならない」と、国会で話すことを引き受けた。国会では、「空爆、難民救援、世紀の大旱魃」などアフガン人の命を守るための議論が中心であるべきだったが、それに対する現実認識が全く無視されていた。

先生は、次のように意見を述べた。

「アフガニスタンは『報復爆撃』という中で、もう痛めに痛めつけられて現在に至っております。世紀の大旱魃、大げさなように聞こえますが、これは本当に危機的な状況でございます。今必要なのは、水と食料です。自衛隊派遣は有害無益でございます」

自民党席から嘲笑する人もいれば、様々なヤジも飛び交った。ある自民党議員からは発言を取り消すよう求められた。

米英の主張する「アフガン報復爆撃」は過熱し、先生の必死の訴えもむなしく、日本政府も「テロ対策特別措置法」を成立させて自衛隊派遣を決定した。進んで米英に協力を申し出てイージス艦をインド洋に派遣し、米英軍の後方支援として給油・給水活動を行った。

米国は、米国と北部同盟がアフガンの民衆をタリバンの圧政から救うのだというシナリオを作った。

あの当時アフガン空爆は、「ピンポイント攻撃、テロリストだけをやっつける人道的な攻撃だ」ということが軍事評論家の間で議論された。実際は、空爆下のカブールで死んだのはほとんどが女性や子供、お年寄りを含めた一般市民であった。

米軍の空爆を「やむを得ない」と大多数の日本国民が支持し一国の軍隊（自衛隊は現地では「日本軍」と受けとめられる。現地の新聞にも「日本軍」と書かれている）が出動するかどうか、国運に関わる重大事さえ、簡単に日本国民の支持を受けた。「米国を怒らせては都合が悪い」というのが共通した日本国民の考えのようであった。

先生は、米英に協力した日本を含む当時の「国際社会」や「先進諸国」を次のように語っている。

「目先の利にさとく、強い者には媚び、衆を頼んで弱い者に威丈高になるのは、見苦しいことです。自分の身は針でつつかれても飛び上がるが、他人の身は槍で突き刺しても平気」（『空爆と『復興』アフガン最前線報告』石風社）

英米軍が、アフガンの人々の「生存する権利」を踏みにじって二十年以上にわたり空爆を継続し、日本政府も自衛隊をインド洋に派遣するなどして協力したということを忘れてはならない。

先生は、報復爆撃に対して次のように述べている。

「『自由と民主主義』は今、テロ報復で大規模な殺戮戦を展開しようとしている。おそらく、累々たる罪なき人々の屍の山を見たとき、夢見の悪い後悔と痛みを覚えるのは、報復者その人であろう。瀕死の小国に世界中の超大国が束になり、果たして何を守ろうとするのか、私の素朴な疑問である」（「ペシャワール会報」No 69　二〇〇一年十月十七日付）

米英による報復爆撃後、二〇〇一年十一月、タリバンは地下に潜るように姿を消し、カブールが陥落した。先生は、「タリバンがいなくなると、アフガニスタンはどうなるのだ」と真剣に困惑した表情で語っていた。

「極悪非道の狂信的集団・タリバンの圧政から解放され、北部同盟軍の進駐を歓呼して迎える市民たち。ブルカを脱ぐ女性たちの姿。『正義のアメリカ』により、『自由とデモクラシー』がアフガニスタンにもたらされた」という報道が繰り返し世界に流された。しかし、ほぼ絶滅に近かったケシ栽培が米軍の進駐とともに復活して数年を待たずして、アフガニスタンは世界のケシの八〇パーセント以上を生産するという麻薬立国に転落した。その後、もたらされたのは無秩序と軍閥の台頭だった。

中村先生は講演で、復活した「自由」について次のように語った。

「解放されたのは、麻薬栽培の自由。ブルカを脱ぐ自由。女性が外国兵相手に売春をする自由。一家の働き手を失ったおかみさんたちが街頭で乞食をする自由。貧乏人が餓死する自由。おべっかの上手な人々がお金持ちになる自由。これが与えられた『自由』と言って、私は決して言い過ぎではないと思います」

女性がブルカを脱ぐ自由というのも与えられたが、都市部のごく一部の富裕層・知識層を除けば、実際に脱ぐ人はほとんどなかった。あれはアフガニスタン女性の慣習に過ぎないのである。要するにアフガン女性の伝統的外出着なのである。

平和な農村地帯であったところに米軍が進駐したために治安が悪化し、その後、ＰＭＳの東部山岳地域の診療所が二つ（ダラエ・ピーチ、ダラエ・ワマ）が閉鎖に追い込まれ、地元に譲渡することになった。ペシャワールも自爆テロ頻発などで治安が悪化し、世界で最も危険な地域の一つになった。中村先生の予想通り、「圧倒的多数の反米的な民衆、一握りの親米政権」という図式が定着した。

現地への帰還が困難に

私はこの時日本にいたが、九・一一以降の治安の悪化により、私が家族で現地に戻ることは困難になった。私が単身で行くことも考えたが、家族で現地活動することによる精神的ストレスが限界に達していた。

習慣の違うイスラム社会で幼い子供たちを連れて、私のような凡人が家族で暮らすには、想像を絶する困難があった。同時多発テロでそのストレスが表面化して「爆発」したのである。現地活動を一時的に中断して、仕切り直すことにした。しかし、その後再びペシャワールの地に立つことはなかった。

いったん帰国すれば日本国内で発生する義理に束縛され、二人の子供を抱えて将来の経済的な不安を考えるようになった。妻が治安悪化により単身で私が現地に行くことに対する不安を訴えるようになった。最初にペシャワールに行こうと思った時のような若さゆえの「怖いもの知らず」の自分はもうそこにはなかった。中村先生のように現地と日本での生活を一蓮托生にはできなかったのである。「ようやく現地で役立つようになったかな」と思える時に、満足のいく結果を出さぬうちにペシャワールを去ることになった。

中村先生も当初は家族で現地活動されていた。その頃、現地での活動が長続きするために次のように考えておられた。

「遠大な見通しならば、こちらもその積りで無理なく長続きする態勢で臨むべきだと考えられた。『人の心は自分で考えるほど強くも弱くもない』というのがわたしのささやかな悟りで、いったん帰国すれば今度は日本国内で発生する義理に束縛されるだろう。凡人ができる唯一の方法は、悲壮な決意ではなく、自分の生活そのものを一蓮托生にしてしまうことであった。現地と家族への義理は同時に果たさねばならない。果たすことによって自分も楽になれる。人がこれを審《さば》くことは出来ない。事の善し悪しは天の決定に属する――そう考えた」（『ペシャワールにて』 石風社）

我々ワーカーを現地に派遣するには「ビザの取得」「住居などの受け入れ態勢」などを整えるのに大変な労力を要する。特に私のような四人家族を受け入れるためにはより多くの労力を要するため、ペシャワール会事務局および現地スタッフの人たちに大変な迷惑をかけた。

現地、ペシャワール会事務局の人々の期待を裏切り、途中で仕事を辞めたことに対して、申し訳ない気持ちと悔しい思いが入り混じり、暫くうつうつとした気分が続いた。

中村先生の言葉は、今でも私の心に刺さる。

「困難を乗り切って日本を出ることは生易しいことではない。だが現地側から見ると、日本でいかに苦労して来たとしても、極論すれば、それはその人個人の問題で、どうでもいいことであり、要するに現地でいかに役立つかが評価されるのである」（『ダラエ・ヌールへの道』石風社）

2　中村先生という人

玉井金五郎

中村先生の父・中村勉の親族は、昭和二〇年六月一九日の福岡大空襲でほぼ全滅した。このため、先生は幼い頃、母・秀子の実家・玉井家のある北九州の若松で育っている。

祖父は玉井金五郎、祖母はマン、叔父が「糞尿譚」で芥川賞を受賞した作家の火野葦平である。祖父・金五郎は炭鉱地帯・筑豊の石炭の積み出しを行う若松の沖仲士たちを仕切る「玉井組」の組長であった。

先生は幼い頃、普段から気性の荒い労働者や流れ者風の男たちが行き交うこの玉井家で育った。祖父母が、流れ者であろうと物乞いであろうと差別せずに手を差し伸べているのを目の当たりにしていたのである。

祖母・マンは「弱者は率先してかばうべきこと、職業に貴賤がないこと、どんな小さな生き物の命も尊ぶこと」という説教を、繰り返し幼い頃の先生にしていた。「それが後々まで自分の倫理観として根を張っている」と語っていた。

ウルドゥー語の個人レッスンを受けている時に、祖父・金五郎さんの話を私に楽しそうにしていた。「じっちゃんが、煙草をふかして新聞を見ながらみんなににらみを利かして座っていた時、新聞の上下が逆さまでした。『じっちゃん新聞が逆さまとよ』と言ったところ、慌てて反対にしていた」という話である。中村先生は、三歳から字が読めて金五郎さんは字が読めなかったそうである。

叔父・火野葦平は、玉井家一族の隆盛期を書いた小説『花と龍』を執筆し、後に任侠ものとして映画化されている。『広辞苑』には、「任侠」とは「弱きをたすけ強きをくじく気性に富むこと」とある。まさに中村先生のような人のことで、映画では、鶴田浩二や高倉健が演じたので、「よくヤクザ者と誤解されます」と先生は語っていた。

論語、聖書、昆虫

先生は子供の頃、父親から「学問をするには、まず論語を知らなければならない」と論語を素読・暗誦させられている。

「ペシャワールでの生活は私の懐かしかった時代の記憶をふと甦らせることがある。親孝行の美徳や、お年寄りへの尊敬などがまだ厳然と生きている。マドラサ（イスラム教の寺子屋）に行くと、子供たちがコーランを暗誦しながら文字を学んでいる。これも何だか懐かしい。

私も幼少時、論語の一部を素読で暗誦《しょう》した。理解の程は怪しいが、その記憶は生涯つきまとい、自分を内側から律する規範となるのは本当だ」（西日本新聞　二〇〇〇年七月八日）と述べ、先生の好きな論語の一節は、

子貢問うて曰く、一言にして以って終身之を行う可き者有りや。

子曰く、其れ恕か。己の欲せざる所、人に施すこと勿かれ。（衛霊公第十五・二十四）

「恕」の音読みは「ジョ」である。『大辞林』によると、「恕」とは、「思いやること。思いやり。同情」という意味である。

先生の生き方は、まさにこの言葉通りであった。中村先生は、次のようにも述べている。

「私たちの伝統的宗教心と道徳律は漢語教育に伴う論語の膾炙によって支えられてきた節がある。（中略）極端な戦後教育の転換は、全て古いものを封建的という烙印を押して一掃し、日本人から精神性を奪い取った」（西日本新聞　二〇〇〇年七月八日）

江戸時代は、藩校や寺子屋で武士から商人にいたるまで、中村先生のように論語を素読・暗誦させられていた。江戸時代の日本人は、世界で一番識字率が高かったと言われている。子供の頃、理解できなくとも、暗誦させるというのが重要ではないかと思う。子供の頃の記憶は生涯つきまとう。人生において問題に突き当ったとき、論語の一節を思い出し、その意味が理解でき、自分を内側から律する規範となるのだ。

論語だけでなく先生は、中学生の時にキリスト教に出会った。盲目の牧師・藤井健児さんを「師」と仰ぎ、人生・社会・宗教などいろんなことを語り合った。「目が見えないのに頑張っておられる先生のように、世の中の役に立ちたい」と牧師さんに話している。

先生はキリスト教徒のあり方を、「当たり前の人として、今をまっとうにいきることである」と考えた。

また先生は、昆虫少年だった。小学生の頃、同級生の父親・郵便局長の吉川さんに昆虫採集に連れて行ってもらった。小さな黒い虫を捕まえようとしたところ、鋭い顎で噛みつかれた。痛む指先を顔に持ってゆくと新しい鉛筆を削ったような香りがした。この虫がハンミョウであり、歩く人の行き先を教えてくれるようスーッと身軽に滑るように飛ぶことから「ミチオシエ」という名のあることも吉川さんから教えてもらった。よく見ると黒い虫にしか見えなかったハンミョウは、実は紺色と赤色の模様が輝く宝石のように美しい昆虫であること、捕まえると芳香を放つことを知った。この経験は中村少年にとって決定的な出来事だった。「人は見ようとするものしか見えない」ということを知ったのである。「認知バイアス・確証バイアス」を、昆虫の観察を通して小学三年で察知して悟るとは驚きである。

先生は、将来ファーブルのような昆虫学者になりたかったのだが、「もっと社会性のある仕事につけ」と父親に反対されて医学部へと進んだ。医学部ならば、あとで昆虫科のある農学部への転部が可能だと考えたからだ。

先生とアフガニスタンを結んだのは、昆虫と山だった。何も初めから「国際医療協力」を目指したわけではない。

ヒンズークッシュ山脈は、ヒマラヤ・カラコルム山脈に連続する大山塊である。最高峰がティリチミール（七七八〇メートル）、世界の屋根の西翼をなしている。

一九七八年、福岡にある社会人山岳会の福岡登高会からヒンズークッシュ・ティリチ・ミール遠征隊のつき添い医としてアフガニスタンに同行してほしいとの打診があった。ヒンズークッシュ山脈の北麓のパミール高原は、モンシロチョウの原産地と言われている。先生には、原産のチョウチョをひとめ見るためにヒンズークッシュは一度は訪れたい場所のひとつであった。山と昆虫好きな先生は、つき添い医の依頼を引き受けた。

遠征隊に同行した折、パキスタン連邦政府の観光省から住民に対して診療拒否をしないよう申し渡されていた。キャラバンをつづけると、進めば進むほどに患者たちの数は増え、とてもまともな診療ができる状態ではなくなった。

有効な薬品は隊員のためにとっておかねばならないため、仕方なく子どもだまし程度のビタミン剤などを与えてお茶を濁していた。すると一人の老人が病人の青年を連れてきた。

診ると、重症の結核である。老人に麓の病院に行って診療するように伝えると、「病院に行く金があるなら先生のところには来ない」と言われ、無念と無力さを感じ、良心の呵責に苛まれた。楽しいはずの登山行が、一転「余りの不平等という不条理」を突きつけられたのである。その時先生は、山（天）に向かって誓ったのである。

「目を射る純白のティリッチ・ミールは神々しく輝いている。荒涼たる岩石沙漠に点在する緑の村々は、さながら過酷な自然にひれふして寄生する人間の鳥瞰図である。私は山と対話する。我々は地表をはう虫けらにすぎぬ。いかなる人間の営みもあなたの前には無に等しい。しかしそれでも自分が逆らえぬ摂理というものがあれば、喜んで義理を果たすでしょう。その時の情景と無言の対話は今でも幻覚のように鮮明に脳裏にやきついている」（『ペシャワールにて』 石風社）

「摂理」とは、「キリスト教で、この世の出来事がすべて神の予見と配慮に従って起こるとされること」という意味である（『大辞林』）。後にペシャワールに赴くことになったのも神の「摂理」であったということである。

モーツァルト

中村先生はクラシック音楽を聴くのが趣味で、音質には結構うるさく、特にモーツァルトとバロック音楽が好きだった。私が現地にいた当時、モーツァルトやバッハとヴィヴァルディの音楽が先生の部屋からよく流れており、音楽を聴きながら原稿や今後の計画などの仕事を夜遅くまでされていた。

私の大学時代、古いアパートの二階に住んでいた友人の下宿に遊びに行った時、部屋にはモーツァルトの音楽が流れ、ドストエフスキー・トルストイ・夏目漱石などの文学書と猥本が古びた畳の上に無造作に置いてあった。

友人が私に「何と、モーツァルトを知らない。『カラマーゾフの兄弟』を読んだことがない。人生半分を損しているね」と言ったので、どんなもんかと私は、モーツァルトを聞き、ドストエフスキーの作品を読み始めた。

モーツァルトの『ピアノ協奏曲第20番第2楽章』を初めて聞いたときはこんなに美しい曲があるのかと感動して安らかな気持ちになった。同じモーツァルトの曲の異なる演奏家のアルバムを持っていて、演奏家による楽譜の解釈の違いなどのうんちくを語るモーツァルトの熱烈なファンの友人もいた。

このような話を中村先生にしたところ、先生の自宅にあったお古のステレオ用のアンプと「ヤマハBig10」というスピーカーを私の自宅に送ってくださった。

「このスピーカーは、値段のわりに素晴らしい音がでますよ」と嬉しそうに語っておられた。「スピーカーの下に大理石を置くと音が安定しますよ」と言って、適当な大きさに切った大理石を先生に頂き、自宅に持ち帰って試したが、残念ながら私には違いが判らなかった。先生は音楽に対する並々ならぬ情熱がおありだった。

大阪での中村先生の講演会の後、「大阪日本橋でんでんタウン」に先生を案内したことがある。そこで先生は、当時オーディオ御三家と言われた「山水電気」の大きなスピーカーから流れる音に耳を傾け、子供のように「いいですね。いいですね」と言って感動されていた。先生は音楽に関して次のように述べている。

「私の聴き方は子供のころから一貫している。音は良いに越したことはないが、自然かつ優雅でなければならぬ。『音楽はどんな激情でも吐き気やめまいを催すような表現であってはならない。音楽は人の耳を汚すのではなく、慰める』（モーツァルト）という作曲家に密かに共感を寄せている。

バッハもモーツァルトも、いわば『音楽職人』で、元来貴族・僧職者を喜ばせるものを作って口を糊していた。従ってサービス精神があり、人を不安におとしいれたり、いたずらに激情をかきたてるものは作らなかった。決して閉ざされた個人の自己表白ではなかったはずだ。その証拠にロマン派以後の交響曲など、大抵は自然の虫の声と比べると騒々しい。音楽は『芸術』になってから聴き苦しくなったのではないか、と私は考えている。だが、この道ではずぶの素人なので、個人的な感想だと断っておく」（『辺境で診る 辺境から見る』石風社）

子供の頃に、確立した音楽論を持っていたとは驚きである。私は小学生の頃、天地真理に始まり、太田裕美、高校生の頃は聖子ちゃんの音楽に感銘を受けていた。私の親友は、キャンディーズの蘭ちゃんが好きで、コンサートに行った時に蘭ちゃんに握手をしてもらい、その手に包帯を巻いていた。

古典派の代表的な作家はハイドン・モーツァルトでベートーベンは古典派音楽の集大成かつロマン派音楽の先駆けと言われる。

ロマン派以降の代表的な作家はシューベルト・シューマン・マーラーなどである。マーラーの音楽を愛していた大学時代の友人は、繊細な心の持ち主で、起伏の激しいマーラーの交響曲を恍惚として聞きながらうんちくを語っていた。私のような大まかで、芸術的才能のない人間には理解できなかった。先生は、自然の音に関して次のように述べている。

「夏と秋だけは、いかに手をかけた音響システムといえども、山の中の我が家では精彩を欠く。『自然界の音響』が機械を圧倒するのである。虫の声、鳥のさえずり、草木のざわめき、これらがスピーカーと競う。自然の恵む音楽はカネは要らないし、音質の方も超一級、特に秋の夜は圧巻である。大袈裟に言えば、自然の音の再発見である」（『辺境で診る 辺境から見る』石風社）

一九九三年に胃カメラの指導でペシャワールに行かせていただいた時、当時ハンセン病の診療をしていたペシャワール・ミッション病院内にあった先生の旧い住居の屋上に案内していただいた。

ミッション病院はペシャワールの旧市街にある一九一四年に開院された歴史ある病院である。病院内には一六世紀後半、インドのムガール朝の全盛期に建てられたアグラにあるタージ・マハール廟と同時期に建てられたイスラム教のモスクを思わせるドームが建っている。名をサイード・カーン廟といい、この地の太守の墓として建てられたものだ。

先生は、旧い住居の屋上に肘掛け椅子を二脚持って上がり、私に座るように勧めた。前庭に大きな菩提樹があり、多くの小鳥たちが群がっていた。先生は天を仰いで小鳥たちのさえずりを幸せそうに聞いていた。この菩提樹に関する描写が先生の著書にある。

「私の旧い住居は空き家になって荒れていたが、前庭の大きな菩提樹に小鳥たちが群がり、さわやかな春風の中でさえずりはしゃいでいた。荒れた庭の芝生には、大きいタンポポの黄色い花が、鮮やかに陽を浴びてちりばめられていた。かつて、ここで私の子供たちも駆け回り、成長したのだ。自然は十五年前と少しも変わっていなかった」(『医は国境を越えて』石風社)

消えるライター

先生は、日本でのハンセン病患者の再建手術はほとんど終了していたため、韓国に行って再建手術の技術を学ばれた。愛煙家の先生が韓国に行って、最初に覚えた韓国語は「タンベ　チュセヨ」だったことは前にも書いた。「タバコ頂戴」という意味である。

ハンセン病多発地帯であるパキスタン北部のラシュト村の医療キャンプの帰り、中村先生の乗っていた馬が突然暴れだし、先生はアブミに足が絡まったまま落馬したことがあった。転落して死にそうになった時でも吸っていた煙草とカセットテープを大事そうに抱えて離さなかったという逸話がある。その時、JAMS職員が笑いをこらえて歌ったのである。

「わが勇敢なる司令官殿は、
死ぬ目に遭っても煙草を手から離さない
片手に煙草、片手に音楽、
死すとも変わらぬこの勇姿」

（『医は国境を越えて』　石風社）

その際、先生が聞いていたのはモーツァルトのピアノ曲「トルコ行進曲」だった。

前述したが、私が赴任した当時、維持費削減のためにJAMSとPLS（ペシャワール・レプロシー・サービス）を統合するために、中村先生とJAMSのシャワリ院長が先生の部屋でよく長話をしていた。時には三時間以上も話し込むこともあった。先生はシャワリ先生を説得するためにシャワリ先生の話を辛抱強く聞いていた。私も時折、英語の勉強を兼ねて横で話を聞いていた。

シャワリ先生は大学時代、フランス語で医学教育を受けていたので中村先生と出会った頃は英語を話せなかったのだが、短期間で英語を習得された。文法無視の大げさなジェスチャーを交えた自己流英語が時にはコミカルに巨漢から発せられるのだが、何となく言っていることが分かった。

中村先生に「日本人は文法を気にして、人前で間違った英語をあまり話そうとしないことを批判されていますが、自己流英語であれだけ表現するのはすごいですね」と言うと、「シャワリ先生はいつまでたっても〝You was……〟と言いますね。文法無視の英語で詩的な表現を交えて話をするので理解するのに時間がかかります（アフガン人は詩を愛する人が多い。アフガンの詩人「ルーミー」は世界的に有名な詩人）」と語っていた。

先生の部屋には、日本から持ってきた井草畳シーツが敷いてあった。シャワリ先生と話すときには、井草畳シーツの上に置いた丸いちゃぶ台（先生が、ペシャワールの家具屋さんに特注した）の周りにあぐらをかいて座る。

ちゃぶ台の真ん中に灰皿が置いてあり、その周囲にそれぞれのライターと煙草（先生は日本から持参したピースでシャワリ先生と私は現地で購入した偽物のセブンスター）を置いていた。話が始まると、灰皿の中がすぐに吸い殻でいっぱいになった。

先生は話に夢中になると無意識に他人のライターを手に取り、しばらく両手でくるくると回して自分の上着のポケットの中に入れる癖があった。

真剣に話しているときに、「先生、私のライターです」と言うことには躊躇するので、先生のポケットに入ったままになる。その後、先生は上着ポケットの中におさまったライターを無意識に部屋の机の一番上の引き出しに入れる癖があった。シャワリ先生は、冗談交じりに「ドクター中村はライター泥棒だ」と言っていた。

ある時、机の引き出しの中にライターがたくさんあるのに気付き、「どうしてライターがこんなにたくさんあると？」と先生はおっしゃるのであった。

質素な食事

一九九三年、胃カメラの指導でペシャワールに滞在していた頃、中村先生と一緒に夕食を摂ることがあったのだが、食事は病院で出される患者さんと同じ給食で、ナンとスープだった。スープはひよこ豆やムング豆などの豆スープが基本で、週に一度牛肉のスープが出た。意外に美味しかったのだが、さすがに毎日食べると飽きてくる。このため近くの雑貨屋さんでマンゴー・ニンジン・ライムなどが入ったパキスタン製のピクルス（漬物）を購入し、食事に添えて違った味を楽しんでいた。

当時、パキスタンのハラッパー（モヘンジョダロと並ぶインダス文明の都市）で、インダス文明の遺跡を保護するために、長期パキスタンに滞在していた京都大学の先生が、夕食時に先生を訪ねてきた。病院の給食を食べていた我々に、「先生は、毎日このような質素な食事をしておられるのですか」と驚かれた。

内視鏡を指導していたＪＡＭＳのシャワリ先生が、奥さんの作った長粒米を羊肉、羊脂、玉ねぎをトマトと炊き込んだ「パロウ」という米料理を持ってきてくれたことがあった。驚いたことに、シャワリ先生はこの米料理をナンで巻いて食べていた。アフガニスタンではコメは高価でナンのおかずだった。

中村先生は音楽や昆虫などの趣味と違って私が知る限り、食にはあまり興味がなかった。先生の娘さんが「先生はカツカレーが好きだった」と言っていたのは意外だった。先生が研修医の頃、かつ丼ばかり食べていたという話を先生の友人から聞いたこともある。

「十年以上も脂っこい現地食を食べていると動脈硬化が進んだのか、最近物忘れが多くなってきてね、そろそろ体に気をつけんとね」と語ることもあった。

病院の給食に飽きると、先生は日本から持ってきた米を水で研がずに鍋に入れ、無造作に水を加えてキャンプで使うコンロで炊いていた。そのパサパサしたご飯をラーメンの中に放り込んで、「ラーメンライスは旨か、旨か」とつぶやいていた。「小林先生もいかがですか」と言ってくださるので頂いたが、研がずに炊いたコメはぱさぱさである。先生は、米を洗うと重要な栄養素が流れると仰っていた。

その後も米を炊くたびに「貴重な『日本米』ですぞ。小林先生もいかがですか」と何度も言って下さり、「この前もいらないと言ったはずなのに」と心の中でつぶやきながら、毎回丁重にお断りしていた。

私の姓名は「小林晃（アキラ）」である。先生は、私に用事を言いつけるために私の机にメモを残していくことがあったのだが、その時に「小林旭先生……よろしく」と書かれていた。小林旭（アキラ）は、昭和の大スターである。ユーモアで書いているのかなとも思ったものだ。一緒に食事をとっている時に、「先生、『旭』ではなく『晃』です」と何度か言ったのだが、その後もしばらく「旭」が続いた。いまだに本当に忘れていたのかユーモアだったのかわからない。はっきりしているのは、中村先生は、昭和の大スター「ギターを持った渡り鳥」のことをご存じだったことである。

いつも多くの問題を抱えていた先生は都合が悪くなると「そんなことあったと？　忘れとった」と驚いたような、気まずいような顔をしてとぼけることがあった。現在ＰＭＳ支援室長の藤田さんは、「先生は、物忘れと勘違いが激しい。同じことを何度も何度も話す」と語っていた。

この米や「小林旭」のことのように本当に忘れていたのか、その場を切り抜けるために忘れていたふりをしていたのかわからないことがよくあった。

そのことについて、先生は次のように述べている。

「一般的に言えば、パキスタンとアフガニスタン、パシュトゥンとカブール出身者、パシュトゥン人とパンジャーブ人、キリスト教徒とイスラム教徒、外国人勢力と地元勢力、これらの範疇は二重、三重に重なって、機に応じ、所に応じ、人々は結束と対立をくりかえす。

私はといえば、何も知らぬ異国の人、『お人よしだが忘れっぽい日本人』を押し通し、常に超然とこれらの範疇を無視して行動できる有利さがあった。対立の狭間にあって窮すると、時には意図的に、とぼけておれば大抵の事態は切り抜けられた。であればこそ、私の存在は、相対立する各々の集団と個人をつなぐ絆として、大いに意味があった。また逆に、一種の緩衝地帯として、私を介して譲歩と協力も成り立ち得たのである。私としては、自分が愚鈍でもの忘れのひどい人間であることは百も承知しているが、これが現地でこんなに人様の役に立つとは思いもかけなかった。全く『バカとハサミは使いよう』なのである。もっと格調高く修飾すれば——我は土の器なれど、これを用いるは天なり。これは真実である」（『医は国境を越えて』石風社）

「我は土の器なれど、これを用いるは天なり」という一節を調べてみた。クリスチャンである中村先生が、「コリント人への手紙」第二 4章「土の器にある宝」から引用された新約聖書のメッセージのようである。

私たちから見ればレオナルド・ダ・ビンチのような先生が、自分のことを「もろく、欠けた土の器」と謙虚に受け止め、大きなことを成し遂げられた。

私は、文字通り「弱さや欠けだらけの土の器」である。小さなことでもいいので、私にしかできないことを探して、少しずつ続けてやっていこうと思った。

私が現地で好んだチキン・カライというペシャワールの名物料理がある。鶏肉をニンニク、ショウガ、たっぷりのギー（水牛・牛・羊・山羊などの乳から作ったバターを溶かし脂肪分を集めたもの）で炒めて、トマトと香辛料を入れるだけのシンプルな料理である。

カライというのは、現地の言葉で小さめの（中華鍋に似た形の）鍋の一種のことで、料理が辛いのでカライと呼ばれるのではない。この鍋のまま食べるので、日本の鍋料理のようにカライと呼ばれる。アフガニスタン・パキスタン・北インドで人気のある料理だ。ペシャワールから東に向かい、インダス川を越えると、カライは唐辛子が効いて辛くなるが、アフガニスタンやパキスタンでは唐辛子をあ

現地の食事風景

まり使用せず辛くない。

　中村先生からパキスタンの大都市ラホールで医療器具を購入する任務を与えられたことがある。途中の田舎町の食堂でチキン・カライを注文した時のことである。店主はおもむろに食堂の横で放し飼いされていた鶏を捕まえ、イスラム法の規定に則した方法で屠畜・処理した。イスラム教徒は、ハラール肉という、イスラム教で定められた屠畜・解体などの方法で厳格に処理された肉のみを食べることができる。屠畜後に料理したので大変時間がかかった。ようやく出来上がったチキン・カライの鍋を私と一緒に行ったひげ面のスタッフ四人で囲んだ。

　現地ではフォークやスプーンなどを使わず、右手で器用にナンをちぎっておかずを絡めて食べる。鍋の中は、男たちの大きな毛深い右手で大混雑となった。鶏の肉片をナンにからめてすごい勢いで食べ終わる頃、肉片が一つだけ残った。

一瞬のできごとだったが、「どうぞ、どうぞ」と、譲り合いの右手のジェスチャーが鍋の中で一斉に始まり、競争に乗り遅れた私が最後の一片を食べることになった。

現地のほとんどの食べ物は前述したギーという油でギトギトしている。現地の人に聞くと、料理をナンにつけてギーの油がしたたり落ちるぐらいのほうがご馳走と考えるそうである。毎日、「健康に良くないな」と考えながら食べていると、だんだんこの脂の魅力に取りつかれてしまう。日本のラーメンのように、「食べたい欲求を抑えられなくする」という依存リスクがあるのだ。

殺人的な暑さの中、体重が減るのではないかと思われるが、そんなことはない。暑い時期にこれぐらいの脂っこいものをガツガツ食べないと元気が出ないと勝手に解釈し、その結果、体重が五キロ近く増えてでっ腹になったのである。

同時期のワーカーである会計担当の藤井さんは多忙な中、現地の屋台で外食するのが「唯一の気晴らしです」と語っていたが、脂っこい食事や殺人的な甘さのパキスタン菓子を食べて日に日に体が丸くなった。赴任して以来十キロ近く体重が増えてしまいズボンのファスナーは途中までしか閉まらなくなり、上からベルトを締めていた。

余談だが、先生と違って食べるのが好きな私が「これまでの人生で一番おいしかった食べ物って、何ですか」と聞かれれば、南インドのベジタリアン定食「ミールス」と答える。

テーブルにつくと大きいバナナの葉っぱがテーブルの上に置かれ、そこにチャパティやご飯（インド米）、各種カレー類、ピックル（インドの漬物）が次々と盛り付けられていく。ご飯の上にサンバル（豆と野菜のカレー）というシャバッとしたカレーをぶっかけてくれる。

ご飯をいろんな種類のカレーと右手で混ぜて食べる。南インドでは指先だけでなく手のひらも使って、ぐちゃぐちゃ混ぜて食べる人もいる。葉っぱの上の料理が少なくなってくると、目を光らせている給仕がすかさずお代わりを強制的に継ぎ足していく。

「喧噪と混沌」の中で、インド人をまねて泥遊びのように右手で食べていると、幸せを感じる。翌朝トイレに行くと、ベジタリアン料理で食物繊維たっぷりのためか、切れのいい大きな便が排泄される。「排泄は大切」とつぶやきながら幸せな気持ちになるのだ。

三無主義

ペシャワール会には理念や方針は特にない。会報表紙に「中村哲医師のパキスタンでの医療活動を支援する目的で結成されました」とあるのみで、殊更な理念は掲げていない。

ただ中村先生は、幾らかのユーモアを込めて、あえて言えば「無思想・無節操・無駄」の三無主義であると記している。

第一の「無思想」とは、特別な考え方や立場、思想信条、理論に囚われないことである。

「特別な考え方や立場、思想信条、理論に囚われない」とはどういうことか。

「その人が置かれている宗教的背景、時代背景、政治的背景、経済状況などを考慮に入れず、自分の思想信条、信念がどんな時と場合でも誤りなきものと考え、他人の思想（ある種のイデオロギー）を表面的に受け取り、それを金科玉条のごとく振り回す輩に対する批判から考えられた理念ではないか」と、私は考えた。

世界中の超大国は、「自由と民主主義」「女性の人権」「教育問題」などの思想信条に囚われ、瀕死の小国（アフガニスタン）に対して、経済制裁、報復爆撃をした。その結果、「累々たる罪なき人々の屍の山が築かれた」（中村哲）という現実がある。

先生は、「人間の観念や思想が感性を伴って動き出すとき、いかに恐るべき威力を発揮するか、アフガン戦争を目の当たりに思い知らされていた」（『ダラエ・ヌールへの道』石風社）とも述べている。

ペシャワール会の応援もしてくださっている、中学の頃からの友人の奥博司さん（西南学院大学法学部教授）は、このことについて私と話していた時に、次のように法学者の観点から語っており、なるほどと思った。

「批判されるべきは、不十分な思索の結果、不備のある思想を正しいものと誤解して、それを振り回すことだと思います。誰であれ、全智全能の存在ではありませんから間違えているかもしれず、従って、徹底的に深く考察すると同時に、自分の考えが誤っている可能性を認識し、反省する姿勢を保つことが重要なのだと思っています。これこそが、本当に求められている『謙虚さ』と理解しています。この謙虚さを忘れてしまう『信念』なるものは否定されるべきで、中村先生のご指摘も、たぶん、そのような意味だと思います」と語っていた。

先生は、主義・理念・思想・正義について次のように述べている。

「思い上がりでなければ、私は常に『ローマ人にはローマ人のように、ギリシャ人にはギリシャ人のようになった』。私にとっては、ただ現地事業が人間の良心で支えられ、あらゆる人々の慰めとなり、大切なものが失われなければそれでよかった。ただ良心的事業を以って語らせよ。人の思想の限界とそれに執着する事の空しさは、まさに『アフガニスタンの悲劇』を目の当たりにして得た実感でもあった。

我々はパキスタンの人々の文化や生活を尊重し、その苦悩と共に歩む姿勢を哲学として崩さなかった、と私自身は、『主義や理念などという代物は、人間の手になる仮そめの物だという自省を保持せねば腐敗する』と信じている」（『ダラエ・ヌールへの道』　石風社）

「正義・不正義とは明確な二分法で分けられるものではない。敢えて『変わらぬ大義』と呼べるものがあるとすれば、それは弱いものを助け、命を尊重することである」（『医者、用水路を拓く』石風社）

「無節操」と「無駄」については『辺境で診る　辺境から見る』（石風社）に詳しいので、そちらに譲る。「無節操」とは、「誰からでも募金をとることで」あり、「無駄」とは、「経済性から見れば見返りのないムダ」であっても、共に分かちあうことである。「無節操」については、高僧とも思える街角の乞食との宗教問答の末に、募金を得たエピソードを記している。

人と自然との和解

中村先生は、「『無限に消費、生産を繰り返す世界。株価を高くして、お金の価値を左右することだけで成り立つような社会』は、終わりにしなければならない」と次のように語っていた。

「世界がこのまま続く道理がない。地球環境問題と開発＝経済成長とは、絶対に両立せぬ矛と盾である。人類が農村と食糧を捨て、都市化が無限大に進むことはあり得ない。カネがカネを生む馬鹿げたバブル経済のフィクションは、資本の発生する貨幣経済に宿命的である。資本は『市場』という妖怪に振り回され、需要に見合う健全な生産―供給体系が崩壊する」（『医は国境を越えて』 石風社）

私がペシャワールに行くことに対して「世界の人口爆発の問題点」を長々と述べて、「無意味であるどころか害を及ぼす」と物知り顔で語る人がいた。

私は反論したかったのだが、ことばがみつからなかった。

中村先生はこのことに関して次のように述べている。

「一人当たりのエネルギー消費量は、日本や欧米諸国に比べると、ヌーリスタンでは数万分の一、数十万分の一に過ぎない。世界を破滅に導くのが、人口爆発そのものよりも、それによって来る消費と自然破壊だとすれば、極度に質素な生活形態を守り続ける山岳住民数万人の命は、先進国の住民一人分の害も及ぼさないということになる。

ある時私は、日本でこの環境・人口問題を問われて、『発展途上国の人口をとやかく言ったり、熱帯雨林の問題を割りばしの使用云々に矮小化するよりも、日本や先進諸国民の半分でも地球上から消えてもらったほうが手っ取り早い』と述べ、冗談の分からぬ聴衆からひんしゅくを買った事がある。確かに冗談が少々過ぎるが、これは本当である。私の真意は、目先の『国際協力』という前に、我々が『進歩発展』として無条件に称賛し、それに立脚する生活を普遍的な人間の福祉とする考えを、もう一度真剣に問い直すことを説きたかったのである。極論すれば、先進国の国民や途上国の有産階級が『近代的生活』を営むこと自体が、破局への死の行進なのである。

我々が僅か数万名の山岳住民の生命を救ったとて、それが地球環境で何だというのだ。そんな紙上の議論よりも、極貧の中に豊かさを、異質なものに共通な人間を、発見し、ささやかに分かち合うことの方が、どれだけ意味があるか計り知れない」（『ダラエ・ヌールへの道』石風社）

アフガニスタンは一人当たり、米国の七十分の一、日本の四十分の一の二酸化炭素しか排出していない最貧国である。その国が地球温暖化の影響を強く受けて干ばつが拡がって飢饉が生じている。パキスタンでは、二〇二二年六月以降続いてきた豪雨により、国土の三分の一が水没する深刻な洪水被害が起きた。パキスタン政府は気候変動による被害とし、「パキスタンは温室効果ガスの世界の排出量の一％未満しか排出していない。このような被害に見舞われているのは不平等である」と訴えている。

Our world in Data　https://ourworldindata.org/（二〇二二年九月二十一日）

中村先生は、用水路建設を始めたころより、「人と自然の和解」という言葉を講演などで使われるようになった。

日本電波ニュース社の谷津賢二さんは、「人と自然の和解」について次のように述べている。

「中村先生は著書や会報、そして講演会で『人と自然の和解』という言葉を繰り返し述べている。私はその言葉を目にし、耳にするたびに少し違和感を覚えていました。『人と自然が共存する』のではなく『人が自然を守る』でもなく『人と自然が和解する』。

和解という言葉を私がうまく理解できていなかったのです。二〇一九年四月のアフガニスタンでの取材時にようやく中村先生に次のような質問をしました。

『なぜ和解という言葉を使ったのでしょうか』。そして先生の答えはこうでした。

『私は自然にも人格があると考えています。だから人格を持つ人間と自然が和解する、と表現しているのです』

その答えは私が考えてもみなかったものでした。『自然に人格がある』という発想にショックを受けたのです。その後も続いた先生との対話から、その真意をこう理解しました。

『自然を物言わぬものと理解してしまうと、人間が欲望のままに自然から恵みを奪ってしまう。しかし、自然に人格があると思えば対話が成立し、いたわる気持ちも持てる。人は自然と対話しながら、分をわきまえた恵みを受け取る事でしか、私たちの未来は成立しないのではないか』

この言説は、私は中村先生の思索の頂点の一つだろうと思っています。そして、この思索を用水路建設という厳しい実践の中で得たものだろうと思うのです。

アフガンでの用水路建設の要となった『斜め堰』が持つ思想性を中村先生が読み解いた物とも言えるでしょう。『斜め堰』は自然から必要な水量だけ、つまり必要な恵みだけを得て、残りの水は本流に返す構造になっています。必要な恵みだけを受け取るという、私たちの祖先が持っていた技術が体現する自然観を中村先生は技術と思索を丸ごと理解し、自身の深い思索へと沈殿させていったのでしょう。

私は中村先生が到達した『人と自然の和解』という思索にこそ、私たちが目指すべき世界の基礎になると信じています」（座談会「中村哲先生のスピリットを継承する」＝中村哲先生の志を次世代に継承する九大プロジェクト　２０２２年3月13日）

田中正造は、日本初の公害問題となった「足尾銅山鉱毒事件」の解決にむけて、生涯をかけて取り組んだことで知られる。鉱毒で荒野となった田畑と流民化する農民の困窮を訴え、叫び続けた。「地球温暖化による大旱魃というアフガニスタンの現状から国際社会に、田中正造翁と同様の叫びを発するのは時代錯誤だろうか」と先生は述べ、環境問題に取り組む上で、我々に足りないものを、次のように述べている。

「私たちは近代以前の陋習《ろうしゅう》や迷信を笑う。だが、今や明らかになりつつあるのは、近代もまた、新しい形の陋習が古い陋習に代わって、人間の精神を支配するようになっただけだということである。カネと武力の呪縛は今や組織化された怪物である。人は時代の精神的空気から自由ではない。しかし、どんな時代でも事実を見据え、時を超えて『人があるべき普遍性』を示す人々はいる。様々な意見が飛び交う中で、私たちに足りないのは、田中正造の『涙』と『気力』である」
(『医者、用水路を拓く』 石風社)

中村先生は、「これ以上の経済発展は不要である。経済成長で収入が増えても、必ずしもそれが人間の幸せに結びつかない」「このままでは地球温暖化により多くの地域が沙漠化し、必ず人類の滅亡に向かうであろう。しかし、そのような時でも生き残ることができるしぶとい人間が必ずいる」と自分に言い聞かせるように、我々にたびたび語っていた。残念ながら当時私は、「どのような人間がどのようにして生き残るのですか」とは聞かなかった。

テレビ番組で中村先生は日本がとるべき道のヒントを次のように語っている。

「我々は敗戦直後の食い物がない時期、国際援助で助かった部分はあったんでしょうが、一番の支援は日本の自然ですよ。富の源は自然だったんですね。あの頃、庭を野菜畑に変えてみんな食ってましたね。それは日本という国土がそれだけ生産力があったからです。国民を養ってきたんですね。そのことはあまり言われずに余りにも日本の自然を粗末にしていませんか、と言いたいですね。水も外国の企業が狙ってる、という話がありますね。国を守るというのであればそれを守るべきであるのに、高い金を出してロケットをそろえたりしている。そんな時代じゃないと思いますね」（関口宏の人生の金言ＴＢＳ毎週土曜ひる０時放送「関口宏の人生の詩Ⅱ」医師の中村哲さんの「人生の金言」とは？　二〇一九年六月二十九日）

二〇一七年京都での講演会で中村先生がアフガニスタンで実践されたＰＭＳ方式による用水路事業に関する講演を行った。最後に、「人間と自然、私たちはどこに向かっているのか」と書かれているスライドを示して、先生は次のように述べた。（一部要約して記載）

「今現在、『自然と折り合いながら、いかに私たちの生命を持続していくか』ということが世界中で問われています。科学技術ですべての自然現象がコントロールできるということは、私は川の仕事をずっとしていて、あり得ないと確信しました。

『軍事力が強ければ何でもできる。経済力が豊かになれば何でもできる』という錯覚を先ず世界が捨てることだと思っております。消費、生産を無限大に繰り返さないと、成り立たないという世界はあり得ない。

私たちはこの用水路事業を通して多くのことを学んできました。これを一つの環境変動、気候変動を解決する一つのモデルとして提示できるように、今後も力を尽くしたいと思います」（京都環境文化芸術フォーラム　二〇一七年二月十一日）

環境変動、気候変動を解決する一つのモデルとは何か。そのモデルとは、中村先生がアフガニスタンで試行錯誤を繰り返して完成したPMS方式と呼ばれる田畑に四季折々安定的に水を供給するための用水路や排水路などの灌漑技術である。

PMS方式は、莫大な費用がかかり修復が困難な、コンクリートをふんだんに使用する近代工法ではない。地元の人でも修復・保全が可能な日本の伝統工法を参考とした「斜め堰」「蛇篭工」「柳枝工」という江戸期に完成した工法である（『医者、用水路を拓く』石風社）。

河川から用水路に水を流すための「斜め堰」は、「すみません、少しだけ水を使わせてください」という、自然にお願いして大河川から必要な恵みだけを受け取り、田畑を潤して、再び大河川に戻すという、自然との折り合いを考えた構造になっている。

中村先生は、このPMS方式により「アフガニスタンの沙漠化した荒野を緑の沃野に変える」という奇跡を行った。さらに先生は砂漠化で困っているアフガニスタンの他の地域にもPMS方式が普及して、砂漠化した地域で農業ができるようになることを考えていた。

PMS方式が普及するようにと、先生が念願していた『PMS方式灌漑事業ガイドライン』の日本語、英語、ダリ語、パシュトゥ語版がようやく中村先生亡き後に完成した。

二〇〇二年から二〇二一年まで二十年間に国際社会はアフガニスタンへ多額の援助を行った。日本は六九億ドル（約六千九百億円）の援助、アメリカの戦費を含んだ援助額はブラウン大学によると何と二兆ドル（約二百兆円）以上である（Forbes Japan　8/17 2021）。しかし、治安は不安定で人々の暮らしはよくならなかった。アフガニスタン東部に中村先生がＰＭＳ方式の農業用水路を掘ることで、六十五万人の農民が旱魃から救われ自活できるようになり、この地域は平和を取り戻した。この事業費は、すべて一般の人のペシャワール会への募金二五〇〇万ドル（約二十五億円）である。

先生は、三十年間の現地活動を通して得た結論とメッセージを次のように語っている。

「やがて、自然から遊離するバベルの塔は倒れる。人も自然の一部である。それは人間内部にあっても生命の営みを律する厳然たる摂理であり、恵みである。科学や経済、医学や農業、あらゆる人の営みが、自然と人、人と人との和解を探る以外、我々が生き延びる道はないであろう。それがまっとうな文明だと信じている。その声は今小さくとも、やがて現在が裁かれ、大きな潮流とならざるを得ないだろう」（『天、共に在り　アフガニスタン三十年の闘い』ＮＨＫ出版）

Ⅳ　現地の疾患

1　マラリアと栄養失調

現地でよく見られる疾患と実際の医療

私が医師として活動していたペシャワールで、「頻度の高い疾患について、限られた設備と予算で実際にどのような医療をおこなっていたか」などについて報告する。

発展途上国では、多くの患者さんは、先進国のような高度な検査および治療ができない。一方、高度な医療が可能な日本で、当時熱帯熱マラリア（死亡率が高いので悪性マラリアとも呼ばれる）による死亡例が報告されていた。これらの患者の中にはマラリアの流行地で発熱し、現地の医師が信用できないため日本に帰国して悲劇となったケースもあった。近年では二〇〇六から二〇一七年に、少なくとも五名のマラリアによる死亡例が報告されている(日本医療研究開発機構、熱帯病治療薬研究班のデータによる)。

マラリアは「血液塗抹標本（ギムザ染色）による顕微鏡下でのマラリア原虫の証明」により診断するが、日本ではマラリア患者はほとんど見られない。このため、「診断技術が不慣れである」「マラリアを鑑別診断として考えない」などが原因で診断が遅れ、死亡した可能性がある。

ところが、現地の医師にかかった患者が、マラリアで死ぬことはほとんどない。発熱があれば必ず致命的な疾患である熱帯熱マラリアおよび腸チフスを最初に疑い、血液塗抹標本の顕微鏡観察でマラリア原虫が見つからなくても発熱が続けば抗マラリア薬を経験的に投与するからである。このように、現地での経験に基づいて、実際に我々が行ってきた医療について述べる。

一般の熱帯医学、寄生虫学に関する教科書には、診断のために「免疫血清学的診断法」「PCR法を用いたDNA診断」「CT検査などの画像診断」などの高度な設備を要する診断法および治療法（高度な技術を要する外科的治療など）が述べられていることがある。しかし、多くの貧しい地域ではそのような高度な検査・治療を行うのは困難である。「限られた設備でどのような医療を行っていたのか」を述べた医学書は少ないと思うので、参考にしていただければ幸いである。

中村先生は、PMS病院で行っていた医療について次のように述べている。

「過度に精密さにこだわらず、聴診、視診、触診らの五感を使った診察を重視し、最低限できる簡単な検査で診断の裏付けをとる。治療も効果にさほど差がないなら、より安くて副作用の少ない薬を選ぶ。誤診率はもちろん増えるが、先ずは悪性マラリア、腸チフス、細菌性肺炎など、致命的な病気に照準を当てて診療する。こうすると、それまで死亡していた多くの患者を救うことができる。

悪性腫瘍や難病は別として、病気の圧倒数を占める感染症に関する限り、わが病院・診療所は、決して日本式の診療に引けをとらなかった。たとえば、悪性マラリアの場合、海外渡航者が日本で発病して死亡する例は年間三名ほどだと言うが、私たちの診療施設が過去十数年間で六万名以

上を治療、死亡した例は四名のみである」(『医者、用水路を拓く』石風社)

尚、本書は、医学の教科書ではないので、詳細は成書に譲ることとし、疾患・治療に関して簡略化して述べているところがある。また治療に関しては、当時行っていた治療法を記載しているので、実際の治療を行う場合は、最新の医学書などを参照してほしい。

前述したとおり、PMS病院は、「ハンセン病と類似の身体障害を伴う疾病患者」「ペシャワールのアフガン難民」「地元の貧困層」の診療以外に、本来の目的である「ハンセン病多発地帯である山岳地域での診療」のために派遣する医療スタッフの教育を行うという目的もあった。このため、最終的には、血液生化学などの検査以外に、腹部エコー・心エコー・胃カメラ等の検査ができるように検査機器を導入して診療技術を充実した。

一方で、山岳地帯の三か所の診療所では、「血液一般(白血球数・血沈・Hb)・検尿・検便・抗酸菌塗抹検査・マラリア診断のための血液塗抹標本(ギムザ染色)検査、ギムザ染色した標本中のリーシュマニア原虫の証明検査、妊娠検査」等、限られた医療資源のみで患者さんの診療を行っていた。

中村先生は、限られた医療資源でおこなう臨床医の方針を次のように述べている。

「臨床医というものは軍隊で言えば前線の兵士のようなものです。敵が目前にいて弾丸が一発でも有る限り、こちらに少しでも打つ手の有る限り、何らかの対応を迫られます。ややこしい学問的な議論はもちろん、正統な方法論をも時には無視して、『要するに治ればよい。治らなければ、良い社会生活ができるように配慮すればよい。良い社会生活ができなければ、僅かでも慰めを得ればよい』。これが臨床医の方針です」（「ペシャワール会報」No 51　一九九七年四月十六日付）

私は日本で離島医療を行っているが、台風などで専門的治療を要する患者さんを島外に搬送できないことがある。

非常に強い台風の時、意識障害を来した中年男性が救急搬送されてきた。頭部CTで両側に血腫が見られる慢性硬膜下血腫と診断した。患者さんは手術が必要だが、外科医が不在（当時勤務していた病院では、簡単な脳外科処置は外科医が行っていた）だった。さらに台風のため島外に患者さんを搬送できなかった。

慢性硬膜下血腫の手術は、局所麻酔下に、頭蓋骨に手回しのドリルで穴をあけて硬膜を切開して血腫を吸引除去する。私は、何度か助手としてこの手術に入ったことがある。このため、執刀したことはないが、手術手技を知っていた。

内科医である私が手術をして救命できず、もし仮に医療訴訟が起これば敗訴になるかもしれない。「悪天候のため、手術はできません」と逃げることも可能だった。

しかし、救命のためには手術が必要である。専門医ではない私と同僚医師の二人で手術をしなければならないことを患者さんのご家族に説明し、承諾していただいた。大阪の脳外科専門医の先生に、電話でアドバイスをいただきながら、頭部に二ヶ所、穴をあけ、血腫を除去したのである。幸い、患者さんを救命することができた。日本の離島でも、先生の言われるように、打つ手のある限り、何らかの対応を迫られることがあるのだ。

先生は、「『異文化における医療援助』という特殊な方法論は存在しない」と、先進国での医療に携わる者であっても、同様に求められるものを次のように述べている。

「医療とは、マニュアルの実行ではない。機に臨み、変に応じて、相手のわかる言葉で語り、患者が納得して実行できることを指示するのでなければならない。その機微が大切なのである。

（中略）

『個々人の置かれた事情』を酌み、その中で患者周囲も含めて最良のものを用意すること、これが臨床医学である。

実は、『異文化における医療援助』という特殊な方法論は存在しない。人間とは関係である。関係とは自然と他者から受ける有形無形の制約であり、この制約の中の選択が『自由』である。制約とは、個々人が置かれた時間と空間、生まれつきの身体的性質、容貌、性格、社会的関係、時代、民族、居住環境、貧富―要するに個々の人間を規定する大小の定め、そして時にダイナミックに変化もする状況の一切である。その多くは人為的に変えようがないものが多い。この『制約』において、その病人にとって何が最善かを問うことである。これが、『癒す』行為の普遍的基礎である。（『辺境で診る 辺境から見る』石風社）

離島医療において、患者を島外に搬送すべきどうか迷うことがある。「『ガイドライン・マニュアルでは、この患者は、……という治療が必要である』。従って専門医による島外での治療が必要です。島外に搬送しないと、仮に訴訟になると負けます」と島外からの応援医師が述べることがある。患者の親類が転医先の病院近くにいる場合や、経済的に余裕がある場合は問題ない。しかし、「経済的余裕がない」「島内にしか親類がいない」「一人暮らしで高齢である」などの場合、どうすべきか悩むことがある。中村先生の言われるように、「マニュアルの実行」ではなく、制約された個々の状況を読み取り、最善の実行を、患者さん、患者さんのご家族と共に、考えなければならないことがあるのである。

原因不明の長引く発熱患者

現地では多くの患者さんが「長引く発熱」を訴え、PMS病院に来院した。感冒・感染性腸炎・尿路感染症のような日本でよく見られる発熱患者はほとんど来ない。「感冒・感染性腸炎であれば数日で治癒することが多い」「パキスタンを含む発展途上国の多くでは、医師の処方箋なしで抗菌薬や抗マラリア薬などを薬局で容易に手に入れる（一部の薬は非常に安価）ことができる」などが要因として考えられる。

同僚医師が、「パキスタンでは抗菌薬がお菓子のように売られている」と語っていたように、発展途上国では、「不適切な抗菌薬の過剰使用による腸チフス菌などの耐性菌の増加」が問題となっている。

多剤耐性腸チフス菌とは、従来の治療薬として用いられてきた抗菌薬（クロラムフェニコール・アンピシリン・ST合剤など）への耐性を獲得した菌株である。同僚によると、ペシャワールでも腸チフス菌のほとんどが多剤耐性腸チフス菌であると聞いた。一方で、アフガニスタンの東部山岳地帯に派遣された医師が、「腸チフスが疑われる患者にクロラムフェニコールを投与すると多くの患者で有効であった」と語っていた。

臨床症状・身体所見・胸部レントゲン検査・喀痰の抗酸菌塗抹検査などで肺炎・肺結核・腸炎・尿路感染症などの発熱患者は比較的容易に診断できる。一方で、非特異的症状（頭痛、関節痛、筋肉痛など）のみを訴える発熱患者は、診断に難渋した。

日本など先進国では原因不明の発熱疾患として、最初に感染症を考え、その後、非感染性炎症性疾患（膠原病や血管炎症候群など）・悪性腫瘍などを鑑別診断として考える。

熱帯地域からの海外渡航後の原因不明の発熱患者の原因としてマラリア・腸チフス・デング熱が頻度の高い疾患であるという報告がある。

現地の同僚医師によると、原因不明の発熱性疾患の原因としてペシャワールでは、「マラリア」「安価な抗菌薬が有効でない多剤耐性腸チフス菌による腸チフス」が頻度の高い疾患であり、次に「肺外結核」であるということを教わった。私がタイの熱帯医学校に留学した時に、ソマリアから来た留学生がいた。彼によると、「ソマリアでも同様である」と語っていた。肺外結核とは「肺あるいは気管支以外の臓器を主要罹患臓器とする結核症および粟粒結核」のことである。前述したように、現地のような熱帯地域では、発熱患者をみれば先ずは、熱帯熱マラリア、腸チフス、細菌性肺炎など致命的な感染性疾患に照準を当てて診療することが重要である。

参考文献

1　Feder HM Jr, et al.: Fever in returning travelers: a case-based approach. Am Fam Physician, 88(8):524-30,2013

腸チフス

腸チフスは *Salmonella enterica serovar Typhi* による感染症で、放置しておくと致命的な全身性感染症を引き起こす。発展途上国を中心に年間九〇〇万人が罹患し、十一万人が死亡していると推定されている（2019年推定）。

病初期にはインフルエンザのような悪寒を伴った発熱・頭痛・全身倦怠感・腹部不快感・食欲不振等を訴えるが、疾患特異的な症状はなく、身体所見も乏しいため診断が遅れることが多い。比較的徐脈・バラ疹・脾腫は「古典的三徴」といわれているが、三主徴全てが出現する率は低くて疾患特異性に欠ける。日本語では腸チフスという病名がついているが、病初期に下痢が見られることはまれである。世界的には〝*typhoid fever*（チフス熱）〟が一般的な病名で、腸の症状よりも発熱を主たる症状とする病気の一つと認識されている。

ペシャワールでは熱帯病の発熱疾患であるデング熱・内臓リーシュマニア症などの患者は、稀にしか見られなかった。ブルセラ症・リケッチア感染症・レプトスピラ症を疑う熱帯・亜熱帯地域に多い発熱疾患の患者も、これらの疾患が薬局で処方される非常に安価なテトラサイクリン系抗生物質（オキシテトラサイクリン）が有効であるためか、同様に稀にしか経験しなかった。

ちなみに中村先生は、「以前、原因不明の黄疸を認め、レプトスピラ症の重症型『ワイル病』を疑い治療し、軽快したことがある」とワイル病に罹患した可能性を語っていた。

引用　WHOホームページ

World Health Organization (WHO): Immunization, Vaccines and Biologicals. Vaccines and diseases. Typhoid, https://www.who.int/teams/immunization-vaccines-and-biologicals/diseases/typhoid（最終アクセス：2023年9月13日）

参考文献

1　Parry CM, et al.: Typhoid fever. N Engl J Med, 347: 1770–1782, 2002.

マラリア

マラリアは四十度を超えるような高熱を発することがあるが、診断の決め手となるような特異的な症状はない。現地では、熱帯熱マラリア・三日熱マラリアのみで、四日熱マラリア・卵型マラリアは報告されていない。三日熱マラリアは四十八時間毎に発熱のピークを迎えるのが特徴だが、初期には周期的ではない。熱帯熱マラリアは重症化しやすく（とくに免疫のないヒトが感染した場合）、臨床症状が典型的でなく、死亡率も他のマラリアに対してはるかに高い疾患のため特に注意が必要である。WHOによると、二〇二〇年における世界のマラリア患者数は二億四千百万人で、死亡者数は六二・七万人と推定され、マラリアはエイズ、結核と並ぶ世界三大感染症である。第二次世界大戦の東南アジア戦線ではジャングルに長期滞在する兵士が多かったためマラリア患者が続出。ルソン島で五万人以上、インパール作戦では四万人、ガダルカナルでは一万五千人の日本兵がマラリアで死亡した。最も無謀な作戦といわれた「インパール作戦」。飢えや戦傷で衰弱した日本兵は、マラリアに感染する者が続出し、作戦続行が困難となった。飢えやマラリアなどの病気で消耗した兵士たちがばたばたと倒れた退却路は「白骨街道」と呼ばれた。

マラリアは血液塗抹標本（ギムザ染色）を顕微鏡で見ることで診断する。マラリア原虫の形態を見ることで、マラリアの種類がわかる。例えば、熱帯熱マラリアでは、原虫は指輪のような形をした輪状体と生殖母体のみで感染赤血球は大きくならず、輪状体は赤血球のへりに存在することが多いのが特徴である。感染赤血球が大きくなる三日熱マラリアとは容易に鑑別できる。しかし、熱帯熱マラリアは、「原虫が見つかりにくく、血液塗抹標本の顕微鏡観察をくり返さなければ発見できないことが多い」ということを念頭にいれて、注意深く顕微鏡で原虫を探す必要がある。一度の陰性でマラリアを否定することはできず、八から二十四時間ごとに三回の陰性結果を否定の判断材料の一つとする。

前述したように一九九三年、アフガニスタン東部山岳地域の診療所周辺の渓谷一帯が、熱帯熱マラリアの爆発的流行に襲われた。ＪＡＭＳは、各村々に薬・顕微鏡などの検査機器を持参して、ジープで移動診療を行った。

中村先生が同行した時の様子である。

「私たちは、検査技師二名を伴っていた。『検査』と言っても、マラリア原虫の検出と簡単な血液検査しかできない。それも一日三百名が限界で、マラリアの症状がはっきりしている者には行わず、診断に迷う発熱患者だけを対象にした。

二日目、技師のイジャーズが思わず声を上げて、私を呼んだ。

『ドクター、どれもこれも皆、新鮮なリング状です！　ほとんどが陽性です』」（『医は国境を越えて』石風社）

「リング状」というのは指輪のような形をした熱帯熱マラリア原虫の輪状体のことである。

現地では複数の「薄層血液塗抹標本」を作製し、ギムザ染色して顕微鏡観察を行っていた。私も作成したことがあるが、「薄層血液塗抹標本」は、引きガラスを使ってスライドガラス上の血液を薄くのばす技術が必要で、高度の熟練と経験が要求される。

ＪＡＭＳやＰＭＳで教育されたほとんどの検査技師は、中村先生や日本人検査技師（現地ワーカー）による厳しい指導により美しい「薄層血液塗抹標本」を作製することができた。彼らは今頃アフガニスタンのどこかで、時折中村先生を思い出しながら患者さんのために働いているであろう。

マラリアの治療薬の選択はマラリア原虫の種によって異なる。クロロキンは一九三四年にマラリアの治療薬として導入され、第二次世界大戦をきっかけに広範に使用されるようになり、一九五〇年代には画期的な抗マラリア薬として全世界に定着した。しかし、現在ではクロロキン耐性の熱帯熱マラリア原虫が世界中に蔓延している。従って、重症化していない熱帯熱マラリアには、当時、熱帯熱マラリアに対して殆ど耐性がない抗マラリア薬であるハロファントリンまたはキニーネという経口薬を使用していた。

ＰＭＳ病院の外来では、キニーネは吐き気・食欲不振・頭痛などの副作用が多いので、多くの医師は薬価の高いハロファントリンを好んで使用していた。また意識障害などを来した重症マラリアにはグルコン酸キニーネ注射薬を使用していた。

我々家族が一時帰国する際には、ハロファントリンを持参して帰国していた。帰国後日本で発熱し、熱帯熱マラリアが疑われる時に、自己責任で使用するためである。当時熱帯熱マラリアに有効なマラリア治療薬を日本で手に入れるのは困難だった。

ちなみに現在、米国疾病対策予防センター（ＣＤＣ）ではハロファントリンをマラリア治療の適応薬として承認していない。それは投薬後に死亡を含む心臓への副作用が生じた例が報告されているためである。現在推奨されているマラリア治療薬は、私が現地活動していた時代とは異なっている。ＷＨＯのマラリア治療ガイドラン（二〇二三年）では、特に重症化しやすい「合併症のない急性熱帯熱マラリア」の治療には、アルテメテル・ルメファントリン配合錠（本邦で二〇一六年十二月、製造販売承認を取得）が第一選択薬に位置づけられており、日本でも容易に手に入れることができるようになった。

三日熱マラリアは死に至るような合併症を生じることは稀で、薬剤耐性もあまり問題ない。このため、前述した安価な薬であるクロロキンを使用していた。

前述したように、一九九三年、アフガン東部山岳地域が熱帯熱マラリアの爆発的流行に襲われた。その際、熱帯熱マラリア患者は数万名と予想された。このため、予算が乏しい中で、死亡者を少しでも減らすために、熱帯熱マラリア患者に対して理想的なハロファントリン（薬価七五〇円）ではなく、吐き気程度の副作用には目をつぶり、キニーネ（薬価二二〇円）を使用した。


天然痘ワクチンの接種、すなわち種痘の普及によりその発生数は減少し、WHOは一九八〇年五月、天然痘の世界根絶宣言を行った。以降これまでに世界中で天然痘患者の発生はない。

Hopkinsは二十一世紀中に根絶可能な疾患として五つをあげている。このうち、メジナ虫症には安全な水の確保、ポリオにはワクチン接種、リンパ系フィラリア症とオンコセルカ症に対しては抗線虫薬集団投薬という撲滅戦略が確立されている。しかし、マラリアに関してはその根絶戦略はいまだに明確に確立されていない。

中村先生は、「マラリアの撲滅」に関して次のように述べている。

「いったい農業を営む限り、マラリアの予防は不可能である。『安定相』という概念が示すように、自然免疫が最も信頼するに足る。マラリア撲滅の過去の教訓は、人間と自然との共存であった。媒介昆虫の『撲滅』は、よほど人工的な環境を作らねば達成できない。また、完全な『コントロール』が達成された地域は、自然免疫の消失によって、後の再流行時におびただしい犠牲者を出す『不安定相』に転じた。

『病原体との共存』と述べるのは、いささか語弊がある。しかし、公衆衛生学においても、我々は『科学的な論理』という名の下に、オール・オア・ナッシングの強迫的な完全性に捕らわれてきたと言えないだろうか。我々の結論はもっと単純である。犠牲者を減らすのは、強迫的な『根絶モデル』よりも、発病時に治療できる診療施設があること、継続的かつタイミングのよい治療フィールドワークである。人間は自然の一部であるという事実から逃れることができない。感染は適当に起きて、自然免疫を維持していた方がよい」（「ペシャワール会報」No 43　一九九五年四月十九日付）

二〇一九年十二月、中国の武漢市で第一例目の新型コロナウイルス感染症（COVID-19）が報告されてから四年以上経過した。中国では、従来株やデルタ株よりも低い病原性を示すオミクロン株出現後も、「ゼロコロナ」政策という、オール・オア・ナッシングの強迫的な完全性に二〇二二年十二月上旬まで捕らわれていた。

マラリアの場合、治療法が確立されているので、地域によっては、中村先生の言われるように「感染は適当に起きて、マラリアに対する免疫（premunition：感染免疫）を維持していた方がよい」と考えられるかもしれない。しかし、「新型コロナウイルス感染症の治療法」と言えるものが、インフルエンザ感染症、マラリアのように確立されたとは言えない。このため、政府の感染症の専門家と称する人が、同様のことを言うと袋叩きにあうかもしれない。

新型コロナウイルスによる影響が長引く中で、Withコロナ（コロナウイルスとの共生・共存）という言葉も聞かれるようになり、中村先生の言われるように「発病時に治療できる診療施設があること」を最重要課題として新型コロナウイルス対策を考える意見もあった。中村先生が生きていればどのような意見を述べられたであろうか。

参考文献

1 吉田幸雄：マラリア『図説人体寄生虫学（第10版）』南山堂, 2021

2 Hopkins, D.R.：Disease eradication. N. Engl. J. Med. 2013, 368, 54–63.

3 World Health Organization: World malaria report 2021

https://www.who.int/publications/i/item/9789240040496 （２０２２年5月1日）

爆弾治療

現地では、原因不明の発熱患者は、最初に、死亡率の高い熱帯熱マラリアを否定する必要がある。このため、血液塗抹標本（ギムザ染色）の顕微鏡観察でマラリア原虫を認めるかどうかの検査をする。前述したように、三日熱マラリア原虫を認めれば、クロロキン、熱帯熱マラリア原虫を認めれば、ハロファントリンまたはキニーネを投与していた。

それでは、「血液塗抹標本の顕微鏡観察でマラリア原虫を認めない原因不明の発熱患者」に対して現地の医師はどうしていたのだろうか？

日本のような先進国では、「免疫血清学的診断法」「血液培養」「CT検査などの画像診断」などの高度な診断技術をふんだんに投入して診断に導く。当然ながら、現地ではそのような診断機器はない。

私が赴任して間もない頃、現地の同僚医師は、発熱患者の血液塗抹標本の顕微鏡観察でマラリア原虫を認めなくても、抗マラリア薬であるハロファントリンと腸チフスに対して耐性菌の少ないニューキノロン系の抗菌薬（オフロキサシン）を同時に投与する、いわゆる「エンピリック治療（経験的治療）」を当然のように行っていた。彼らは、この治療を「爆弾治療」と呼んでいた。「エンピリック治療」とは、治療者が、医学的に厳密な根拠というよりは自分の経験を基準にして治療を行うことである。その結果、多くの患者が軽快した。

マラリアは血液塗抹標本の顕微鏡観察でマラリア原虫を認めなくてもマラリアは否定できない。「検査技師が熟練していない」「病初期のために原虫数が少ない」「原虫が治療で破壊されている」などのケースもあるからである。特に熱帯熱マラリアは、前述したように原虫が見つかりにくく、血液塗抹標本の顕微鏡観察をくり返さなければ発見できないことがあるのだ。

熱帯熱マラリアと腸チフスは重症化しやすく、死亡率も高い疾患であるため、現地の多くの医師およびマラリアの血液塗抹標本の顕微鏡観察ができない開業医も、このようなエンピリック治療を当然のように行っていると聞いた。

患者の救命が最優先であるので、日本においてマラリアで亡くなっている患者がいることを考えると、これらの治療は仕方がないといえるかもしれぬ。しかし、前述した抗マラリア薬（ハロファントリン）および抗菌薬（オフロキサシン）などの薬価は非常に高く、ペシャワール会では薬剤費の高騰が問題となっていた。

さらに、「不適切な抗菌薬および抗マラリア薬などの過剰投与による副作用および薬剤耐性の発生」という問題もあり、改善策を考えていた。

ちなみに現在では、当時（二十年以上前）有効であったオフロキサシンを含むニューキノロン系抗菌薬に対して低感受性あるいは耐性の腸チフス菌株が増加している。このため、日本における腸チフス患者の治療は、渡航地域（渡航地域によって耐性菌の種類が異なる）に応じて、セフトリアキソン、アジスロマイシンまたはレボフロキサシンで治療を開始し、「検出された病原体の感受性結果に応じて必要あれば再発率の低い治療薬に変更する」という方針が推奨されている。

腹部超音波検査を用いた腸チフスの早期診断

腸チフスに簡便な確定検査法がないことが、腸チフスの「疾病負荷」を引き上げていると言われている。「疾病負荷」とは、経済的コスト・死亡率・疾病率で計算される特定の健康問題の指標のことである。

確定診断は培養による腸チフス菌の検出だ。血液培養が広く用いられているが、感度は四〇から六〇％と低く、結果が出るまでに少なくとも三日以上を要して費用もかかる。さらに、発展途上国の通常の医療施設では、培養検査ができないのが現状である。

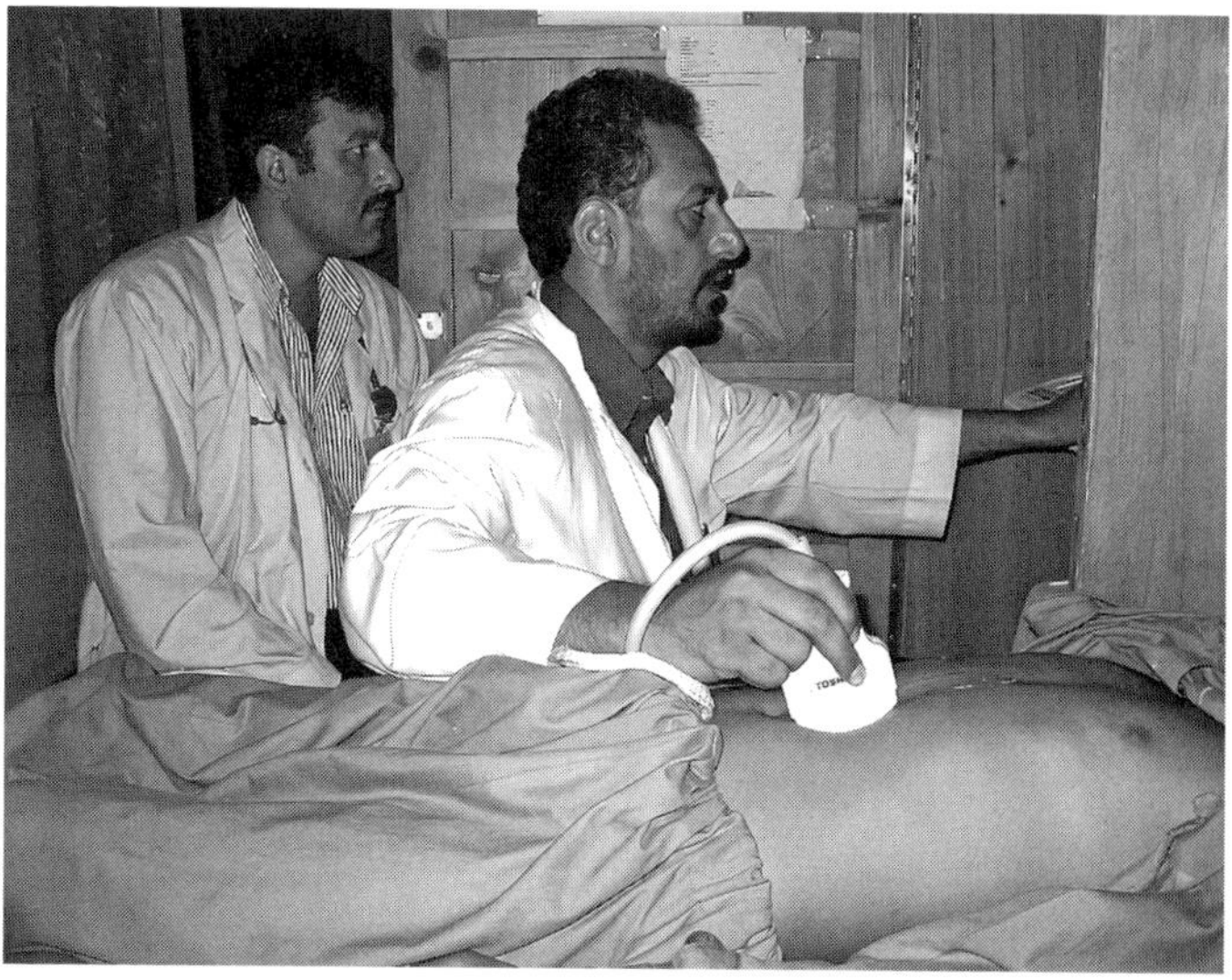

腹部超音波検査　PMS病院

ＰＭＳ病院で腹部エコーができるようになったので、「腹部エコーが腸チフスの診断を補助するのに役立たないか」を考えた。私が研修医の頃、消化管は内腔に空気が存在するため、腹部エコーで消化管を描出するのは困難であると言われていた（現在では消化管エコーは広く行われている）。このため、消化管病変を超音波検査の対象とする施設は非常に稀であった。しかし、私がその当時勤務していた岸和田徳洲会病院では「消化管エコー」に関する多数の学会報告を積極的に行っていた。このため私は、サルモネラ・キャンピロバクター・エルシニアなどの細菌性腸炎では腹部エコーで腸管壁の肥厚を認め、一部に腸間膜リンパ節が腫大することを知っていた。

腸チフス菌の病態生理の概要を説明すると、経口摂取され胃酸による殺菌を逃れた腸チフス菌は、小腸末端のパイエル板Ｍ細胞から腸

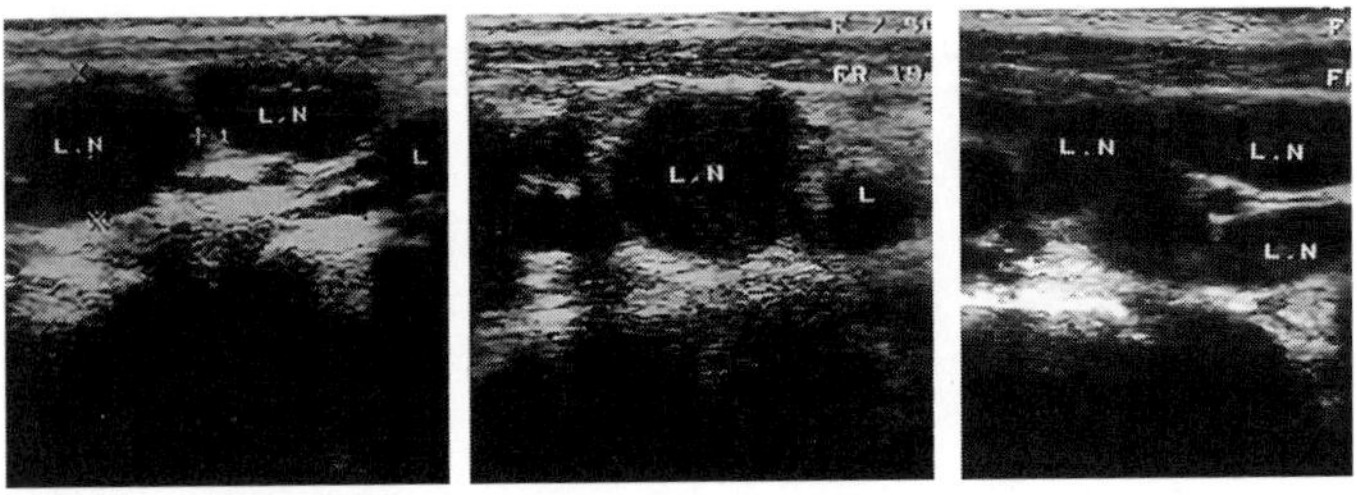

腸間膜リンパ節の腫大

管壁に侵入する。非チフス性サルモネラ属菌が腸管侵入時に腸炎を惹起するのに対して腸チフス菌は腸炎を起さないのが特徴である。

腸チフス菌は、その後マクロファージに貪食されるが、マクロファージ殺菌機構から逃れ細胞内に寄生する。細胞内寄生した菌はその後、腸間膜リンパ節に運ばれて増殖を続け、全身の細網内皮系器官に播種する。約七日から十四日の潜伏期の間に菌は肝臓・脾臓・骨髄などで増殖し、リンパ管を介して血液中に侵入し、菌血症を引き起こし、この時点で初期症状を示す。

このような腸チフスの発病機序から腸チフス患者の腹部エコー所見は病初期には腸管には変化が少ないが、腸間膜リンパ節に変化が見られるのではないかと推測した。

一九九八年当時、腸チフスの腹部エコー所見に関する論文が報告されていないかを検索した。症例報告の一報のみで、「腸チフスの腹部エコー像は、キャンピロバクター等の細菌性腸炎と同様に腸間膜リンパ節の腫大と腸管壁の肥厚が見られる」と報告されていた。

そこで、血液塗抹標本（ギムザ染色）の顕微鏡観察でマラリア原虫を認めない腸チフスを疑う発熱患者に腹部エコーをすると、腸管壁の肥厚は著明でないが、腸間膜リンパ節の腫大を認める例があった。そのような場合は腸チフスを疑い、抗菌薬（オフロキサシン）を投与した。それ以外の腸間膜リンパ節の腫大を認めない患者で、肺外結核やその他の発熱疾患を疑う所見のない場合には「技術的な問題や原虫の数が少ないことなどにより血液塗抹標本の顕微鏡検査でマラリア原虫を認めないマラリア患者」を疑い、抗マラリア薬を投与した。その結果、多くの患者が軽快にいたった。

これらの腹部エコーを使った一連の治療方針はＰＭＳ病院で定着し、薬剤費の削減に貢献した。その後、培養技術を院内に導入して血液培養で腸チフスと確定診断した患者の腹部エコー像を調べた。腸間膜リンパ節の腫大は、ほとんどの症例に認めたが、腸管壁の明らかな肥厚を認めない例が多く、肥厚がある場合も軽度であることが判明した。発熱より三日目で来院し、腹部エコーで腸間膜リンパ節の腫大を認めた患者の血液培養で腸チフスが陽性になったことより、発病初期の腸チフス患者でも診断に有用ではないかと考えた。

中村先生に、この一連の治療方針を報告すると、当時どこまで本気で言われたのかわからないが「Ｌａｎｃｅｔ誌（世界五大医学雑誌の一つ）に投稿しなさい」と言われた。しかし、現実を知るとＬａｎｃｅｔ誌の投稿規定は非常に厳しいことがわかった。

私の帰国後に現地に赴任した仲地省吾先生は、さらに多数の血液培養で診断した腸チフス患者の腹部エコー像を追試された。その結果、やはり腸チフス患者には腸間膜リンパ節の腫大が腹部エコーで高率に認められるということを、二〇〇二年十月、タイ・バンコクでの国際熱帯医学会で発表された（Nakachi S, et al. : Clinical features and early diagnosis of typhoid fever emphasizing usefulness of detecting mesenteric lymphadenopathy with ultrasound as diagnostic method. Southeast Asian J Trop Med Public Health

34:153e7, 2003)。

私は、帰国後十一年経過してようやく『腸チフス』と『非チフス性サルモネラ腸炎とキャンピロバクター腸炎』との腹部エコー像の比較」という題名で、現地での臨床経験を英文で論文にすることができた（Kobayashi A, et al.: Abdominal ultrasonographic findings in typhoid fever: a comparison between typhoid patients and those with non-typhoidal Salmonella and Campylobacter jejuni enterocolitis. Southeast Asian J Trop Med Public Health, 43(2):423-30, 2012)。

最近の「腸チフスの腹部エコー像」に関する文献を検索すると、「『脾腫、肝腫大、腸間膜リンパ節の腫大、腸管壁の肥厚、無石胆嚢炎』などの腹部エコー所見により、腸チフスを疑うことができる」という報告がある。

ちなみに無症状の小児の腹部CT検査で「『辺縁が平滑な楕円形』の腸間膜リンパ節の腫大を認めることがある」という報告がある。しかし、我々が経験した腸チフス患者の腫大したリンパ節は辺縁が不正の卵円型・円形・数珠状のいずれかで、「辺縁が平滑な楕円形」のリンパ節腫大とは異なっていた。

腹部エコーは、比較的安価で持ち運び可能な機種もあり、発電機があれば使用可能である。発展途上国では細菌培養検査およびマラリア診断のための血液塗抹標本（ギムザ染色）の顕微鏡観察ができない医療施設が多いのが現状である。腸チフスの流行地域で原因不明発熱患者が、腹部エコーで腸間膜リンパ節の腫大を認め、腸管壁の肥厚がない、あるいは軽度であれば腸チフスを疑うことができる。

従って、そのような患者に腸チフスに有効な抗菌薬を投与することにより、不要な抗菌薬使用を減らし、腸チフスの疾病負荷を引き下げる可能性があると考える。

参考文献

1　クリストファー・バリーほか：腸チフス・パラチフス．最新医学，70：2380－2388, 2015

2　腸的野多加志: チフス・パラチフス（特集 注目すべき国際感染症）--（国際感染症各論）．小児科診療、81(4), 471-476, 2018

3　Sharma A, Qadri A.: Vi polysaccharide of Salmonella typhi targets the prohibitin family of molecules in intestinal epithelial cells and suppresses early inflammatory responses. Proc Nat Acad Sci USA, 101: 17492-7, 2004

4　Puylaert JB, et al.: Typhoid fever: diagnosis by using sonography. AJR Am J Roentgenol, 153(4):745-6,1989

5　Rathaus V, et al.: Enlarged mesenteric lymph nodes in asymptomatic children: the value of the finding in various imaging modalities. Br J Radiol, 78(925):30-3, 2005

6　N Sahu, et al.: Role of abdominal ultrasound in the diagnosis of typhoid fever in pediatric patients. Journal of Medical Ultrasound 24 (4), 150-153, 2016

多い肺結核患者

ＰＭＳ病院の外来では「長引く発熱・咳・痰」を訴える患者が多く来院した。肺結核を疑い検査を

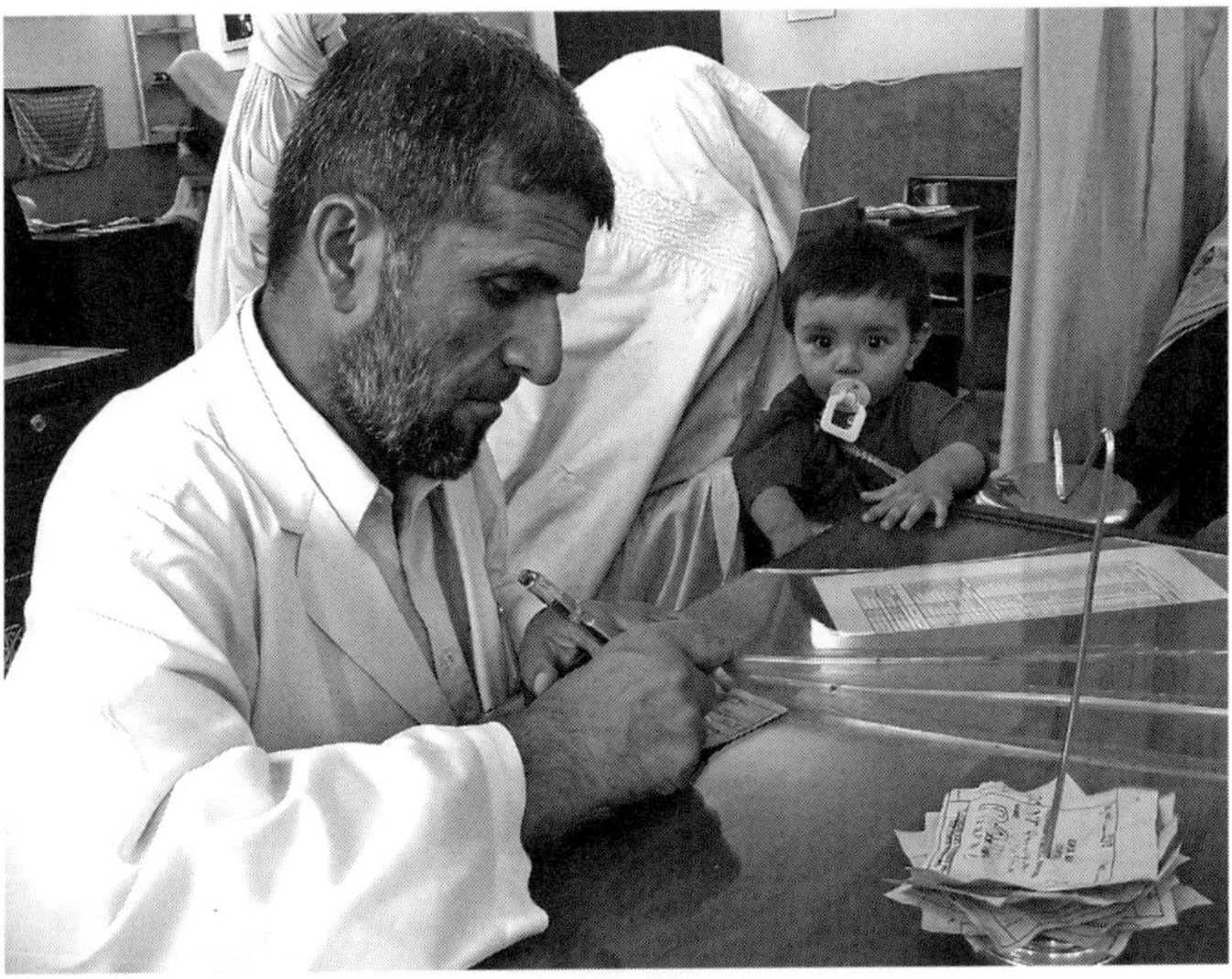

PMS病院の外来

すると、喀痰の抗酸菌塗抹検査が陽性になる患者が一日に数人見られることもあった。

抗酸菌塗抹検査が陽性であれば、結核菌または非結核性抗酸菌の可能性があり、通常であればこれらを鑑別するために、核酸増幅検査（PCRなど）を行う。しかし、現地ではこのような高度な検査はできないので、「長引く発熱・咳・痰」を訴える患者で、抗酸菌塗抹検査が陽性であれば結核を疑い、抗結核薬を投与して診断的治療を行った。

日本では結核患者が発生すると、保健所へ結核患者発生の連絡が必要で、「濃厚接触者の調査」など大騒ぎとなるが、現地ではよくある疾患の一つである。

ある時、中村先生に「外来に肺結核患者が多くみられるのですが、どうしましょうか」と、尋ねた。先生はしばらく考えて、ニコッと笑って「患者さんが咳をしたら、こうして避けなさい」と言って、おもむろに顔を患者さんから背けるしぐさをしていた。

コロナ禍の最中に、講演でこのような話をしたところ、会場内が「シーン」となってしまった。

肺結核以外の結核（肺外結核）

医療関係者以外の人は、結核と言えば肺結核だけを思い浮かべるかもしれない。しかし、現地では肺結核以外の結核（肺外結核）の患者も多く経験した。粟粒結核・脊椎カリエス・結核性髄膜炎・腎結核・皮膚結核・頸部リンパ節結核・腸結核・結核性腹膜炎・結核性胸膜炎などが、現地で私が経験した肺外結核である。

「長引く発熱・頸部リンパ節腫脹」を訴える患者は、本邦では、猫ひっかき病・悪性リンパ腫・化膿性リンパ節炎・菊池病・癌のリンパ節転移・頸部リンパ節結核などを鑑別診断として考える。現地ではこのうち頻度が高い「頸部リンパ節結核」を最初に疑う。ちなみに本邦では、「頸部リンパ節結核」は肺外結核の中で胸膜炎に次いで多い。

頸部腫瘤を超音波検査でリンパ節であることを確認してリンパ節生検を行う。病理組織で結核の特徴である「乾酪壊死を含む類上皮細胞肉芽腫」を認めると結核を疑い、抗結核薬を投与して軽快すれば「頸部リンパ節結核」と考えた。当時ＰＭＳ病院には、カブール大学出身の病理専門医であるイブラヒム医師が勤務していたので、このような診断が可能だった。頸部リンパ節結核を臨床症状、エコー所見から疑い、小児などリンパ節生検が困難な患者は、抗結核薬を投与し、診断的治療を行うこともあった。

次に症例提示する患者さんも、イブラヒム医師のおかげで診断できた。

慢性の下痢・腹痛・体重減少を訴える若年男性が精査目的で入院した。病棟回診で、イブラヒム医師より「セリアック病」ではないかという意見があった。私は、国家試験では勉強した記憶があるが、日本で経験したことのない疾患である。

欧米諸国ではセリアック病の有病率が1％程度とされているが、日本（有病率0・05％程度）を含むアジア諸国では極めて稀であると考えられている。セリアック病は、小麦や大麦などに含まれるタンパク質のグルテンにより惹起される自己免疫疾患であり、十二指腸や空腸を中心とした粘膜の炎症および絨毛萎縮が生じる。その結果、吸収不良をきたして下痢や腹部不快感などがみられる慢性疾患である。従って、患者は現地の主食である小麦から作られる「ナン」を避けなければならない。

この患者さんに胃カメラ検査を行った。十二指腸下行脚の異常（粗造粘膜、小顆粒状隆起）を認め、小腸生検を行った。イブラヒム医師により病理所見で、小腸の絨毛萎縮が確認され、セリアック病を疑うことができた。

患者さんにトウモロコシ粉（グルテンを含まない）によるパンを与えると下痢は軽快した。その後グルテン除去食に関して指導し、患者さんは退院となった。

PMS病院で可能な検査技術の限界があるため、腹部エコーの所見・臨床経過などで腸結核・腎結核・結核性腹膜炎・結核性胸膜炎などの疾患を疑った。

長引く発熱患者で腹部症状がみられ、腹部エコーで、「腸管壁の肥厚」「腸間膜リンパ節の腫大」を認め、腸チフスの治療（オフロキサシンの投与）をしたにもかかわらず、軽快しない症例があった。そのような症例に、腸結核を疑って抗結核薬を投与したところ軽快した症例を数例経験した。これらの患者の腹部エコー所見は、腸チフスと同様に、腸間膜リンパ節の肥厚がみられたのだが、腸チフスでは見られなかった腹水を認め、腸間膜リンパ節以外のリンパ節の腫大を認める症例もあった。

「腸結核の腹部エコー所見」に関する文献を調べると、「腸間膜リンパ節の腫大」「腸間膜・大網の肥厚が認められることがある」「腹水を認めることが多い」「腸間膜リンパ節以外の門脈周辺、膵臓周囲、大動脈周囲、後腹膜などのリンパ節の腫大も認められることがある」「リンパ節は低エコーで音響陰影の増強がみられることがある」などと報告されている。

超音波検査で腹水・胸水貯留を認める長引く発熱患者には、腹腔・胸腔穿刺を行い、穿刺液の塗抹鏡検を行った。日本の病院のように、結核診断に有用な腹水・胸水中のADA（adenosine deaminase）値測定や腹腔鏡・胸腔鏡検査による生検はできない。悪性細胞を認めず、細胞分類でリンパ球が優位であれば結核を疑い、抗結核薬を投与して軽快すれば結核性腹膜炎・胸膜炎と考えた。

「結核性腹膜炎・胸膜炎の穿刺液の抗酸菌塗抹検査で抗酸菌を認めることは稀である」と報告されているように、我々の症例からも腹水・胸水穿刺液から抗酸菌を認める症例は経験しなかった。

ある時、シャキール医師が、腹部エコーの最中に私を呼んだ。

「患者さんの腎実質のエコーレベルが高く、皮質と髄質の境界が不明瞭になっています。患者は長引く発熱を訴え、全身倦怠感・膿尿が見られます。腎結核が疑われるのではないでしょうか」と尋ねた。

確かに腹部エコーで腎実質に高低エコーが混在する領域を認め、皮質と髄質の境界が不明瞭で腎盂が拡張していた。尿の抗酸菌塗抹検査で抗酸菌を認めたため腎結核を疑い、抗結核薬を投与して患者さんは軽快した。この患者さんは複数の病院を回ったが発熱の原因がわからなかった。PMS病院に来院して漸く腎結核と診断されたのである。

腎結核の初期症状は、軽度の発熱・全身倦怠感のみで症状に乏しく、初期診断が難しいといわれている。この症例を経験した後、原因不明の発熱患者の腹部エコーで腎臓に異常がある場合は、腎結核を鑑別診断に入れるように指導した。日本の多くの教科書には腎結核の超音波像は「腎臓の輪郭に一致したstrong echoを認める漆喰腎」と記載されているが、かなり進行したあるいは治癒後の腎結核の超音波所見と考えられる。

結核患者は長期間の投薬が必要なため、高額な治療費を必要とする。当時、ペシャワールにあるアラブ系の慈善団体が運営している施設が、結核患者に投薬をしていた。PMS病院は経費削減のため、この施設に結核患者を紹介して投薬をお願いしていた。

喀痰の抗酸菌塗末検査やリンパ節生検の病理検査の結果で結核を疑う所見があれば、結核患者として受け入れてくれた。しかし、腸結核・腎結核・結核性腹膜炎など腹部エコーの所見と臨床症状などで疑った結核に対して、当初は我々の診断に対して半信半疑で、結核として受け入れてもらえず、PMS病院でこれらの患者の治療をしていた。

その後も、詳細に紹介状を書いて同様の患者を何度も送った。最終的に、結核患者として受け入れてくれるようになり、さらに彼らから肺外結核を疑う患者を紹介してくれるようにもなった。

参考文献

1　間多祐輔ほか：頸部リンパ節結核の診断とその問題点〜頸部リンパ節結核10症例の臨床的検討〜．日耳鼻,115:950-956,2012

2　Lebwohl B, et al. Coeliac disease. Lancet, 391(10115): 70-81, 2018

3　福永真衣ほか：セリアック病.日本大腸肛門病学会雑誌, 74(10)：572-580, 2021

4　Malik A, et al. Ultrasound in abdominal tuberculosis. Abdom Imaging, 28(4)：574-9, 2003

5　Ghazinoor S, et al. Increased through-transmission in abdominal tuberculous lymphadenitis. J Ultrasound Med. 23(6): 837-41, 2004

6　Jain R, et al. Diagnosis of abdominal tuberculosis: sonographic findings in patients with early disease. AJR Am J Roentgenol. 165(6):1391-5, 1995

「爆弾治療」で回復しない発熱患者

二十四歳男性が、「三週間続く発熱・食欲低下・体重減少」を訴え、全身状態不良のため精査・加療目的で入院した。咳・腹痛・下痢などの症状はなく身体所見も特記すべき異常はない。そこで、ＰＭＳ病院で定着していた一連の検査を行った。

最初に患者さんの血液塗抹標本（ギムザ染色）を作製し、顕微鏡で見たが、マラリア原虫は認めなかった。次に、腹部エコーで腹水はなく、腸間膜リンパ節腫大など腸チフスを疑う所見及び腸結核・

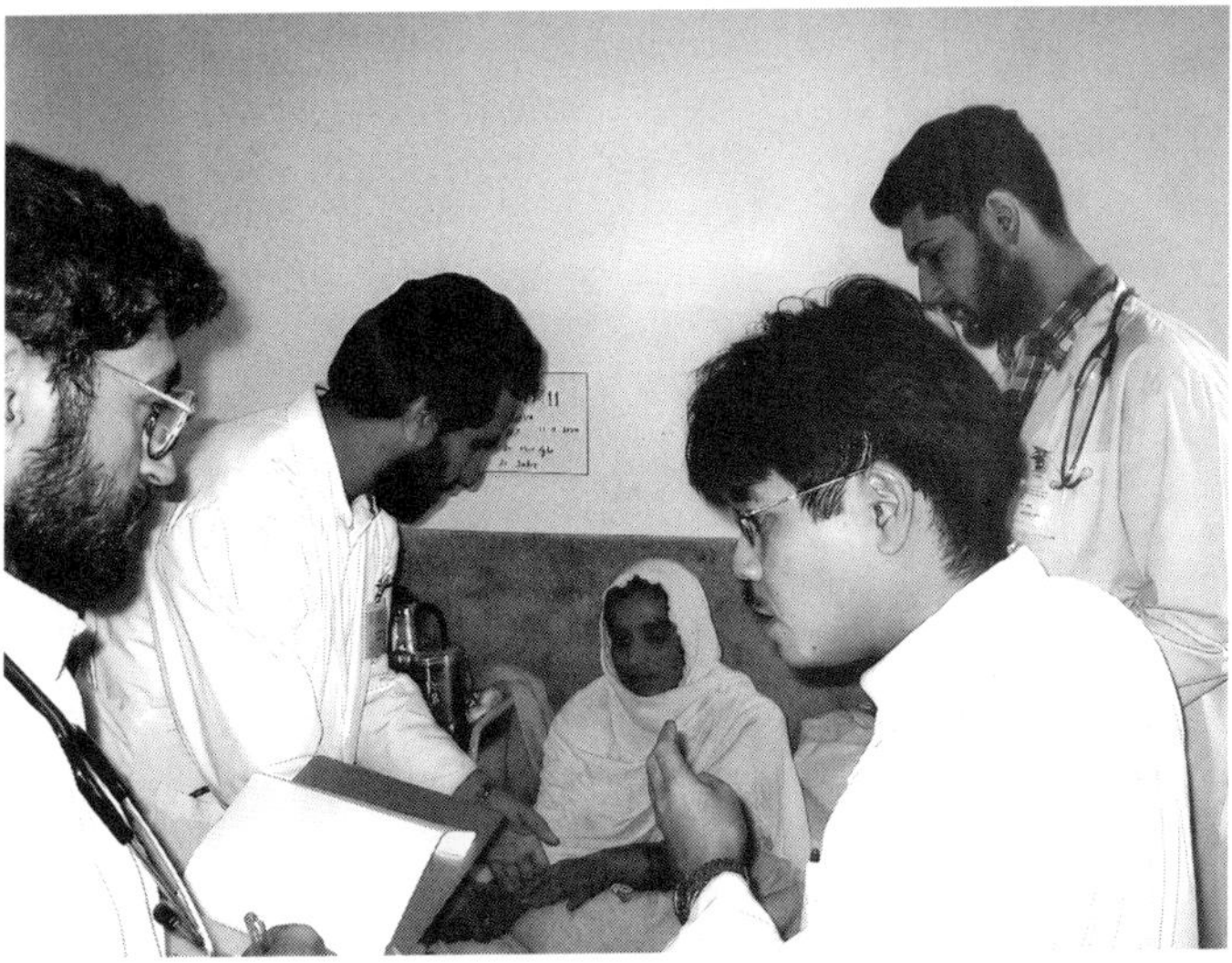

病棟回診

腎結核などを疑うような所見はなかった。胸部レントゲン検査も異常はない。

前述したように、マラリアは血液塗抹標本（ギムザ染色）の顕微鏡観察でマラリア原虫を認めなくてもマラリアは否定できないため、抗マラリア薬（ハロファントリン）を投与した。通常では、ほとんどの患者がこの治療により軽快するのだが発熱が続いた。このため、症状、身体所見、腹部エコーなどの検査所見からブルセラ症・リケッチア感染症・レプトスピラ症などの発熱疾患および腸チフスの可能性は少ないが、念のため抗菌薬（オフロキサシンおよびオキシテトラサイクリン）を投与した。しかし、前述した「爆弾治療」と抗菌薬（オキシテトラサイクリン）投与を行ったことになるが、解熱しなかった。

患者さんのケースカンファレンス（症例検討会）で私は、「膠原病・膠原病類縁疾患・血管炎症候群・成人スチル病・悪性疾患なども鑑別診断として考えられますが、こちらでは、このような疾患を診断するための詳しい検査はできませんので困りましたね」と言った。

するとサイフラー医師が「粟粒結核ではないでしょうか」と答えた。

それに対して同僚医師より「胸部レントゲン検査で粟粒陰影は見られなかったのでは」という反論があった。

「胸部レントゲン検査で粟粒陰影がみられなくても粟粒結核は否定できません」とサイフラー医師は答えた。

この患者さんには「爆弾治療」をすでに終えており、患者さんは高熱が続き、次の一手がなく、途方に暮れていた。喀痰および尿の抗酸菌塗抹検査は陰性であったが、半信半疑で抗結核薬を投与した。するど患者さんは数日で解熱し、軽快したのである。


実臨床における不明熱は「高熱が何日も続いて、必要と思われる検査をしているにもかかわらず診断できない症例」である。現地・ペシャワールでなくとも、本邦においても不明熱の中で結核を疑わなければ、結核を見逃すことになる。不明熱のうち、抗酸菌感染症では、特に粟粒結核を含む肺外結核が重要である。肺外結核では粟粒結核以外に、症状の乏しい腎結核・腸結核・結核性腹膜炎・結核性髄膜炎・結核性脊椎炎などが不明熱の原因となる。

粟粒結核は全身播種性の結核菌感染症である。播種とは作物の種を播くことで、播種性とは散在性あるいは散布性とも表現されるように、ほかの組織や器官・臓器あるいは全身に広がるという意味である。

典型的な粟粒結核であれば、発熱・食欲不振・体重減少などの全身症状がみられる。しかし、粟粒結核の症状は〝protean manifestations（変幻自在の症状）〟と言われているように、発熱を認めず、悪性疾患のように食欲低下・体重減少・消耗状態などの漠然とした症状を示すこともある。粟粒結核では、通常は胸部レントゲン検査で両肺野にびまん性に1～3ミリの多発小粒状陰影（粟粒陰影）を認める。粟粒とは「粟の実のつぶ」で「粟粒陰影」のように、きわめて小さいもののたとえに用いられることがある。

稀に粟粒陰影を認めない血行播種性結核も存在する。また、〝cryptic miliary tuberculosis（隠れた粟粒結核）〟と呼ばれているように胸部レントゲン検査で典型的な粟粒陰影を認めず、臨床症状が乏しい粟粒結核が報告されている。本症例がこれらに該当する可能性がある。

粟粒結核の中には、発熱で発症した後に胸部レントゲン検査で粟粒陰影が読影可能な程度まで大きくなるのに時間がかかる場合もある。この場合、胸部ＣＴ（computed tomography）検査を施行すれば、診断が容易になることもある。しかし現地では、胸部ＣＴ検査などの高度な検査はできない。画像の悪いレントゲン機器のために、粟粒陰影が判別できない可能性もある。本症例に胸部ＣＴ検査を施行した場合、粟粒陰影が見られた可能性もあるのだ。

現地のように高度な検査のできない場合、本症例のように不明熱の原因として粟粒結核も考えて診断的治療を考慮しなければならないことがある。

朝の入院患者の申し送り

参考文献

1　川上 健司：抗酸菌感染症　日本内科学会雑誌, 106(11): 2314-2319, 2017

2　Sharma SK, et al. Miliary tuberculosis.：A new look at an old foe. J Clin Tuberc Other Mycobact Dis, 18: 3:13-27, 2016

3　Vasankari T, et al. Overt and cryptic miliary tuberculosis misdiagnosed until autopsy. Scand J Infect Dis, 35:794–6, 2003

コレラ

十歳の女の子が、約一時間おきに水様性下痢が一日半続き、意識状態が悪化したため来院した。昏睡状態で末梢冷感が強く、血圧は測定できず、かろうじて橈骨《とうこつ》動脈が触知可能であるショック状態であった。

心電図モニターでは、脈拍一九四回／分。目が落ち込み、頬がくぼんでいた。皮膚や粘膜が乾燥しており、腹壁の皮膚をつまんだ時、なかなか元に戻らない〝スキン・テンティング（skin tenting）〟がみられた。さて、臨床診断は？

このようなショック状態を来すようなひどい下痢をみたら、現地では先ずコレラを疑う。コレラの診断は、コレラ菌の分離・同定およびコレラ毒素を検出することだが、これらの検査ができる施設は、現地では一部の限られた大学病院などにしかない。世界保健機関（ＷＨＯ）は、「急性の下痢により重症の脱水あるいは死亡を来すような五歳以上の患者は、コレラが報告されていない地域でもコレラを疑うべきである」と述べている。現地では、このような患者は、臨床症状からコレラを疑って治療する。

コレラは代表的な経口感染症の一つで、コレラ菌で汚染された水や食物を摂取することによって感染する。経口摂取後、通常の場合、コレラ菌は胃酸の酸性環境によって死滅する。しかし、死滅しなかった菌が、小腸下部に達すると定着・増殖する。感染局所で菌が産生したコレラ毒素が細胞内に侵入して、小腸から大量の塩分と水が分泌され、その液体は下痢として体から失われる。

コレラ菌自体は小腸の上皮部分に定着するだけで、細胞内には侵入しない。コレラは、前述したリンパ装置侵入型である腸チフスおよび粘膜侵入型であるカンピロバクター腸炎やサルモネラ腸炎とは病態生理が異なる毒素産生型の腸炎である。菌を死滅させるための胃酸の分泌が少ない子どもや高齢者、胃を切除した人などは感染の可能性が高くなる。

通常一日以内の潜伏期の後、下痢を主症状として発症する。一般に軽症の場合には軟便の場合が多く、下痢が起こっても回数が一日数回程度である。しかし重症の場合には、突然下痢と嘔吐が始まり、ショックに陥る。下痢便の性状は〝米のとぎ汁様（rice water stool)〟と形容され、白色ないし灰白色の水様便で、多少の粘液が混じる。下痢便の量は一日十リットルないし数十リットルに及ぶことがあり、病期中の下痢便の総量が体重の二倍になることも珍しくない。

大量の下痢便の排泄に伴い高度の脱水状態となり、収縮期血圧の下降、皮膚の乾燥と弾力の消失、意識消失、嗄声あるいは失声、乏尿または無尿などの症状が現れる。低カリウム血症による痙攣が認められることもある。

この時期の特徴として、この患者さんのように、眼が落ち込み、頬がくぼむいわゆる〝コレラ顔貌〟を呈し、腹壁の皮膚をつまみ上げると元にもどらない〝スキン・テンティング（skin tenting)〟などが認められる。

治療は大量に喪失した水分と電解質の補給が中心で、経口補水液により水分と電解質を補充する。経口補水できない重症例では、静脈輸液（乳酸リンゲル液）を行う。静脈輸液を行い、経口補水が可能になれば、直ちに経口補水を開始する。世界保健機関（ＷＨＯ）は電解質の含まれた経口補水液(Oral Rehydration Solution, ORS）の投与を推奨している。

重症のコレラ患者では最初の二十四時間で体重一kgあたり二〇〇～三五〇ml以上、すなわち体重五〇kgで一〇～十七・五リットル以上の大量の輸液を必要とすることもある。輸液量の過小評価が、死亡につながると言われている。

この女児患者に、急速静脈輸液（乳酸リンゲル液）を行い、四時間後に意識が回復した。治療に関わった我々医療スタッフは、これでよくなるだろうと安堵していた。

ところが翌日、病院に行くと当直医師より、女の子が急変して亡くなったと連絡を受けた。急変の原因は不明だが、コレラ患者は、大量の下痢により電解質異常を来たす。このため、低カリウム血症などの電解質異常を来した可能性がある。

日本のような先進国では、集中治療室で患者を管理し、数時間ごとに電解質を調べて補正していくことが可能である。しかし、現地ではそのような管理は難しいので、意識が回復した時点で、飲水可能であれば十分な電解質の含まれた経口補水液の投与を開始すべきであったと反省した。

二〇〇〇年九月二十八日、「コレラ様疾患」が見られたと、PMSダラエ・ピーチ診療所から報告があった。同診療所に勤務していたハサン医師から「点滴を二リットル、三リットルしても血圧は上がらず、二十リットルを半日で投与してやっと改善を見ました」と報告があった。その時の様子を中村先生は次のように述べている。

「同診療所で確認された患者は、九月二十日以降、計三二名、うち二名（四歳の小児一名、四〇歳女性一名）が到着後に死亡した。数名は一人一五―三〇リットルの輸液で救命できたが、診療所の輸液が底をつき、相当数が下手の町・チャガサライ（クナール州都）に急送された。菌同定はできなかったが、症状から見てコレラに間違いない。しかし、チャガサライには、わが診療所以上の能力を持つ医療施設はない。おそらく途中で死亡したか、更に下流のジャララバードに搬送されたものと思える。

それなら、なぜPMS診療所で診なかったかとの非難もあった。しかし、これはハサン医師のせいではない。コレラ治療の基本は、ともかく大量輸液によるショック防止である。患者一人につき点滴数十本を連日使用せねばならぬから、数十名となると数トンの輸液が要る。こんな大量の輸送は山岳地帯では無理なので、ハサン医師としては下流に送らざるを得なかったのである」（『医者井戸を掘る』石風社）

参考文献

1　Harris JB, et al.: Cholera. Lancet, 30;379(9835):2466-2476, 2012

2　国立感染症研究所　コレラとは
https://www.niid.go.jp/niid/ja/kansennohanashi/402-cholera-intro.html（２０２２年3月12日）

栄養失調（マラスムス、クワシオルコル）

一般的に呼ばれている蛋白およびエネルギーの欠乏により起こる「栄養失調」とは、医学的には「ＰＥＭ（Protein energy malnutrition）：たんぱく質・エネルギー欠乏症」と呼ばれている。このうち、主としてたんぱく質不足によるものをクワシオルコル、主としてエネルギー不足によるものをマラスムス、両方混合したものをマラスミック・クワシオルコルという。

マラスムスでは、摂取エネルギーの不足の結果、身体活動の低下、基礎代謝の低下などの適応が起こる。細々と耐え忍んでいるという状態である。そのわりには、血清アルブミンは正常値を保ち、浮腫も起こらない。身体所見としては、著しいやせ、筋肉細胞および皮下脂肪減少などが表れる。

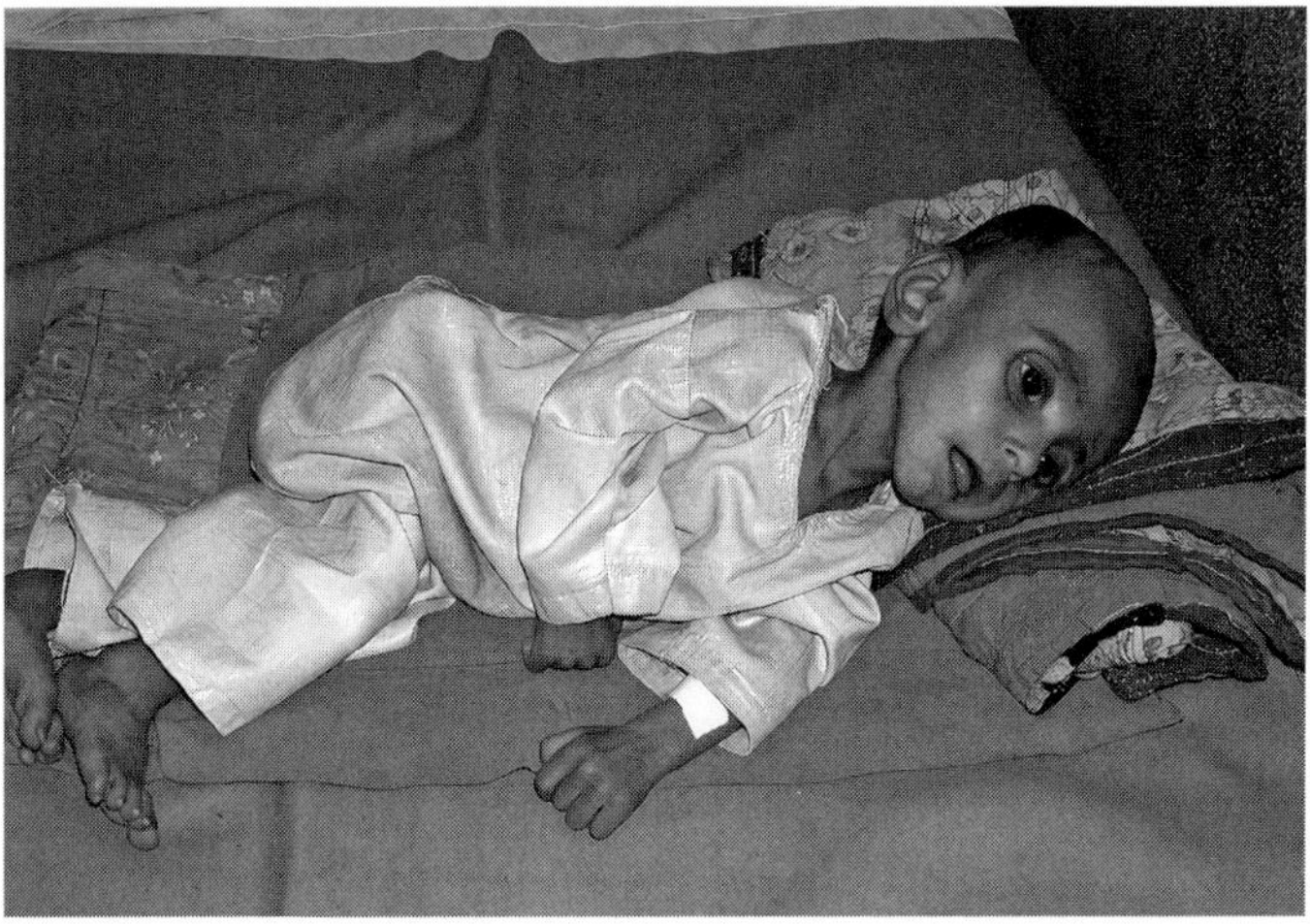

マラスムス患者（元ワーカー仲地省吾医師提供）

現地では乳幼児の下痢や肺炎の患者が多くみられ、これらの多くの患者はマラスムスの乳幼児である。マラスムスの患者は極端にやせており高度の発育障害が見られ、免疫力が低下しているため容易に下痢などの感染症に罹る。

現地のマラスムスの乳幼児のほとんどは、「母乳を満足に与えられない」「清潔な離乳食を与えられない」ことが原因である。現地の貧しい家庭では二歳近くになるまで母乳を与える。しかし、次々に子供を生むために次の子が生まれると上の子に母乳を満足に与えることができなくなり、上の子は離乳食を始めなければならない。

ちなみに、世界保健機関（WHO）と国連児童基金（UNICEF、ユニセフ）は、乳児は生後六ヵ月間母乳だけを飲み、その後栄養が十分な補完食を食べながら二歳かそれ以上まで母乳を飲み続けることを推奨している。

日本製の人工乳もあるが、高価で裕福な人以外は購入できない。同僚の医師によると、牛の乳を与えている場合もあるが、ほとんどが不衛生な水で薄められた劣悪なもので「下痢を起こすのは必然である」と語っていた。さらに離乳食を与える場合でも、きれいに洗った食器を使用せず、不衛生な水を飲ませるため、子供は下痢を繰り返すことになる。

入院したマラスムス患者の母親に対しては、二歳になるまではできるだけ母乳を与えるように指導する。母乳を与えられない患者には、入院の間は日本製の質のよい人工乳と離乳食を与えた。そして、母親に離乳食の指導と食器の消毒方法を指導した。

このように治療および指導をするとマラスムス患者の予後は良好で、ほとんどの患者はどんどん体重が増えていき、危険域を脱すれば退院することができた。しかし、子沢山の母親が入院すると、家に残した子供たちの面倒を見なければならないので、ある程度よくなると途中で退院する場合もよくあった。

我が国の小児が食糧不足のために栄養不良となることは考えにくいのだが、最近では児童虐待のひとつであるネグレクト（育児放棄）により、マラスムスのみならず、餓死させた例まで報告されている。悲しいことである。

後述するが、二〇〇〇年、アフガニスタンを襲った大旱魃による食べ物不足で、多くの子供たちはマラスムスになり、感染に対する抵抗力が低下した。さらに、きれいな水が不足するため、汚水を口にして下痢症などの腸管感染症にかかり、多くの子供たちが落命した。

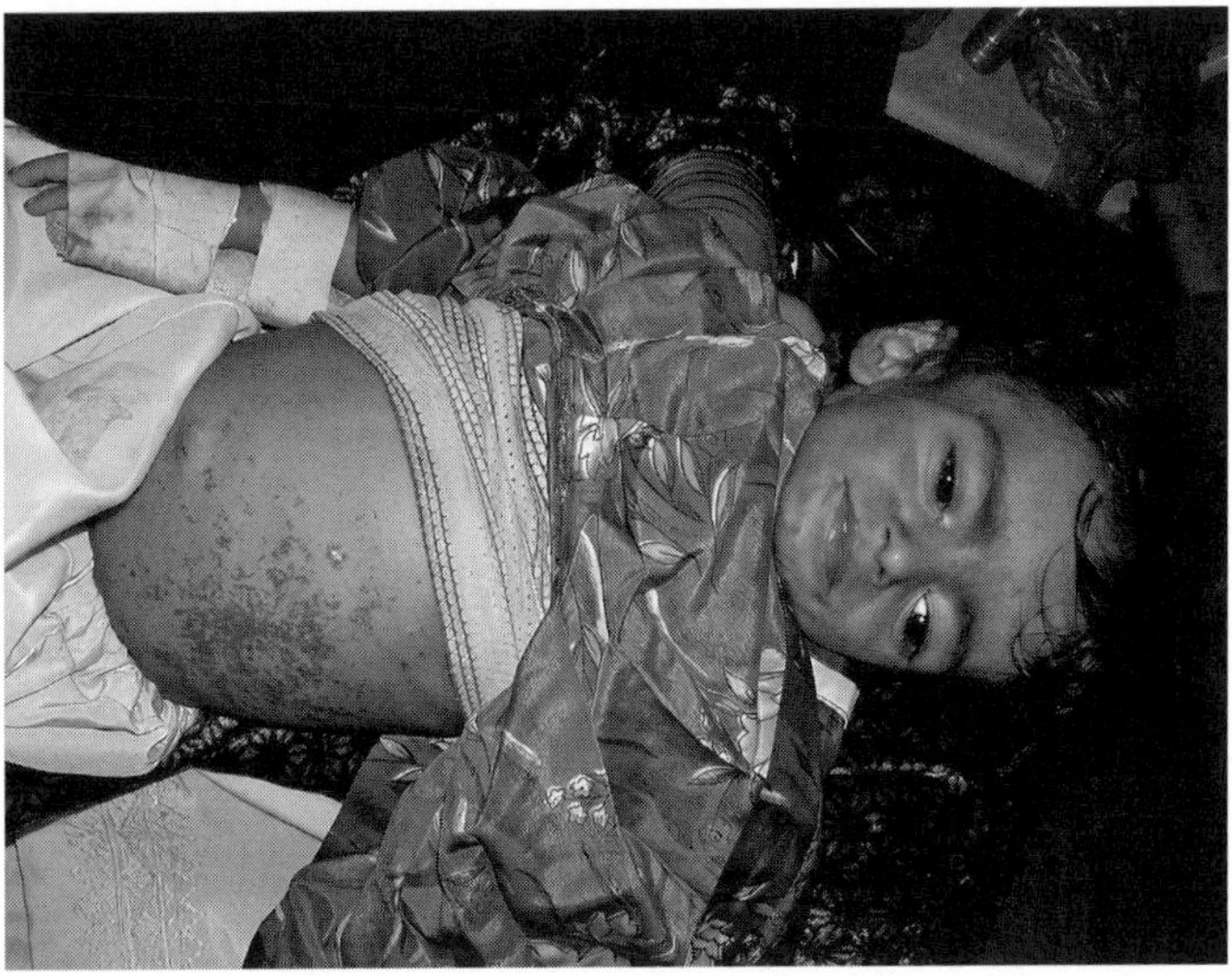

クワシオルコル（元ワーカー仲地省吾医師提供）

一九三五年、ジャマイカの小児科医Williamsは、手足に浮腫を認め、皮膚病変や毛髪の異常を伴い、適切な治療を行わないと短期間で死亡してしまうという症状の栄養障害を観察し、「クワシオルコル（kwashiorkor）」という名称で紹介した。時に、腹水および肝腫大による腹部の膨満が認められるのが大きな特徴である。

クワシオルコルとは、「第二子出生後に第一子が罹患する病気」（アフリカ民話）という意味である。母親からの授乳が得られなくなったことが原因である事例が多いことから、クワシオルコルは、糖質（エネルギー源）を中心とした食事のみを与えられ、蛋白質が欠乏したために発症したと考えられた。蛋白質が欠乏すると、肝臓での蛋白質合成が低下（エネルギーはあるが原料がない）し、低アルブミン血症を引き起こす。この低アルブミン血症が、浮腫や腹水の原因と考えられている。

クワシオルコルの原因に関する研究が続けられ、クワシオルコルの原因は、単なるタンパク質欠乏のみならず、酸化ストレスの影響、腸内細菌の異常、アフラトキシン、炎症によるサイトカインの影響など、様々な因子が関連すると考えられるようになった。しかし、現在でもその詳細は未だ明らかにされていない。

クワシオルコルは適切な治療を始めても、現在でも死亡率が高く、きわめて予後不良な低栄養状態である。クワシオルコルの患者は現地では稀にしか見られず、私は一例のみ経験したが、患者さんを救命することはできなかった。

参考文献

1　吉田 貞夫：質疑応答 内科 クワシオルコルの機序と我が国での症例 日本医事新報（4684), 94-96, 2014

2　尾上 幸子：臨床研究・症例報告 メキシコの重度栄養不良5症例‐マラスムスまたはクワシオルコルへ進展する決定要因とメキシコの社会的要因について文献的検討 小児科臨床, 61(2), 265-270, 2008

3　松村 真生子ほか：アルコール性肝炎，肝不全との鑑別を要した kwashiorkor 型栄養障害の1例　肝臓, 54(3), 178-186, 2013

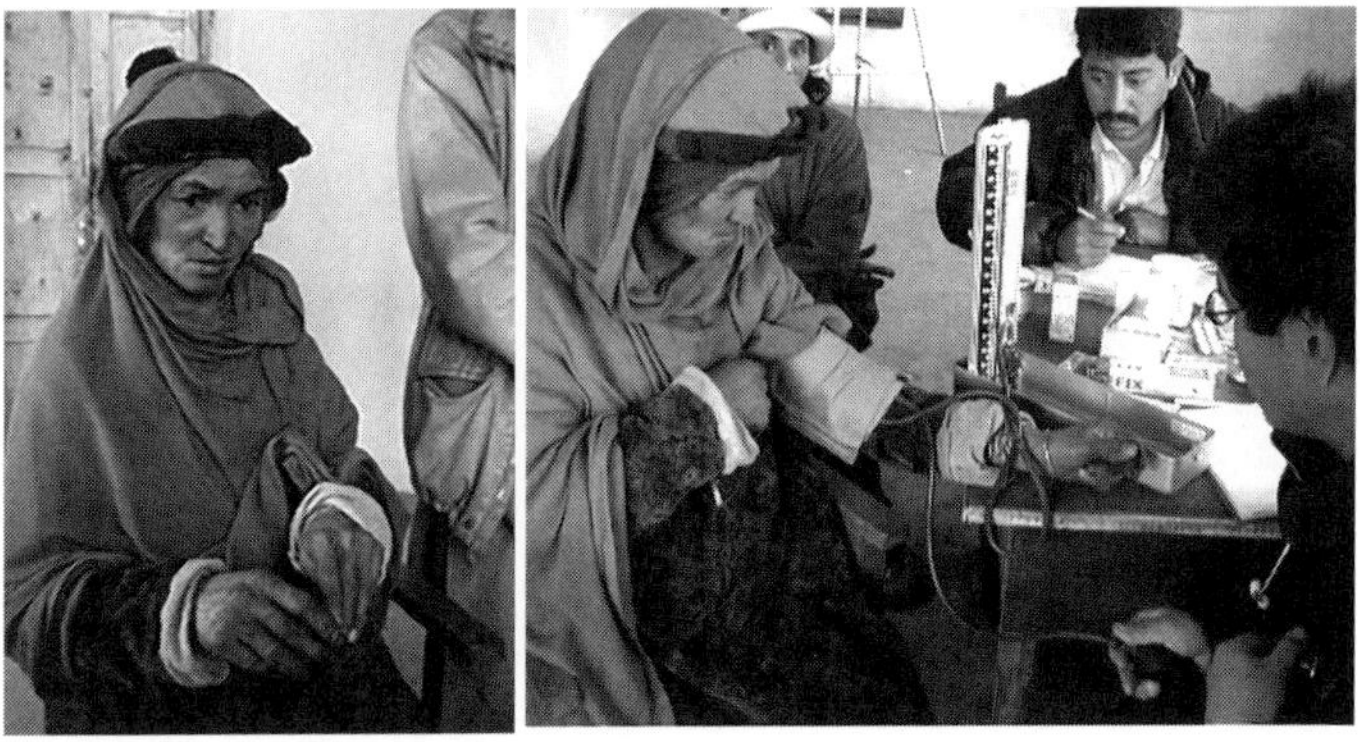

低カルシウム血症によるテタニー

手足がしびれて動かせない

ＰＭＳ病院の外来で、「手足にしびれ・けいれんが起こり、動かすことができなくなることがある。冬場に悪化する」と訴える女性患者が多くみられた。医学的に「テタニー」と呼ばれる症状で、「自分の意志とは関係なく手足などの筋肉が痙攣《けいれん》を起こし、収縮して固まる状態」を指す。

カルシウムは筋肉の収縮や神経のはたらきに関与する物質である。「テタニー」は、低カルシウム血症などの電解質のバランスが崩れた状態になると起こりやすくなる。高度の低カルシウム血症になると、患者は助産婦がお産の時にとるのに似た特徴的な手位（助産婦手位）をとることがある。

低カルシウム血症は、慢性腎不全・副甲状腺機能低下症・薬剤性など、様々な原因で生じるため、本邦では診断に難渋することがある。しかし現地では、本邦では稀な「カルシウムの摂取不足および日光曝露《ばくろ》不足や低栄養によるビタミンＤ欠乏症」が、低カルシウム血症の最も多い原因である。

カルシウムは主にビタミンＤなどの関与によって腸管で吸収される。ビタミンＤは食事として摂取されるものと皮膚で紫外線を浴びて合成されるものとがある。従って、低栄養と日光に当たる時間が短いとビタミンDの不足が起こり、低カルシウム血症となることがあるのだ。

同僚の医師に聞くとパキスタン北部のコーヒスタン診療所（二〇〇三年八月閉鎖）で、同様の患者がたくさん見られたそうだ。私は、ＰＭＳ病院の外来以外に、パキスタン北東部バルチスタン地方の山岳地帯におけるヨード欠乏性疾患調査に医師として同行したときにも、同様の患者を経験した（写真の患者さん）。

コーヒスタンは北西辺境州（現在のカイバル・パクトゥンクワ州）で最も開発が遅れている地域でハンセン病の多発地帯でもある。昔ながらの風習が強く残っており、男性優位社会である。食事はまず男性がとり、その残ったものを女性が食べる。

日差しが強い現地で日光に当たる時間が短いとは奇妙に思われるかもしれないが、イスラムの習慣が厳しいところでは女性が外出する時間は短くなる。ほとんどの家屋には高い囲いがあり、あまり日差しが入らない。このため低栄養・日光曝露不足が起こり、低カルシウム血症が生じやすくなると考えられる。

現地には、カルシウムを多く含む魚介類やひじき・わかめなどの藻類はなく、チーズなどの乳製品は高価で貧しい家庭では、簡単に購入できない。従って、カルシウムの豊富な現地にある豆類（ひよこ豆、ムング豆など）を多く取るように指導した。さらに、薬価の高い活性型ビタミンＤ製剤は処方できないので、「手足を露出して、少なくとも一日に十五分間は太陽を浴びるように」と指導していた。

奇妙な動きをする男の子

「落ち着きがなく奇妙な動きをする」という九歳男児がＰＭＳ病院外来に来た。患者を観察すると、自分の意思とは無関係に、手足が不規則に勝手に動き、首を動かし、舌を出し入れする自動運動がみられ、舞踏運動を疑った。舞踏とは「舞い踊ること」で、舞踏運動というのは、体が自分の意志と無関係に動いてしまう運動の一つを指す。

ペシャワールに赴任する前に、大阪の北野病院で神経内科を勉強した。この時、銅の代謝異常によっておこる遺伝性疾患であるウイルソン病と診断された小児患者を経験した。ウイルソン病では、舞踏運動が見られ、眼症状として、「カイザー・フライシャー角膜輪」という特徴的な所見が見られることがある。黒目の周りに銅が沈着して輪のように見える。ＰＭＳ病院に来た男児には、「カイザー・フライシャー角膜輪」がはっきりしなかったが、舞踏運動が見られた。

そこで私は得意げに、「カイザー・フライシャー角膜輪は、はっきりしませんが、ウイルソン病ではないでしょうか？」と言って、神経疾患が専門である中村先生に患者さんの診察を依頼した。すると「リウマチ熱による舞踏病でしょう。こちらではたまにみられますよ」と先生に教えていただいた。リウマチ熱による舞踏病は、印象深い名称のため医師であれば恐らくだれでも知っている。しかし、本邦を含む先進国の臨床医が、ほとんど経験することがない疾患である。免疫の異常により、主に手足の関節が腫れたり痛んだりするリウマチ（関節リウマチ）とは異なる病気である。

リウマチ熱は、Ａ群レンサ球菌感染の数週間後に、心炎・多関節炎・舞踏病・輪状紅斑・皮下結節などの諸症状を呈する非化膿性炎症性疾患である。Ａ群レンサ球菌感染によって引き起こされる病態として、扁桃炎・猩紅熱・膿痂疹などがあるが、リウマチ熱のほとんどが扁桃炎からの発症である。

本邦を含む先進国では、環境の変化と抗菌療法の発展により、リウマチ熱は激減している。しかし、途上国ではいまだに多く、減少傾向すら見られていない。

リウマチ熱による舞踏病は急性期からみられることもあるが、通常は先行感染から三カ月ほどで出現することが多く、急性期症状は消退しており、リウマチ熱の一部症状と捉えにくいことがある。「不器用」「行儀が悪い」「乱暴になった」など、行動異常として捉えられていることもある。同一姿勢を維持することが難しくなり、しだいに不規則な四肢体幹の不随運動が出現する。手の回内運動を伴うことが多く、通常は片側性で、睡眠時には消失する。

ほとんどが、特別の治療なしでも時間の経過（六〜七カ月）とともに自然治癒してしまう。心雑音が聴取できなくても、心炎を合併していることがあるため、心電図・心エコーなどの検査が必要である。

リウマチ熱で問題になるのは心炎合併によるリウマチ性心疾患の発症である。リウマチ熱の予後を左右し、心不全を起こして生命にかかわる可能性があり、弁膜症などの後遺症を残すことがある。本邦でも高齢者でよくみられる僧帽弁狭窄症は、ほとんど小児期のリウマチ熱によって生じた後遺症と言われている。

心炎は心内膜炎であり、僧帽弁や大動脈弁に弁膜障害をきたす。心炎があれば弁膜障害の発生を防ぐために強力な抗炎症作用を持つステロイドが用いられる。

A群レンサ球菌感染によるリウマチ熱は、発症五年以内の再感染で再発しやすいと報告されている。また、その再発リスクはすでにリウマチ性心疾患を持つ患者で高く、再発すれば既存の弁膜障害は悪化する。リウマチ熱の心炎は弁膜症により死に至る危険性がある。したがって、再発予防を目的に抗菌薬による予防内服が行われている。

現地でもリウマチ熱による心炎が疑われる、発熱・呼吸困難を訴える女児患者を経験した。聴診で著明な心雑音、胸部レントゲン写真で心拡大を認めた。当時は、心エコーが導入される前だったので、この女児の詳細な心臓弁の観察ができなかった。救命できるかどうか心配だったが、抗菌薬とステロイドを投与し、幸い、患者さんは軽快退院することができた。

参考文献

1 Cardoso F.: Sydenham's chorea. Handb Clin Neurol, 100: 221-9, 2011
2 阪本 夏子ほか：臨床研究・症例報告 当科で経験した急性リウマチ熱の2症例（感染症）小児科臨床, 70(3): 321-327, 2017
3 重盛 朋子：リウマチ熱と溶連菌感染後反応性関節炎（特集 溶連菌感染症を見直す）小児科 = Pediatrics of Japan, 59(11):1541-1546, 2018

2 現地でみられる寄生虫症

寄生虫とは、ヒトの体表または体内に生息して、その個体（宿主）から栄養を摂取する微生物である。寄生虫は単細胞である原虫（マラリア、赤痢アメーバ、ランブル鞭毛虫、リーシュマニアなど）と多細胞である蠕虫《ぜんちゅう》（回虫、条虫、鉤虫、鞭虫など）に分類される。

リーシュマニア症

リーシュマニア症は、全世界の地域に散在し、二十種を超えるリーシュマニア属原虫によって引き起こされる寄生虫症である。リーシュマニア症の原虫は、原虫をもった雌のサシチョウバエに吸血されることで伝播する。病原体保有生物は、ヒトを含めてイヌ、イヌ科の動物、齧歯《げっし》類など約七十の動物種である。

サシチョウバエにより吸血された後、伝播された各種のリーシュマニア原虫は、皮膚に限局してとどまるか、上咽頭粘膜に広がるか、骨髄・脾臓・肝臓などの臓器に播種される。その結果、リーシュマニア症では、三つの主な臨床像（皮膚リーシュマニア症、粘膜リーシュマニア症、内臓リーシュマニア症）を呈す。

ここでは、現地で多く見られた皮膚リーシュマニア症について詳しく述べる。皮膚リーシュマニア症は、最も頻度の多い病型である。めったに生命を脅かす疾患ではないが、身体の感染した部位に皮膚病変（多くは潰瘍）が生じ、生涯に渡って瘢痕《はんこん》を残すため、とりわけ若い女性に恐れられている疾患である。ＰＭＳ病院、アフガニスタン東部山岳地域の診療所で非常によく見られた疾患で、顔に火傷のような瘢痕や変形した鼻の女の子をみると、早期に発見できれば治療可能なため、本当にやるせ

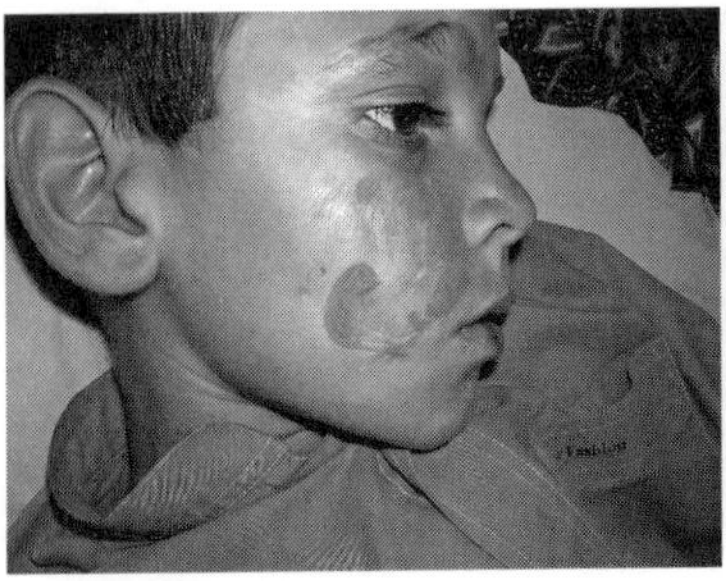

Glucantimeで治療後（元ワーカー仲地省吾医師提供）

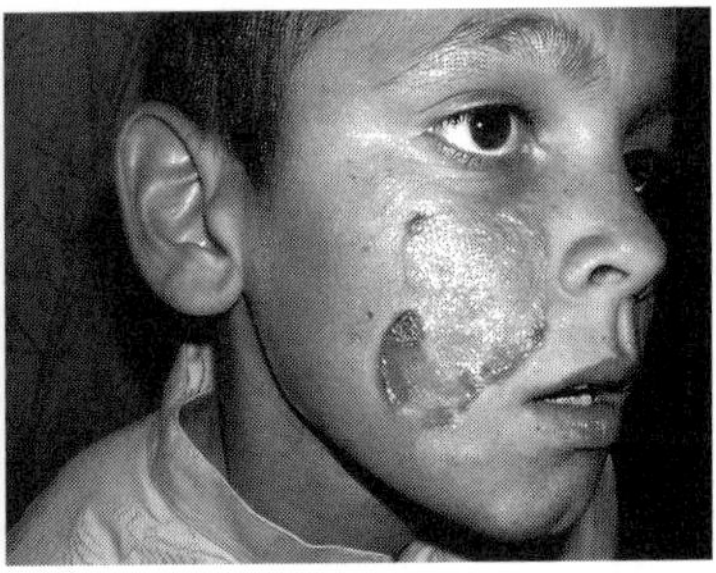

皮膚リーシュマニア症

ない気持ちになった。

リーシュマニア症は「顧みられない熱帯病（Neglected Tropical Diseases　以下NTDs）」のひとつである。NTDsとは、WHO（世界保健機関）が「人類の中で制圧しなければならない熱帯病」と定義している二十の疾患のことを指す。代表的な疾患に、リンパ系フィラリア症、シャーガス病、デング熱、ハンセン病などがある。

NTDsは貧困による劣悪な衛生環境などが主な原因となって蔓延していくが、そのことがまた労働力や生産性の低下を招き、貧困から脱出できない原因にもなっている。特に皮膚リーシュマニア症は生命を脅かす疾患ではないため、政府・ドナー・NGOなどから関心を寄せられずに、広く蔓延していると言われている。

カブール市の二〇〇一年度の罹患率調査では、「人口の二・七%に皮膚リーシュマニア症の活動病変を認め、二一・九%に皮膚リーシュマニア症による瘢痕がみられた」と報告されている。その原因として、政情不安による住居や医療インフラの破壊が挙げられている。「II-1　タリバン政権支配下のアフガンへ」でも述べたように、私が一九九八年、アフガニスタンを視察した際にも、多くの皮膚リーシュマニア症に罹った子供たちを見た。

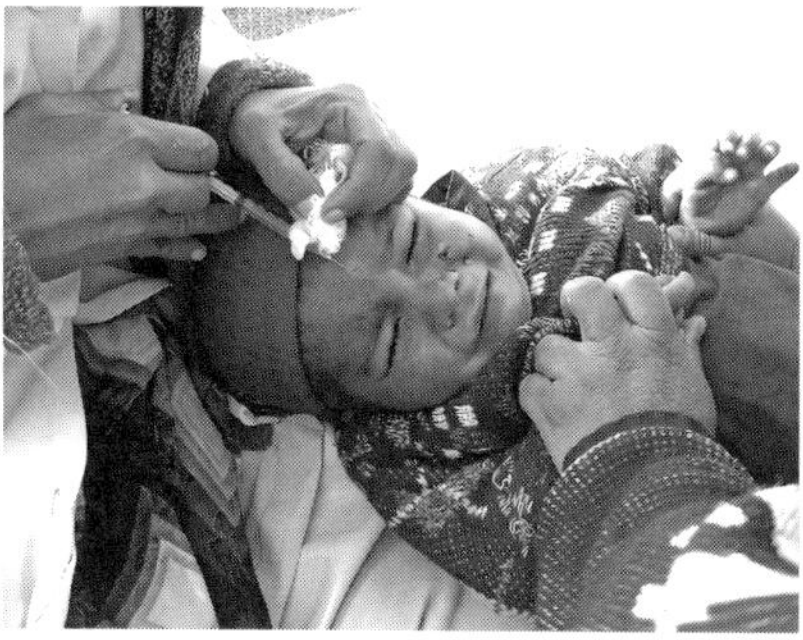

皮膚リーシュマニア病変部下床に局注

皮膚リーシュマニア症では、サシチョウバエによる刺咬部位に境界明瞭な皮膚病変が生じる。その外観は様々である。初期病変は多くの場合丘疹で、徐々に拡大して中心が潰瘍化し、細胞内原虫が集中する部分に盛り上がった紅斑性の境界を形成する。潰瘍は典型的には疼痛を伴わず、二次感染が生じない限り全身症状を引き起こさない。病変は通常数カ月後に自然治癒するが、数年持続することもあり、陥凹した熱傷様瘢痕を残す。

現地では、医療用メスで病変から組織を取り、ギムザ染色で原虫の存在を確認して診断していた。原虫を認めなくても、臨床的に皮膚リーシュマニア症を疑えば治療をした。ＰＣＲ法による分析や培養による原虫の分離などは、言うまでもなく、現地ではできなかった。

皮膚リーシュマニア症の臨床像とその他の因子に応じた治療のための多様な薬剤が報告されているが、現地では五価アンチモン化合物である、meglumine antimoniate（商品名Glucantime）を皮膚リーシュマニア症で使用していた。

Glucantimeを「筋肉注射により全身投与した群と病巣内に直接投与した群」と比較した研究では、「両群の治療結果に差異はなく、病巣内に直接投与した方が、費用対効果が優れていた」という報告がある。このため、Glucantimeは心毒性などの副作用もあるため、皮膚リーシュマニア症の患者には、筋肉注射などの全身投与は行わず、病変部下床に局注していた。

皮膚粘膜リーシュマニア症の患者は、鼻・口・咽喉の粘膜の一部または全部が破壊されるが、アフガニスタン・パキスタンではほとんど報告されていない。

内臓リーシュマニア症は、カラ・アザールとしても知られており、治療しなければ九五％以上で死に至る。不規則な発熱・体重減少・食欲不振・肝脾腫（肝臓と脾臓が大きくなること）による腹部膨満感・汎血球減少（赤血球・白血球・血小板のすべての血球成分が減少した状態）を特徴とする。アフガニスタン・パキスタンも流行地とされているが、私はＰＭＳ病院で、内臓リーシュマニア症患者を経験しなかった。

私の後に現地に赴任した仲地省吾先生から、ＰＭＳ病院で、不規則な発熱・肝脾腫・貧血が見られた不明熱の十歳の女児を経験したと聞いた。中村先生に、この患者さんの診察を依頼し、「内臓リーシュマニア症ではないか」と言われ、診断的治療（sodium stibogluconateによる）をしたところ軽快したそうである。

内臓リーシュマニア症は、血清学的検査および、骨髄・リンパ節から採取した吸引液をギムザ染色して原虫の存在を確認、あるいはＰＣＲ法で分析して診断するが、これらの検査は高度な医療設備を必要とする。このため、ＰＭＳ病院のような医療設備が限られた施設では、不明熱（特に肝脾腫、汎血球減少を伴う）の鑑別診断として内臓リーシュマニア症も念頭に置き、必要あれば診断的治療を考慮する必要がある。

参考文献

1　Reithinger R, et al.：Cutaneous leishmaniasis. Lancet Infect Dis.7(9):581–96,2007
2　吉田幸雄：リーシュマニア『図説人体寄生虫学（第10版）』南山堂, 2021
3　MSDマニュアルプロフェッショナル版 リーシュマニア症
https://www.msdmanuals.com/ja-jp（２０２２年3月12日）
4　Reithinger R, et al.：Anthroponotic cutaneous leishmaniasis, Kabul, Afghanistan Emerg Infect Dis.;9(6):727-9, 2003
5　Alkhawajah AM, et al.: Treatment of cutaneous leishmaniasis with antimony: intramuscular versus intralesional administration. Ann Trop Med Parasitol 91: 899–905, 1997

増悪と寛解を繰り返す背部痛

中年のアフガン男性が、「増悪と寛解を繰り返す右背部痛」を訴え、ＰＭＳ病院外来に来た。背部痛以外に発熱など特記すべき症状はなく、全身状態も良好であった。胸部レントゲン検査で右肺に孤立した円形の腫瘤を認めた。肺がん・結核・良性腫瘍など多くの鑑別診断が考えられるが、日本の病院のように、胸部ＣＴ検査などの高度な検査はできない。「レントゲン一枚で診断は難しいな」と途方に暮れてレントゲン写真を眺めていた。

するとその近くにいたサイフラー先生が、

「ドクター、〝Echinococcosis〟ではないでしょうか。胸部レントゲン検査で孤立した円形腫瘤を認め、発熱などの症状がなく全身状態が良好の場合、アフガニスタンでは鑑別診断としてこの疾患も考えなければなりません。私が、患者さんに説明しましょう」。自信ありげに答えた。

「"Echinococcosis（エキノコックス症）"？　日本の北海道という所でキツネの糞が主な感染源であるそのような病気があるというのを聞いたことがあるが」と私は答えた。

同僚医師は、駆虫薬であるアルベンタゾールという薬の処方箋を書き、「この薬で軽快しなければ手術が必要です」と患者に説明していた。

単包条虫および多包条虫は一般にエキノコックスといわれる条虫で、成虫はイヌやキツネ（終宿主）などの小腸に寄生している。その終宿主から排泄された虫卵が中間宿主であるヒトに摂取されると、人体各臓器、特に肝臓・肺臓・腎臓・脳などで幼虫系の包虫が増殖し、嚢胞を形成して諸症状を引き起こす。これをエキノコックス症と言う。

エキノコックス症には、単包性エキノコックス症（単包条虫の幼虫系の単包虫による）と多包性エキノコックス症（多包条虫の幼虫系の多包虫による）がある。本邦では、単包性エキノコックス症の報告は稀である。

単包条虫の終宿主はイヌで、草食動物（ヒツジ・ウマ・シカ）などの家畜動物が中間宿主となり生活サイクルを形成している。一方、多包条虫の終宿主はキツネやイヌで、中間宿主は野ネズミを中心とする齧歯類である。ヒトは単包条虫および多包条虫の中間宿主になり得、感染した終宿主から排泄された虫卵を経口的に摂取することで感染する。虫卵は空腸で孵化し、六鉤幼虫が現れ、腸管壁から血管内に入り込み、門脈系を介して人体各臓器に運ばれて包虫となり、定着・増殖して嚢胞を形成して病巣を形成する。囊胞の成長は緩慢で、囊胞が小さい間は無症状に経過するため、自覚症状は長期間を経た後に出現する。

多包性エキノコックス症はキツネの生息地である北海道を含む北半球の寒冷地帯に多発する。北海道東部から北海道全域へと伝播域を拡大しつつあり、住民の健康に脅威を与える感染症となっている。北海道全域の実に四〇％前後のキツネが感染している。また、年間の本症の新規感染者数が二十人前後で推移していることが報告されており、決して過去の風土病ではない。腫瘍様塊状の病巣を形成する疾患であり、病巣の増大にともない周囲臓器（約98％が肝臓）へ浸潤・転移する。本症はlethal parasitosis（死を招く寄生虫症）と呼ばれ、放置すると外科的治療が困難または不可能な海綿状（スポンジ状）の硬い腫瘤を生じ、予後は不良（90％以上が致死的）である。外科的切除が唯一の根治的治療法である本症では肝切除が可能な早期例の発見が肝要である。感染したキツネの糞には多数のエキノコックスの卵が含まれ、体毛にはたくさんの虫卵が付着している。どんなにかわいくてもキツネに触ってはいけない。

単包性エキノコックス症は、南米・地中海・東アフリカ・アフガニスタンおよびパキスタンを含む中央アジアの牧羊地域で多く見られる。「免疫血清学的検査で陽性」「手術材料から包虫を検出」、これらにより本症と診断される。流行地での居住歴、イヌなどとの接触の有無は本症診断の上で重要な情報となる。

人が単包虫に感染すると75％は肝臓、22％は肺に寄生する。流行地の患者の胸部レントゲン検査で腫瘤陰影（多くは孤立性で、しばしば円形）を認めた場合、鑑別診断として単包性エキノコックス症も考えなければならない。ＰＭＳ病院に腹部エコーが導入され、肝単包性エキノコックス症を疑う所見が見つかるようになった。腹部膨満感などの症状を訴える患者の腹部エコーで、「隔壁が厚い嚢胞を認め、嚢胞内に複数の嚢胞すなわち、〝daughter cyst（娘包嚢）〟および包虫砂（微小な高エコースポット）」を疑う所見を認めた場合、肝単包性エキノコックス症を疑った。

単包性エキノコックス症は、孤立性病巣が多いため、病巣の状態に合わせて嚢胞の外科的切除やＰＡＩＲ（puncture-aspiration-injection-reaspiration 嚢胞への薬剤注入と再吸引）、アルベンタゾール投与などで対応する。破裂や黄疸を来す場合以外は良好な経過をたどる。最近では、腹部エコー所見により肝単包性エキノコックス症の治療方針を決める治療プロトコールが報告されている。駆虫薬であるアルベンタゾールは病巣拡大を抑制する効果が期待できる。さらに、アルベンタゾール単独投与のみでの治癒例も報告されているが、長期投与を必要とする。

ＰＭＳ病院では、「胸部レントゲン検査で肺単包性エキノコックス症」「腹部エコーで肝単包性エキノコックス症」、これらを疑った症例を、免疫血清学的検査や手術材料から包虫を検出して確定診断することはできない。このため、経済的余裕のある患者には、高度な医療設備のある病院へ紹介した。アルベンタゾールは、薬価が高く、長期投与を必要とするため、貧困層の人々は、経過観察するしかなかったのである。

参考文献

1　吉田幸雄：単包条虫および多包条虫『図説人体寄生虫学（第10版）』南山堂、2021

2　Agudelo Higuita NI et al.：Cystic Echinococcosis. J Clin Microbiol, 54(3):518-23,2016
3　Botezatu C, et al.：Hepatic hydatid cyst - diagnose and treatment algorithm. J Med Life, 11(3):203-209, 2018
4　Dudha M, et al. A Case of Echinococcal Cyst of the Lung. Respir Med Case Rep, 25:286-292,2018
5　国立感染症研究所　エキノコックス症とは　https://www.niid.go.jp/niid/ja/kansennohanashi/338-echinococcus-intro.html（２０２２年２月26日）
6　国立感染症研究所　北海道のエキノコックス症流行の歴史と行政の対策　https://www.niid.go.jp/niid/ja/typhi-m/iasr-reference/2440-related-articles/related-articles-469/8691-469r07.html（２０２２年２月26日）
7　日本寄生虫学会　寄生虫症薬物治療の手引き 改訂（２０２０年）第10.2版　http://jsp.tm.nagasaki-u.ac.jp/wp-content/uploads/2022/01/tebiki_2020ver10.2.pdf（２０２２年４月30日）

腸管寄生虫症

ＰＭＳ病院でよくみられた寄生虫疾患の中で、マラリア・リーシュマニア症・エキノコックス症に関して前述した。ここでは、患者さんの糞便の直接塗抹法（糞便を直接スライドグラスに塗りつける方法）による顕微鏡検査で、現地でよくみられた腸管寄生虫に関する寄生虫症について述べる。

パキスタンの大都市・カラチのスラム街で、「無作為に一～五歳の小児三百五十人の便を集めて鏡検すると、五二・八％に腸管寄生虫がみられた。ランブル鞭毛虫・回虫・小型条虫・ヒトブラストシスチスが多くみられた」という二〇〇六年に行われた調査報告がある。

アフガニスタンの都市・ガズニで、二〇一三年に行われた調査では、「三七・三％に腸管寄生虫が見られ、ランブル鞭毛虫・回虫・小型条虫が多くみられた」という報告がある。

ＰＭＳ病院では、入院時にルーチン検査として、入院患者の全員に糞便の直接塗抹法による顕微鏡検査を行っていた。正確な統計はとっていないが、約半数の患者の便に寄生虫が見られたと思う。

このように、現地では高率に腸管寄生虫が見られ、私の便からも赤痢アメーバの嚢子が見られたことがある。ＰＭＳ病院では、赤痢アメーバ・ランブル鞭毛虫・回虫・小型条虫が多くみられ、稀に鉤虫・鞭虫が見られた。

参考文献

1 Mehraj V, et al. Prevalence and Factors Associated with Intestinal Parasitic Infection among Children in an Urban Slum of Karachi. PLoS ONE. 3(11): e3680, 2008

2 Krzysztof Korzeniewski1, et al. Current status of intestinal parasitic infections among inhabitants of the Ghazni and Parwan provinces, Afghanistan Family Medicine & Primary Care Review 19(1): 23–28, 2017

赤痢アメーバ症

赤痢アメーバ症は、原虫（単細胞の寄生虫）である赤痢アメーバの感染によって引き起こされる。

本原虫は、病原種の*Entamoeba histolytica*（約一〇％）と、非病原種の*Entamoeba dispar*（約九〇％）などに大別できる。この中で、人に臨床症状を引き起こすのは*E. histolytica*であるため、本原虫のみが治療の対象となる。

赤痢アメーバの生活史には、栄養体（trophozoite）と嚢子（cyst）の二つの形態が存在する。ヒトへの感染は、主に肛門と口唇が直接接触するような性行為や、生水・生野菜などの飲食物を介して嚢子を経口摂取することで成立する。

嚢子は体内に入ると、小腸で脱嚢して分裂し、大腸に下って成熟した栄養体になる。栄養体は通常大腸の粘膜上で細菌と共生して生活している。しかし、何らかの原因（宿主の年齢、免疫機能、遺伝的感受性などが考えられているが、いまだに詳細不明）で、栄養体が大腸粘膜に侵入を開始する。栄養体は偽足により腸管内での運動が可能であり、蛋白分解酵素により組織を融解し、腸管に潰瘍性病変を形成する。また、組織に侵入した栄養体は門脈に入ると血行性に移行し、肝膿瘍などの腸管外病変を形成することがある。栄養体の一部は大腸腔内で再び嚢子となり、糞便中に排出される。体外環境では生存できない栄養体に対して、嚢子は長期間生存することができ、かつ、感染力を持ち続けることができる。

世界の*E. histolytica*の感染者は約四千八百万人、年間死亡者数は約七万人と報告されている。患者の多くは、中南米、アフリカ、南アジア地域に集中している。パキスタンにおける*E. histolytica*の有病率は、一三・六〜六三・八％と推定されている。わが国では都市部の男性同性愛者に感染者の増加が見られ、性感染症としても認識されるようになり、ＡＩＤＳの合併症としても重要である。

赤痢アメーバ症は臨床症状を認めない無症候性病原体保持者と、臨床症状を認める腸管および腸管外アメーバ症に分類できる。無症候性病原体保持者は赤痢アメーバ症患者の中で最も多く、*E. histolytica*に感染する患者の九〇%がこれに該当する。

腸管アメーバ症(アメーバ性腸炎)は*E. histolytica*による感染の一〇%で発症する。主な臨床症状は、下痢・しぶり腹・腹痛があげられる。便の性状は、粘血便(イチゴゼリー状)が本症の特徴だが、軟便や水様便を呈する場合も少なくない。粘血便は大腸粘膜面に形成された潰瘍から、血液と粘液が混じったものが排出されるためである。現地ワーカーで、粘血便の見られる典型例を数例経験したことがある。

アメーバ性腸炎の発症は一般的に緩徐で、数日から数週間の間隔で増悪と寛解をくり返す。全身状態は保たれており、多くの患者は、通常の社会生活を送ることができる。潰瘍性大腸炎と臨床症状が似ているため、潰瘍性大腸炎として年余にわたり投薬を受けている例に遭遇することがある。

腸管外アメーバ症の発症頻度は、腸管アメーバ症よりもさらに低く、*E. histolytica*感染の一%未満である。様々な臓器に病変を作るが、アメーバ性肝膿瘍が最も頻度の高い腸管外アメーバ症である。肝膿瘍の検出には腹部エコーが有用である。アメーバ性肝膿瘍の主な臨床症状は、発熱・上腹部痛・盗汗である。発熱のみで来院する場合もあり、現地では不明熱の原因として念頭に置かなければならない疾患のひとつである。

赤痢アメーバ症の診断法には、顕微鏡検査、抗原検出検査、遺伝子検査、血清検査、大腸カメラなどがあげられる。これらの検査法の中でも*E. histolytica*による感染と確定診断するためには、抗原検出検査や遺伝子検査が有用だが、当然ながらＰＭＳ病院ではこのような高度な検査はできない。患者の便を、直接塗抹法を用いて顕微鏡で観察する検査のみ可能だった。顕微鏡検査は簡便である一方、*E. histolytica*と非病原種の*E. dispar*を形態学的に区別できない。粘血便を伴うような症例や、顕微鏡検査で、偽足を出して活発に動き回る栄養体や赤血球の貪食像を認めれば、*E. histolytica*によるアメーバ性腸炎を強く疑っていた。

ＰＭＳ病院での入院ルーチン便検査で、赤痢アメーバの嚢子が観察される場合がしばしばあった。この場合、下痢・腹痛・低栄養などの症状がなければ、病原種の*E. histolytica*と、非病原種の*E. dispar*とは顕微鏡検査では区別がつかないので、現地では投薬治療をしなかった。しかし、先進国では、遺伝子検査などで*E. histolytica*の嚢子であることが確認されれば、周囲に感染を拡大させる危険性があるため、投薬による駆除の対象とされている。

赤痢アメーバ症の治療薬であるメトロニダゾールは、アメーバ性腸炎、アメーバ性肝膿瘍の第一選択剤であり、奏効率は九十％以上と報告されている。

アメーバ性肝膿瘍の治療では、膿瘍穿破の危険がある病巣や、肝左葉に形成された巨大病変以外には、原則としてドレナージは不要である。多くの場合、細菌性の肝膿瘍と異なりメトロニダゾールによる単独治療がきわめて有効である。

参考文献

1　吉田幸雄：赤痢アメーバ『図説人体寄生虫学（第10版）』南山堂，2021

2 Haque R, et al: Amebiasis. N Engl J Med 348:1565-73, 2003
3 国立感染症研究所　アメーバ赤痢とは
https://www.niid.go.jp/niid/ja/kansennohanashi/315-amoeba-intro.html（２０２２年４月16日）
4 柳澤如樹：原虫疾患：赤痢アメーバ症　モダンメディア 58: 237-245, 2012
5 Khan B, et al. Seroprevalence and associated risk factors of Entamoeba histolytica infection among gastroenteritis patients visiting the public healthcare system, Pakistan. J Pak Med Assoc. 69(12):1777-1784, 2019

ジアルジア症

ジアルジア症は、病原性腸管寄生原虫であるランブル鞭毛虫（*Giardia intestinalis*）によって引き起こされる小腸及び胆道系の感染症である。世界に広く分布し、地球規模でみればごくありふれた腸管系原虫で、衛生状態の悪い地域に多くみられる。ジアルジア症の感染者数は、数億人に達するとされている。有病率が二十％を超える国も少なくない。二〇〇七年から二〇〇九年に行われたアフガン難民の調査で有病率三七・七％であったという報告がある。日本では熱帯地域とくにインド、ネパールに旅行した者に多くの感染がみられる（旅行者下痢症 taraveller's diarrhea）。

ランブル鞭毛虫にはその生活史上、二分裂により増殖する栄養型と感染性囊子の形態をとる。ジアルジア症は汚れた手・食器・生野菜・飲料水などを介し、ランブル鞭毛虫の囊子を経口摂取することによって感染する。特に小児に容易に感染が成立する。

経口的に摂取された嚢子は胃を通過後、速やかに脱嚢して栄養型となりヒトの小腸に寄生する。感染者の多くは無症状で、糞便中に持続的に嚢子を排出している嚢子保有者だが、他のヒトへの感染源として重要である。

発症すると泥状・水様の下痢（しばしば脂肪性）、おくび・放屁、悪心・嘔吐などを示す。血便や高熱は通常認めない。

患者の糞便の直接顕微鏡検査によりランブル鞭毛虫の栄養型または嚢子を検出すれば確定診断となる。一般に活発に運動している栄養型虫体は下痢便に見られ、嚢子は有形便中に見られる。栄養型虫体は印象的な洋梨型の形相を示す。メトロニダゾール（商品名フラジール）が有効な駆虫薬である。

参考文献

1　吉田幸雄：ランブル鞭毛虫『図説人体寄生虫学（第10版）』南山堂, 2021
2　国立感染症研究所　ジアルジア症とは
https://www.niid.go.jp/niid/ja/kansennohanashi/410-giardia.html（２０２２年４月16日）
3　Abrar Ul Haq K, et al. Prevalence of Giardia intestinalis and Hymenolepis nana in Afghan refugee population of Mianwali district, Pakistan. Afr Health Sci. 215(2):394-400, 2015

回虫症

回虫は体長三十センチもある大型の線虫で人目に付きやすく、古代ギリシャの医師ヒポクラテスの時代から知られている。回虫は世界中の衛生状態の悪い地域に分布し、約十四億人が感染していると推定される。わが国にも昔から存在し、とくに第二次世界大戦の戦中・戦後の生活困窮期には国民の八〇%以上が感染し、結核と共に国民病といわれた。

回虫症は、土壌中に存在する幼虫形成卵（幼虫を内蔵した虫卵）が手に付着したり、野菜などの食物を介して経口摂取されることで成立する。経口摂取された回虫の虫卵は十二指腸内で孵化し、幼虫となる。幼虫は小腸壁から体内に侵入し、門脈に入って肝臓に運ばれ、さらに血流によって心臓および肺に到達する。次いで肺胞に出て、肺胞壁を通過して気管支・気管を上行して中咽頭で嚥下され、再び小腸へ達し、感染後二〜三カ月で成虫になる。雌成虫は一日に約二十万個もの虫卵を排出する。なお、虫卵は感染性を持つまでに土壌中で一定期間発育し、幼虫形成卵となる必要があり、感染者から排出直後の虫卵に感染性はない。

余談だが、このような回虫が感染後体内移行を行うことを発見したのは吉田貞夫（１９１７）である。ここでは詳細を省くが、吉田貞夫のように、寄生虫学発展の歴史の中で、日本人は数々の業績を成し遂げた。私は、タイ国の熱帯医学校で寄生虫学を学んだ。その際、数多くの日本人の業績が、寄生虫学の授業で紹介され、日本人として誇らしく思った。

最近では二〇一五年、大村智博士が、感染すると失明に至ることがあるオンコセルカ症をはじめ、多くの寄生虫に有効な薬剤イベルメクチンの開発に貢献し、ノーベル医学生理学賞を受賞した。

中村先生は、英国のリバプールの熱帯医学校で熱帯医学を学んだ。その時、寄生虫学の教授が、何故はるかリバプールまで日本人が熱帯医学を学びに来るのか、次のように不思議に思ったそうである。

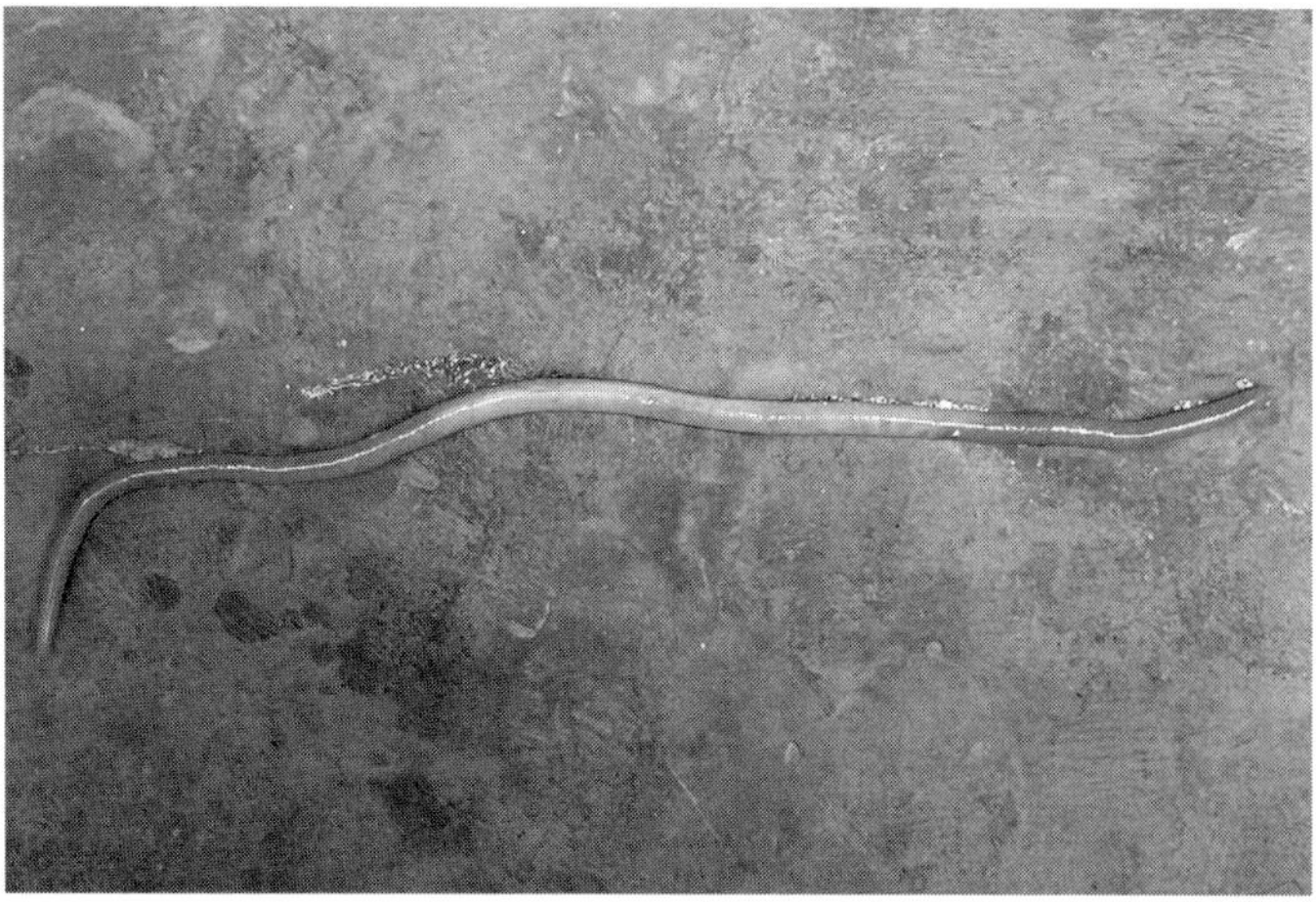

男児の口から出てきた回虫（元ワーカー仲地省吾医師提供）

「私が『日本で熱帯病の臨床を学ぶ施設が皆無だ』と伝えると、『それはおかしい。あのとき日本も我々以上に熱帯病に苦しめられたはずだ』といぶかる。そしてこれを見てくれと、図版入りの寄生虫病学書を突きつけた。

これが何と、戦前の日本語の本を英訳したもの。座右の書だという。私もまた絶句、教授と同じ疑問をいだいた。学問の分野だけでなく、住血吸虫症の根絶モデルなどは一九三〇年代に日本で完成、世界各地で踏襲されている。誇りにしてよいのか、恥なのか分からない。おそらく日本の閉鎖性であろう。自国で問題が去れば、重視しないのである」（『辺境で診る 辺境から見る』石風社）

回虫の成虫が小腸内で静かに寄生している場合はほとんど無症状である。しかし、多数寄生の場合、虫体がもつれあって、腸閉塞を来すことがある（特に小児の場合）。また、回虫は小孔に頭を突っ込む性質があるので、胆管・膵管などに迷入し、ときに胆管または膵管を閉塞して胆嚢炎または膵炎を引き起こすことがある。ＰＭＳ病院に腹部エコーを導入して以来、腹痛を訴える患者の腹部エコーで、「拡張した総胆管内に索状構造物」が描出される症例を数例経験した。臨床症状から総胆管内に迷入した回虫が疑われた。

回虫症の診断は、鏡検よる便中の虫卵検出である。回虫の雌は一日に約二十万個もの虫卵を産出するので、検査法としては集卵法を用いなくても直接塗抹法で十分である。便中または口腔から排出された成虫（体長二十～三十センチの乳白色紐状）の観察により診断することもある。

治療は、メベンタゾール、アルベンタゾール、ピランテルパモエイト（商品名：コンバントリン）が有効だが、ＰＭＳ病院では、薬価の安いコンバントリンを使用していた。

参考文献
吉田幸雄：回虫『図説人体寄生虫学（第10版）』南山堂、２０２１

小型条虫症

条虫は一般にサナダ虫といわれるように真田紐《さなだひも》や「きしめん」のように長くて平べったい外観を呈している。日本海裂頭条虫の幼虫はサクラマス、カラフトマス、シロザケなどに寄生している。幼虫が寄生したこれらの魚を生あるいは加熱不充分な状態で摂取することで感染する条虫症の一種である日本海裂頭条虫症が、現在の日本でも報告されている。日本海裂頭条虫の成熟虫体の体長は五～十メートルにもなる。秋田県の病院で、「きしめん様のものが肛門から出た」と訴える日本海裂頭条虫症の患者を私は経験したことがある。患者さんは、サクラマスを釣って、生の刺身を食べたのである。同僚医師に「学会発表しましょうか？」と言ったところ、「秋田県ではしばしば経験し、珍しくありません」とのことだった。

余談だが、寄生虫博士こと東京医科歯科大名誉教授藤田紘一郎先生は、「サナダ虫（日本海裂頭条虫）」を自分の腸内に寄生させていた。北陸から鮭を取り寄せて幼虫を探してカプセルに入れ、飲み込んで寄生させたのである。このことより、アレルギー性疾患の抑制になり、さらに栄養を奪ってくれるのでダイエットにもなると述べている。真偽不明であるが、二十世紀最高のソプラノ歌手と言われたマリア・カラスは体内にサナダ虫を寄生させ、一〇五kgあった体重を一年で五十五kgにまで減量させたと言われている（良い子は真似しないでね）。藤田先生は、「今、私はお腹の中に、サナダムシの『キヨミちゃん』というのを飼っています。『人の寄生虫は、宿主の人にいいことをしている』ということを示すためです」と語っている。

藤田先生は、「花粉症やアトピー性皮膚炎などのアレルギー疾患が増えたのは、身の回りの微生物を人間が一方的に排除したことが原因である」「微生物の一種である寄生虫には免疫力を高め、アレルギー反応を抑制する効果がある」という説を唱えている。

先進国の乳児では、抗菌薬の過剰使用や細菌への暴露の低下により、その後のアレルギー疾患を発症しやすくなるという「衛生仮説」が提唱されている。

ヨーロッパの研究では、ヨーロッパの農場で育った子どもと都市部で育った子どもの気管支喘息・

アトピー性皮膚炎への罹患頻度を調べたところ、農場で育った子どもは、有意に気管支喘息・アトピー性皮膚炎の発症頻度が低いと報告されている。これらの疫学的な調査により、微生物に対する小児期の暴露がその後のアレルギー疾患の発症に関与していることが示唆されたという、藤田先生の仮説の一部を支持する結果が出ている。その後おこなわれた世界的な調査でも、比較的清潔な都会や先進国にアレルギー疾患患者が多く、発展途上国に少ないという報告が出ている。PMS病院でも気管支喘息、アトピー性皮膚炎などのアレルギー疾患患者を私は経験したことがない。

これだけ聞くと昔のような非衛生的な生活の方が、アレルギー疾患患者が少なくてよかった、と考えるかもしれない。しかし、現在の衛生的な生活が、さまざまな細菌や寄生虫の感染症による死亡数を減らすことに貢献したのは事実である。

一方で、高まる清潔志向によりコロナ禍で育った子供たちに、将来、免疫力の低下によるアレルギー疾患や自己免疫疾患の発症が増え、さらに病原菌に対する抵抗力が低下するのではないかと危惧している。子供が、お店や公共機関などに設置されているアルコール消毒液で真面目に手指消毒しているのを見ると、私は複雑な気持ちになるのである。行き過ぎた清潔志向もほどほどにして、手指消毒をする代わりと言ってはなんだが、時々は、子供に泥んこ遊びや砂遊びをさせて、細菌に暴露させるべきだと昭和のおやじは思うのである。まだはっきりとした結論が出ていないが、近年、寄生虫療法（患者に寄生虫を感染させる）や寄生虫由来たんぱく質が、アレルギー性疾患、自己免疫疾患の治療に有効であるかどうかという多くの研究がなされている。

余談が長くなったが、本題に戻る。小型の腸管寄生条虫である小型条虫（*Rodentolepsis nana*）は、最もよくみられるヒト条虫である。「ナナ条虫」と可愛らしい別名もある。日本海裂頭条虫の体長（五～十メートル）に比べ、わずか十～三十ミリである。世界中に分布し、元来ネズミの寄生虫だが、特に衛生状態の悪い環境の子供が容易に感染する。ネズミまたはヒトの糞便内に排出された虫卵を直接経口摂取して感染するのだ。少数寄生の場合は、大した症状はないが、虫体数が増加すると症状がみられる。虫体が腸絨毛内に侵入するため、悪心、腹痛、下痢、血便、栄養障害などが見られる。一般に本虫が多数寄生している子供は貧血が見られ、発育不良である。

糞便中の虫卵を検出することにより診断する。虫卵の内部に「レモン型の幼虫被殻」があるのが特徴で、顕微鏡検査で容易に同定できる。条虫の駆虫薬であるプラジカンテルが有効である。

参考文献

1　藤田紘一郎：『笑うカイチュウ』講談社文庫、1999
2　竹田潔ほか：腸管免疫からみたアレルギー疾患 日本内科学会雑誌106(9), 1838-1841, 2017
3　Strachan DP : Hay fever, hygiene, and household size. BMJ 299: 1259—1260, 1989.
4　Ege MJ, et al : Exposure to environmental microorganisms and childhood asthma. N Engl J Med 364: 701-709, 2011
5　吉田幸雄：小型条虫、縮小条虫および多頭条虫『図説人体寄生虫学（第10版）』南山堂、2021
6　Wu Z, Wang L, Tang Y, Sun X. Parasite-derived proteins for the treatment of allergies and

autoimmune diseases. Front Microbiol. (2017) 8:2164. doi: 10.3389/fmicb.2017.02164

鉤虫症

鉤虫症は、鉤虫（hookworm）の腸管寄生により、鉄欠乏性貧血などの症状をおこす疾患である。鉤虫のうちヒトに寄生するのは、ズビニ鉤虫（*Ancylostoma duodenale*）とアメリカ鉤虫（*Necator americanus*）で、前者は温帯地域、後者は熱帯・亜熱帯地域を中心に流行し、開発途上国を中心に感染者は六～七億人といわれている。わが国にも昔から蔓延していたが、最近著しく減少した。釣り針のような鉤をもつことから鉤虫（英名hookworm）と呼ばれる。

これら鉤虫の虫卵は温暖かつ湿潤な土壌などの環境中において、一～二日で孵化して幼虫となる。幼虫は、さらに五～十日ほど経過すると人に対しての感染性を示すようになる。

鉤虫の感染経路には経口感染と経皮感染がある。前者はズビニ鉤虫に多く、幼虫の付着した野菜などの摂取により感染する。後者はアメリカ鉤虫に多く、土壌中の幼虫が手足の皮膚から侵入して感染する。ヒトの体内に侵入した幼虫は、肺を循環した後に、小腸に到達して成虫となる。成虫は長さ一センチの紐状の虫体で、小腸粘膜に咬着して吸血するとともに、虫卵を糞便中に排泄する。

ズビニ鉤虫やアメリカ鉤虫の少数感染では無症状だが、多数感染すると症状が出現する。鉤虫の症状には、幼虫の移行による症状と、小腸に寄生する成虫による症状の二種類がある。鉤虫の感染幼虫がヒトの皮膚に侵入すると比較的小規模の点状皮膚炎を示すことがある。成虫は小腸粘膜に咬着して吸血するため、多数寄生すると、鉄欠乏性貧血を来す。貧血に関連して、異食症といって木炭・生米・壁土など異常なものを食べたがることがある。

鉤虫症は、糞便中に存在する虫卵を確認することで診断する。ズビニ鉤虫なのかアメリカ鉤虫なのかは虫卵を見ただけでは判断できないが、治療上は両者の鑑別は必要ない。鉤虫は産卵数が少ないため、糞便検査としては厚層塗抹法や集卵法（飽和食塩水浮遊法）を用いる。飽和食塩水浮遊法を用いる理由は、鉤虫卵は比重が比較的小さいので飽和食塩水中で便を溶解すると虫卵が浮上するからである。

メベンタゾール、アルベンタゾール、ピランテルパモエイト（商品名　コンバントリン）が有効だが、ＰＭＳ病院では、薬価の安いコンバントリンを使用していた。

ＰＭＳ病院では、糞便検査で飽和食塩水浮遊法を用いていなかった。このため、貧血患者の糞便中に鉤虫卵を認めなくても、鉤虫症の可能性を否定できないため、貧血患者にコンバントリンを投与することもあった。

参考文献

１　吉田幸雄：鉤虫『図説人体寄生虫学（第10版）』南山堂、２０２１

２　日本寄生虫学会　寄生虫症薬物治療の手引き 改訂（２０２０年）第10.2版

http://jsp.tm.nagasaki-u.ac.jp/wp-content/uploads/2022/01/tebiki_2020ver10.2.pdf（２０２２年４月30日）

治らない病気（経済的背景を考えての対応）

ＰＭＳ病院の外来には多くの末期癌や難病の神経疾患患者が来院した。複数の病院を回ったが軽快せず、日本人がいる病院なら何とかしてくれるのではないかと多くの患者さんは期待していた。神経疾患では遺伝性ニューロパチー・筋ジストロフィー・筋萎縮性側策硬化症・パーキンソン病・重症筋無力症・脊髄小脳変性症などが疑われる患者だった。頭部ＣＴなどの画像検査はできないので、神経疾患が専門である中村先生が、病歴、神経学的所見などで疑われる疾患を、患者さんと患者さんのご家族に説明していた。

遺伝性ニューロパチーのうち、感覚障害を主症状とする遺伝性感覚性自律神経性ニューロパチーと思われる多くの患者が、ＰＭＳ病院で入退院を繰り返していた。患者は表在覚の低下あるいは消失により痛みを感じなくなり、ハンセン病患者のように足趾《そくし》の外傷・感染に気付くのが遅れる。このため、うらきず（足底潰瘍）治療のために、ハンセン病患者に交じって入院していたのである。

腹部エコー・胃カメラが導入され、肝臓ガン・胃がん・食道がんなども診断できるようになった。現地では食道がんがほとんどで胃がんは稀だった。心エコーが導入され、心室中隔欠損症、ファロー四徴症などの先天性疾患も多くみられた。悪性リンパ腫・白血病・サラセミアを疑う血液疾患も見られた。日本であれば手術・抗がん剤・放射線治療などを考えるが、現地では患者の経済的背景を考えなければならない。

患者の中には、いろいろな病院を回り、大金を費やして財産を失ってしまう人もいる。また、現地の医者の中にはこれらの患者に不必要な検査・治療をして金儲けをしている人もいると聞いた。したがって、これらの患者および前述した神経疾患患者には、経済的背景を考えて必要な治療を提案し、場合によっては、「これ以上無駄な病院周りをしないように」とはっきり告げることも必要であった。

以前、中村先生がパーキンソン病と診断した患者にドーパミン製剤を投与したところ、軽快して患者さんに大変感謝されたそうである。しかし、数年後その患者に合うと、非常にみすぼらしい格好をしていた。患者さんは高価な薬（ドーパミン製剤）を買い続けたために、財産を失ってしまったそうである。それ以降、中村先生はその患者に、自分のポッケトマネーで治療薬を提供していた。この苦い経験から先生は、金銭的余裕のある患者以外には、このような治療法を教えないように決めたそうである。

ＰＭＳ病院は、高血圧・糖尿病・パーキンソン病などの慢性疾患に対して投薬を援助する余裕はなかった。予算が限られているため、より多くの人を助けるために、医療分野では主に、ハンセン病、てんかん、感染症を中心とした急性疾患の治療に予算を配分していたのである。

V　ペシャワールを去る

1　迷いの日々

自己嫌悪と坐禅

「Ⅲ-1現地への帰還が困難に」で述べたように、二〇〇一年の9・11の余波もあり、やり残した仕事が多々あったが、現地活動を志半ばで終えざるを得なくなった。ペシャワールでの仕事を不完全燃焼で終えたことで、しばらく自分自身の精神力の弱さに自己嫌悪に陥る日々を過ごした。人生に迷いが生じ、様々な哲学書を読み漁った。読後はなんとなく理解した気になりはしたが、何も頭に残らなかった（振り返ると、中村先生の著書を読むべきだった）。

釈尊は、難行苦行しても救いの道を発見できず、あらためて菩提樹の下で坐禅を修めたことで、ついに大覚（悟り）を成就された。私も「禅」を学び、坐禅をすれば救いの道を発見できるのではないかと、「禅」に関する書籍を読み漁った。

「仏教では心を迷わすものが十種類あると示しています。まず、自分自身の身体で犯す三つの行為（三悪行）があります。生きとし生けるものの生命を奪う行為（殺生）、他人の迷惑になることを省みず他のものを盗む行為（偸盗）、快楽のみを追い求め敬いの心のない行為（邪淫）。口からでる言葉によって人々を迷わす四つの会話、悪口・両舌・綺語・妄語。意《こころ》によって犯す三つの悪しき心の働き（三毒）、貪りの心・怒りの心・愚痴を言う心。これらを合わせて十悪業といい、この悪業を整理するため、静かに坐って身体と呼吸と心を整える行が坐禅であります」（細川晋輔／監修　禅入門―わかりやすい禅&坐禅（淡交ムック）二〇〇三年）と述べられていた。

なるほどと思い、私の悪業を整理するために坐禅をはじめた。坐禅をする際には、脚はいわゆる「結跏趺坐《けっかふざ》」である。「結跏趺坐」とは、「一方の足を反対側の脚の大腿の上に足裏を返して載せ、他方の足も同じように反対側の大腿に載せる」ことである。私は体が硬いが、「結跏趺坐」ができる。

一九七二年、私が小学校四年の頃『愛の戦士レインボーマン』という、悪の組織から日本を守る特撮ヒーロー番組がテレビで放映された。私を含む当時の子供たちに強烈なインパクトを与えた。主人公ヤマト・タケシ（修行の後に、レインボーマンになる）がインドの山奥で暮らす聖者ダイバ・ダッタのもと、過酷な修行を積むことから物語は始まる。「インドの山奥で修行をして　ダイバ・ダッタの魂やどし　空にかけたる虹の夢　いまさらあとへはひけないぞ　だから行くのだレインボーマン」。主題歌の歌詞は今でも頭から離れない。主題歌がテレビで流れるとき、主人公ヤマト・タケシが坐禅をして修行を行っている映像が現れる。この際のヤマト・タケシの脚はいわゆる「結跏趺坐」であった。私を含め、同級生たちは、ヤマト・タケシを真似て「結跏趺坐」ができるか競い合った。このため、私は「結跏趺坐」ができるのである。

道元は「非思量」ということばを使って、考えないということが坐禅の本質だと説いている。坐って心を澄まし、何も考えない赤子のような無心の境地にはいることを、坐禅というのである。私たちはいつも、次から次へと様々なことを思いめぐらしている。その頭の働きを、一旦止めてみる。悟りという結果を求めて坐禅するのではなく、ひたすら坐禅するその姿そのものが、悟りである。それが道元の「只管打坐《しかんたざ》」の教えである。

子供の頃、私はレインボーマンになりたいために、坐禅のまね事をした。大人になって、一度立ち止まって静かに考えてみようと坐禅を始めた。当初は自宅で、ひとりで坐禅をしていたが、坐禅のできるお寺を探して坐禅会（週末に坐禅会を催しているお寺が多くある）に参加し、坐禅指導を受けた。臨済宗妙心寺派の大本山である妙心寺の大衆禅堂で夕方六時から翌日朝九時までの坐禅体験をするために、京都にも行った。二十名が参加し、私を含め三名が初めての参加であった。坐禅会場の入場の仕方、食事の手順など独特の作法があり、古参の人から厳しい指導が入った。朝の坐禅は雲龍図で有名な法堂で実施した。

当時は何も変わらなかったように思ったが、坐禅を実践したのはよかったと思う。昨今において、マインドフルネス瞑想が注目されている。マインドフルネスと坐禅は根本的に何を目的とするかで違いがあるが、マインドフルネス瞑想は、うつ、不安障害、心的外傷後ストレス障害（ＰＴＳＤ）、摂食障害および慢性的な痛みなどにも効果があると科学的に証明されている。数年前より、再び坐禅を始め、心の平安に役立っている。

細川晋輔／監修『禅入門─わかりやすい禅&坐禅』淡交社、２００３年
禅の世界『ビジュアル仏教の世界　ほたるの本』世界文化社、２００６年
山田無文『坐禅のすすめ』禅文化研究所、１９９５年

久賀谷 亮『脳疲労が消える 最高の休息法――［脳科学×瞑想］聞くだけマインドフルネス入門』2017年

K2峰山麓の村々での調査

二〇〇四年、ヒマラヤン・グリーン・クラブ（遠藤 京子代表、特定非営利活動法人、以下HGC）が主催する「パキスタン北東部バルチスタン地方のヨード欠乏性甲状腺疾患とヨード添加塩による予防の現況」に関する調査に、私はパキスタンの国語であるウルドゥー語が少々話せるためHGCから依頼され、医師として同行することができた。

ヨードは微量栄養素の一つで甲状腺ホルモン産生にとって必須の元素であり、長期間のヨードの欠乏により種々の甲状腺機能異常が発生する。歴史上、世界のヨード欠乏地域では精神身体発育の遅延例や甲状腺腫を持つものが数多くみられ、これらはそれぞれクレチン症、地方病性甲状腺腫としてよく知られている。ヨード欠乏地域に位置する多くの国々ではこれらのヨード欠乏性疾患を予防する目的で誰もが食する塩へのヨードの添加が実施されている。HGCは、一九九三年以来、パキスタン北東部バルチスタン地方での緑化を目指し植林活動、教育支援、学校建設を実施してきた。活動初期からこの地域住民に甲状腺が腫大している者が多く、低身長、聾唖、知的障害者の存在に気づいていた。その後、ブラルド川沿いの村落で行ったHGCによる甲状腺腫罹患率、尿中無機ヨードなどの予備調査で、高度のヨード欠乏地域であることを確認した。以来HGCは、ヨード欠乏性疾患の調査とヨード添加塩の普及を活動の目標に加えた。今回我々は、前回の予備調査で行った地域より上流の

貧しくとも明るくたくましく生きる子供たち

ヨード欠乏による甲状腺の肥大

クレチン症の男児
右はほぼ同年齢の男児

K2峰の登山口までジープで遡上、流域の村落においてヨード欠乏性疾患の調査とヨード添加塩の使用状況の調査を行った。調査に先立ち、スカルド行政長官と面会してヨード塩普及に関する啓発活動を説明し、ヨード非添加塩の使用禁止を訴えた（その後、条例によりスカルド地方ではヨード添加のない食用塩の販売は禁止となった）。調査時に住民へのヨード添加塩の普及のために、紙芝居、ビラ、ユニセフ発行のパンフレットを配布して啓蒙活動を行った。これらの調査結果および活動内容は、研修医の頃から薫陶を受けている内分泌専門医である山本智英先生に指導していただき、論文としてまとめて報告した（小林晃他：基礎と臨床　パキスタン北東部バルチスタン地方のヨード欠乏性甲状腺疾患とヨード添加塩による予防の現況（原著論文）・ホルモンと臨床　53：619－626、2005）。

英国作家、ジェームズ・ヒルトンの小説『失われた地平線』に描かれた地上の楽園シャングリラは、我々が調査した峡谷の河岸段丘に点在する村落がモデルと言われている。我々が調査した早春には緑草が芽生え、桜の花に似たあんずの花が満開に咲き誇り、まさにシャングリラであった。調査中に「ぼろ服」を着た子供たちがきゃっきゃっとはしゃぎながら私たちの後をついてきた。ペシャワールと同様、貧しいながらも明るくたくましく生きる子供たちに久しぶりに会うことができた。パキスタンの地に再び踏み入ることもでき、感慨深いものがあった。

タイ・マヒドン大学熱帯医学校留学

二〇〇五年、機会があれば、再びペシャワールに戻りたいと考え、タイ・マヒドン大学熱帯医学校のDTM&H（Diploma of Tropical Medicine & Hygiene）コースで学ぶために留学した。DTM&H

という資格を取るコースは世界各地にある。英国のロンドンとリバプールにあるLondon School of Hygiene and Tropical MedicineやLiverpool School of Tropical Medicineが有名で、これらは三カ月の臨床熱帯医学コースであるが、マヒドン大学熱帯医学校では六カ月のコースである。

Liverpool School of Tropical Medicineは、世界最古の熱帯医学校として一八九八年、リバプール市の船会社の船主と業界のメンバーによって設立された。中村先生は、この医学校で熱帯医学を学んだ。リバプールは、かつて大英帝国の奴隷貿易と植民地経営の拠点港で、アフリカを食い物にしていた商人にとって、マラリアなどの熱帯医学の研究は、生死にかかわる課題だったのである。(https://www.lstmed.ac.uk/about/125/the-lstm-story)

私がマヒドンのコースを選んだのは、多くの熱帯病患者を診ることができる、臨床実習が充実している、生活費が安い、好きな国の一つである、という理由からである。

熱帯地域の疾患の知識の獲得と、それらに対する治療・予防・コントロールなどを学ぶために、日本・ミャンマー・台湾・オーストラリア・米国・オーストリア・英国・スウェーデン・ソマリアなど世界中の医師が参加した。日本人は私を含め四人だった。前述したように偶然、ペシャワールで医師として働いていた仲地省吾先生も同時期に留学されていたのには驚いた。

講義は系統別に開講され、顕微鏡実習や大学の敷地内にある附属熱帯医学病院での病棟・外来実習も行われた。附属熱帯医学病院では、地方のクリニックと提携し、熱帯病患者を受け入れていた。このため、マラリア・デング熱・ツツガムシ病・レプトスピラ症などの熱帯病患者と実際に接することができた。

三度のフィールドトリップがあり、マラリア流行地域へ行き、地域住民の検診や便・血液の検査、

熱帯医学校留学　同窓生たちと

蚊の生態調査などを行った。また、エイズクリニック・結核病院・刑務所の見学など学外での学びの機会も多くあった。多くの熱帯病患者をこのコースで診たが、同時にペシャワールで経験したことが如何に貴重なものであったかを知った。このコースで経験できなかったリーシュマニア症・コレラ・腸チフス・ハンセン病の新患などの患者を実際に診療したことがある人は、私と仲地先生、アフリカの留学生以外はいなかった。

タイ人はサッカーが大好きで、講師陣主催のサッカー大会がたびたび開催され、私も選手として参加した。刑務所見学では受刑者とサッカーの交流試合を行った。親睦会でカラオケを歌うなど（小林旭の『熱き心』を、ジェスチャーを交えて握手しながら歌ったが、西洋人にはウケなかった）、世界中の人たちと交流できた。現地の治安悪化などにより、ペシャワールには戻れなかったが、四二歳で再び学生生活を過ごせたことが何より幸せだった。

四国歩き遍路の旅

二〇〇六年四月、人生を反省するために四国歩き遍路の旅に出かけた。休暇を利用して区切り打ち（何回かに区切って回る）で、五年かけて約千四百キロメートルの道のりを歩いて結願《けちがん》（八十八すべての霊場を廻り終えること）した。

弘法大師（空海）の足跡をたどり、四国八十八カ所の霊場を歩いて巡拝する人のことを「歩き遍路」と呼ぶ。前半は野宿をすることを前提にしてテントと寝袋を持って歩いた。野宿をして歩いた時には、かなり個性豊かな人に出会い中身の濃い楽しい旅をした。体力があり可能であれば遍路の旅は野宿に限る。

初めての旅で出会った当時六十一歳のベテラン歩き遍路の浜村さん（仮名）は、私の人生において忘れられない人となった。紙幅の都合上、旅のエピソードの詳細は紹介できないが、浜村さんとの出会いを中心に旅の一部を紹介させていただく。

二〇〇六年四月二十四日、テントや寝袋、炊事道具などを入れた重い荷物を背負い、第一番霊山寺に着いた。遍路用品売り場で白装束・輪袈裟・菅笠・金剛杖などを購入し、人生初めての歩き遍路の旅を開始した。初日は第六番安楽寺の宿坊に泊まった。夕食後、安楽寺の住職さんからの説法があった。「日本の神道では、自然と神とは一体として認識され、自然なるもの（山、海、川など）全てに神が宿ると考えられている。一方、キリスト教、イスラム教などの一神教は神のもとに人々があり、自然は神によって作られた被造物であり、神は自然を支配するという教えである」と語っていた。

四月二十六日早朝、第十一番藤井寺を打ち（札所を参拝することを遍路用語で「打つ」という）、最初の難関、第十二番・焼山寺への十二・五キロの山道に入った。この道は弘法大師・空海が歩いた道として一二〇〇年の時を超えて今に残る遍路道で、通称「へんろころがし」とも言われる難所である。お遍路さんが転がるくらい険しい坂道と言われている。最初の三十分間は少し苦しかったが、その後は快調に歩くことができた。中級者向け登山が可能な人であれば、容易に歩けるコースである。その日の野営地であるコットンフィールドキャンプ場に着き、テントを張って野宿をした。

四月二十七日、第十三番大日寺の納経所で「尋ね人」の張り紙を見た。娘が父に当てた「納得いったら帰ってきてね」という張り紙には胸が詰まる思いであった。山を下り第十七番井戸寺を過ぎるころには久しぶりに市街地に入る。この日は徳島駅近くのビジネスホテルに泊る。夜、阿波踊り会館に行き、有名連による阿波踊りを見た。最後に阿波踊り体験に参加した。「これぞ世界に誇る伝統芸能」といたく感動した。その後、夏本番の阿波踊りを見に行くことになる。

四月二十八日、二番目の遍路ころがし第二十番鶴林寺の手前まで進む予定で歩いた。第十九番立江寺をしばらく進んだ所にプレハブ小屋があった。「ちょっといっぷく（ご自由にどうぞ）『寿康康寿庵』

行雲流水」という小屋の看板が目に入ったので、小屋の中に入った。ここで徳之島の私の家に六カ月間居候し、その後徳之島に住み着くことになるベテラン歩き遍路、浜村さんと運命の出会いをする。

プレハブ小屋は近くの法泉寺の住職さんが運営している善根宿であった。善根宿とは歩き遍路、修行僧、貧しい旅人などを無料で宿泊させる宿である。四国では宿泊させることは自ら巡礼を行うのと同じ功徳があるとされている。プレハブ小屋にいた浜村さんにお茶を頂きしばらく談笑した。浜村さんに先を急がないでこの善根宿に宿泊するようにと勧められた。そこには浜村さん以外に平田さん（仮名）という左手の小指の先がない人がいた。少しヤバイかなと思ったが、優しそうな顔をしていたので宿泊させていただくことに決めた。

浜村さんによると、平田さんは元々和食料理人であったらしい。服役と出所を繰り返し（罪状は不明）、合計二十年間刑に服した。その後新宿のビデオ店で働いていたが、仕事を辞めて一年前より歩き遍路になったそうである。浜村さんと同様、ほとんどお金を持たずに常に四国を巡礼して托鉢やお接待を受けながら生活をしているいわゆる「職業遍路」である。

お遍路さんに地元の方々が食べ物やお賽銭を差し出す。これを「お接待」と言う。『大辞林』によると「托鉢」とは、「修行僧が、鉢を持って市中を歩き、他人の家の前に立って施しの米や金銭を受けて回ること」とある。ほとんどの寺では、入り口の門の近くで托鉢を行うのを禁じている。このためお遍路さんは、寺から少し離れたところや駅前で托鉢を行っていることが多い。

浜村さんは、「お金がなくなると托鉢をする。一日暮らすのに必要なお金を托鉢で得ると、そこで托鉢を止める」と語っていた。必要以上にお金を持たない主義だと言って、浜村さんが机の上で自分の財布をガバッと開いた。机の上に散らばった小銭を数えると全財産八十八円であった。いっさい路銀を持たず、土地の人の喜捨をいただく行雲流水の如く自由なお遍路さんであった。

浜村さんは三人分のコメを炊こうとしていた。私は近くの雑貨店に行きソーセージ・サバの缶詰・ビール・ワンカップ焼酎を購入して差し入れた。浜村さんと平田さんは、「今日は御馳走、御馳走」と嬉しそうである。三人で宴会となりいろんな話をした。

職業遍路を乞食遍路と言って軽蔑する人もいる。この善根宿で出会った浜村さん、平田さんを同様に色眼鏡で見て「関わらない方がよい」と話もせずに過ぎ去ってしまったなら、私はその後の中身の濃い旅は出来なかったと思う。


四月二十九日、三人でしばらく一緒に歩くと思っていたが、平田さんが「私はバージャー病なので、長く歩いていると足が痛くなり休まないと歩けなくなります。ひとりでゆっくり行きます。お先にどうぞ」と、医学用語である間欠性跛行の症状を訴えられた。

末梢動脈疾患に含まれるバージャー病は、手足の血管が閉塞し、手足の冷えやしびれ、痛みなどの症状があらわれる疾患である。血管の炎症（血管炎）が関係しており、発症には喫煙が関与していると考えられている。お遍路を始めた頃は少し歩いただけで痛みを感じたそうだが、半年が経つ頃には一キロぐらい休まずに歩けるようになったと、平田さんは煙草を吸いながら語っていた。歩き遍路の旅による長時間の歩行により、側副血行路が発達して症状が改善したのではないかと私は考えた。側副血行路とは血管が徐々に詰まっていく場合に、それを補うよう自然に発達してくる別の血流路のことである。

「末梢動脈疾患の跛行に対する運動療法は運動耐用能、歩行能力改善に有効である。しかし、即効性は期待できないため、動機づけを維持することが難しく、効果を得るには週五日、六カ月以上実施する必要がある（Richard V Milani, Carl J Lavie The role of exercise training in peripheral arterial disease. Vasc Med. 2007 Nov;12(4):351-8）」という報告がある。平田さんは、お遍路を始めて約一年の歩き遍路である。禁煙していないが、半年で一キロぐらい休まずに歩けるようになったと語っている。平田さんは末梢動脈疾患に含まれるバージャー病における運動療法の重要さを証明した。（冗談だが）「四国歩き遍路の旅により（禁煙せずとも）軽快したバージャー病の一例」という学会発表ができるのではないかと思った。

「二十番鶴林寺への遍路ころがし」「二一番太龍寺への遍路ころがし」を乗り越え、次の宿泊地の善根宿（喜久屋金物店）に到着した。遅れて平田さんが到着した。この善根宿は金物屋さんによって運営されていた。夕食の時間になると平田さんは正座をして下を向いて、悲しそうにじっとして動かないでいた。「平田さん、どうしたのですか」と私が尋ねた。ちらっと横を向いて、「おじさんはね。お金がないのでこうしてじっとしております」とつぶやくように言った。それを聞いた私を含め、周囲にいた人たちからおにぎりやパンなどの「お接待」が続々と平田さんに届けられた。平田さんは、「感謝、感謝」と言いながらニコニコしながら幸せそうに食べていた。お金をほとんど持たない歩き遍路としての身についた「生きる術」にある種の感動を覚えた。

浜村さんは、十回以上結願したことのあるベテラン野宿遍路である。しばらく一緒に歩き、四国遍路

四国遍路の旅

の巡り方、参拝方法などをご指南いただこうと思い、同行をお願いした。浜村さんと翌日の計画をし、高知県・田井ノ浜キャンプ場で野宿することに決めた。「田井ノ浜は魚の美味しいところです。刺身を食べましょう」などと話をしていた。横で聞いていた平田さんは、「何、刺身？おじさんは刺身など一年以上食べていないいな～」と羨ましそうな表情でつぶやいた。「平田さんも田井ノ浜に来たらどうですか」と私が言うと、「おじさんは足が悪いのでね、明日はそこまではたどり着けません。ＪＲを使えば行けますが、お金がないのでね」と言う。私は平田さんに電車賃千円をお接待した。

四月三十日、田井ノ浜に向けて善根宿を出発。平田さんは、先に出発した。二十二番平等寺を打ち、その後しばらくすると、少し高くなった道路わきのお墓に平田さんがいた。よく見ると、平田さんはうれしそうな表情で赤い顔をしていた。お墓でお酒を飲んでいるようだった。「平田さーん。何をしているんですか」と尋ねると、「お不動さんに、いただきやした」と平田さんはワンカップ焼酎を持ち上げて嬉しそうに我々に見せた。お墓の不動明王のお供え物である焼酎で一杯やっていたようである。

番外霊場・月夜御水庵に立ち寄る。弘法大師がここに立ち寄ったときに手を洗う水がなかったため、山岸を杖で突き、加持すると清水が溢れ出たという所を見学する。田井ノ浜に到着。遅れて平田さんも到着する。ハマチの刺身、ハマチのアラ、焼酎を買った。刺身とハマチのアラ炊きで宴会をする。地元の人が我々の所に寄って来て、いろいろと話しかけてきた。地元の人が帰ったと思ったら再び戻り、大量のお握りのお接待をしてくださった。

五月一日朝早く出発し、平田さんとはここで別れる。

旅の途中、浜村さんは西洋人歩き遍路に流暢な英語で話していた。遍路道の途中のＪＲの駅に自由にひけるピアノがあり、突然クラシック音楽を弾きだした。このように浜村さんは、広島・呉出身の広島大学工学部を卒業した当時六十一歳のインテリである。「歯のないオヤジが英語を話し、ピアノを弾く。皆が驚くじゃろ」と自慢げに話すところが玉に瑕《きず》であるが、ただ者ではなかった。

歩きながら浜村さんが歩き遍路になった理由を少しずつ話してくれた。印刷会社でデザイナーの仕事をしていたらしい。昔は原稿やポスターは手描きであったが、パソコンの普及により自分のデザイナーとしての技術がだんだん生かせなくなった。その頃、浜村さんの兄が脳梗塞で倒れた。浜村さんの兄は、ヤクザの幹部であった。羽振りのいい時は、「但馬牛」を食べに行こうと、ヘリコプターで広島まで浜村さんを迎えに来たことがあるらしい。病気になるとヤクザ仲間は薄情なもので、浜村さんの兄の面倒を見るものは誰もいなかった。そこで浜村さんは、兄を病院の個室に入院させて面倒を見た。個室に入れたため毎月、医療費三十万円が必要となった。自宅を売却したりして入院費を支払い、兄が亡くなるまでに浜村さんはほとんどの財を失ってしまった。歩き遍路の旅に出た理由は浜村さんの兄の供養のためであった。歩き遍路になって二年、あと一年は歩くつもりであると浜村さんは話した。

その日は、二十三番・薬王寺の近くにある善根宿「ドライブイン・はしもと」に泊まる予定であったが、道の駅日和佐にある「あずまや」で野宿する。テントを持たない歩き遍路にとって「あずまや」はありがたい場所である。「あずまや」は、公園・絶景スポット・道の駅などにある四方の柱と屋根だけがある休息所である。「あずまやの柱二本に紐を結び、お遍路さんの必需品である白装束と菅笠をかけて、さらに金剛杖を置いておく。そこで野宿をしても四国の人は誰も文句を言わない」と浜村さん。

浜村さんとあずまやで野宿

五月四日、野宿していた鹿岡鼻《かぶかはな》夫婦岩《みょうといわ》

を出発し、雄大な太平洋を見ながら歩く。室戸岬近くの御蔵洞《みくろど》に立ち寄る。弘法大師が修行時に使用した住居と言われている。二十四番最御崎寺《ほつみさきじ》を打つ。その後、浜村さんを見失なった。

二十五番津照寺近くで浜村さんは托鉢をしていた。鉢の中をみると、千七百円（約一時間の托鉢で）が入っていた。お世話になったので、私は浜村さんの鉢に一万円入れた。その日の野宿予定の室津港に到着。漁労長にお願いすると、室津港の漁協が所有する屋根のあるところで我々が野宿することを受け入れてくれた。

ここでも浜村さんの隠れた才能を発見する。納め札とは四国八十八カ所の寺（本堂・大師堂）を参拝した際に、納める札のことである。大きさは縦十五・五㎝、横五㎝の小さなものである。この小さな納め札の裏面に浜村さんは筆ペンで般若心経二百七十六文字を、漁港のコンクリートの上に座って書いていた。美しい字で、その時の集中した浜村さんの姿は別人のようであった。米一粒に「般若心経」と書いて私に見せた。優れた才能を知った私は般若心経を書いてもらうためにできるだけ小さな額を購入した。浜村さんは、何と縦四・五㎝、横七㎝の大きさの小さな額の台紙に美しい字で般若心経二百七十六文字を書いたのである。今でもこの額を大切にしている。

旅のエピソードはまだまだあるが、これぐらいにしておく。五月十日、私の第一回目の歩き遍路の旅が終了する。浜村さんと「八月の阿波踊りの時に再会しましょう」と約束して別れた。

二〇〇六年八月、子供を連れて阿波踊り見物のために再び四国にやって来た。そこで浜村さんと再会し、阿波踊りを満喫した。「いつでも徳之島に遊びに来てください」とその後も歩き遍路を続ける予定の浜村さんと再会を約束する。

二〇〇七年十月、歩き遍路の旅を続けていた浜村さんから「しばらく、小林さんのところで、年金が入るまで居候させてくれませんか。あと何回か滞っていた年金保険料を支払えば年金受給が可能になると思いますので」と連絡が入った。浜村さんは、そろそろ兄の供養のための歩き遍路の旅を終え、年金を得ようと考えていた。年金受給を申請するためには、住所不定では申請できない。私の徳之島の家の住所で住民票を取得し、アルバイトをしながら滞っていた年金保険料を支払おうと考えていたようである。浜村さんは広島の呉出身であるが、広島には戻らなかった。最後までその理由を語らなかった。

二〇〇七年四月、長男が小学六年生になり、中学受験のため、妻と子供たちは鹿児島市内に引っ越したので私は徳之島の自宅に一人で住んでいた。このため、妻は浜村さんが徳之島の自宅にしばらく居候することに同意した。

浜村さんが徳之島にやって来た。「小林先生は、用心棒を雇い入れた。用心棒であればもっと強そうな人を雇えばよかったのに」「小林先生は、愛人を囲うようになった」などと島の人から冗談を言われた。島の人々はタンカンの収穫のバイトを世話するなど、暖かく浜村さんを迎え入れた。

半年間私の家に居候し、浜村さんは年金を受給できるようになった。受給額は六十五歳より早く年金を受け取る（繰り上げ受給）ことになるので、確か月額六万円ぐらいであったと思う。私の家での居候の終了後、島の知り合いが浜村さんに五千円で空き家を貸して下さった。六万円は生活保護より少ない金額だが、浜村さんは釣った魚や近所の人から頂いた野菜やお惣菜などで暮らしていくことができた。徳之島は結（ユイ）の島と呼ばれているように、人情に厚い島である。「ユイ」とは島の人たちが昔から大切にしてきた、助け合いや励まし合いの精神のことである。私が浜村さんを訪ねると、しばしば釣った魚の刺身で黒糖焼酎を楽しんでいた。島の暖かい人々に囲まれ、浜村さんは徳之島で天寿を全うされた。

二〇〇八年、私はくも膜下出血を発症し、生死をさまよった。幸い後遺症もなく復活できた。復活後は、無理をせずに宿に泊まりながら残りの札所を歩いた。二〇一一年五月、念願の結願。その後、母親の故郷である私の大好きな高野山にある「奥の院」にお礼参りをすることができた。

人生を反省するために、四国歩き遍路の旅に出たが、様々な人々と出会い楽しい旅となった。何も考えることなく、何事にも拘束されずにただひたすら歩くのは心地よいものである。歩いた後のビールは最高で、食事はなんでも美味しくいただける。歩き遍路の旅は私にとって今では趣味となり、妻に「結願しても煩悩だらけなのでもう一度回ります」と言い訳して、二回目の歩き遍路の旅を始めている。

クモ膜下出血

二〇〇八年六月、くも膜下出血を発症した。

夜間当直をしている時、看護師から患者さんのご家族に病状を説明するように連絡があった。二階にある病棟のナースステーションに行くために階段を上っている時、突然頭の前のほうで「ボン」と爆発した様な感じがしたのだ。一瞬、左足の脱力を感じてつまずいたが、脱力感が戻り何とかナースステーションまで行った。

激しい頭痛を我慢しながらご家族に病状を説明した後、症状からくも膜下出血を疑ったので看護師に頭部CTを撮るように指示した。仰向けに寝ながら自分の頭部CTを見て看護師に「くも膜下出血やないか。すぐに血圧を下げろ」と指示した。

その後、慌ただしく点滴などが行われて院長と看護師長が脇にいたのを覚えているが、その後は昏睡状態に陥り記憶がなくなった。

自衛隊のヘリコプターで沖縄の病院に搬送され、集中治療室で三日間昏睡状態に陥った。意識が朦朧としている時に、私の横に髪の毛が長く、絹のようなスカーフをまとった性別不明の人が何か私につぶやきながら「ロダンの考える人」のような姿勢で座っていた。

その絹のスカーフが風にたなびいてひらひらと揺れており、私とその人の前に浅い緩やかな流れの川があった。川の向こうに赤い鳥居のようなものがあったように思う。その川が三途の川だったかもしれない。

意識が回復した時、ベッドの横に息子が立っていた。息子に発した第一声は「コカ・コーラを買ってこい」だったそうである。いつもはコカ・コーラをほとんど飲まないが、炭酸でのどを潤したかったのだと思う。「先生が、コカ・コーラはダメと言っているよ」と言うので、「理由を聞いてこい」と言うと、「コカ・コーラはダメだけど、コカ・コーラライトはいいって言ってたよ」と応えたので私は、余計に頭にきたのだと思う。「コカ・コーラライトはよくてなぜコカ・コーラがダメか理由を聞いてこい」と言ったところ「先生がお父ちゃんの責任で勝手に飲んでくださいだって」と息子が私に言ったそうである。

その後、母親が大阪から来たので「おかあちゃん、うな丼買ってきて」と言ったのである。すると母が「うな丼？　あかんやろ」と言ったところ「何しに来たん。ほんなら帰って」と言ったようで、厄介なわがままドクター患者と認識され、妻が看護スタッフや母親に平謝りだったそうである。

集中治療室から出ることになったので妻に「沖縄といえば、ステーキ。出たらすぐにステーキ屋さんに行くぞ」と言い、担当の研修医から「先生の責任で勝手にどうぞ」と許可を得た。

長期臥床《がしょう》でまともに歩くことができないので、妻が車いすをトランクに積んでタクシーに乗り、ステーキを食べに行った。一口食べると満足して帰ったようである。

なぜこのように我が儘になったのかは不明だ。もともと煩悩だらけで人格が崩壊しているのか、せん妄状態なのか、前頭葉に近いところの出血量が多かったために前頭葉に影響が及び人格が崩壊したためなのかは不明である。退院時には普通に戻っていたので、先生方や看護師さんたちに丁重に謝ってまわった。

通常のくも膜下出血は、脳動脈瘤という血管のふくらみが突然破裂することによって起こる。私の場合は血管造影など精査しても動脈瘤は見つからなかった。トライアスロン大会に参加した五日後に発症したことから激しい運動による前大脳動脈領域の動脈解離が原因のくも膜下出血が疑われた。

くも膜下出血患者の三分の一が亡くなり、三分の一に重い後遺症が残り、社会復帰できるのは三分の一といわれている。手術せずに全く後遺症なく社会復帰できたことはありがたいことである。

「生死をさまよった人はしばしば人生観が変わる」というような話がある。しかし、大きな変化はなく、その後も私は煩悩だらけだった。

社会復帰した三年後に懲りずに与論マラソンを完走した。その時は脳から快楽物資ドーパミンが出なかったためか、以降は激しい運動はせず、時折「四国歩き遍路」を楽しんでいる。

2　徳之島での診療の日々

医療発信

ペシャワールから帰国後、ペシャワールでの腸チフスに関する臨床経験を論文として残したいとずっと考えていた。論文作成の経験がなく、英文論文でもあり苦労したが、ペシャワールから帰国して十一年後の二〇一二年、ようやく腸チフスの診断に関する論文が完成した。この論文の詳細は、「Ⅳ現地の疾患　腹部超音波検査を用いた腸チフスの早期診断」で述べた。

その後しばらく徳之島で、変わらず多忙な臨床医としての生活を送っていたが、二〇一四年、五十一歳の時に、本邦初（エソメプラゾールが原因と考えられるcollagenous colitis）の症例に遭遇し、医学雑誌に投稿して採用された（小林 晃 他：エソメプラゾール中止にて下痢が改善したcollagenous colitisの1例　日本プライマリ・ケア連合学会誌、38: 38-39,2015)。

その後二〇一六年、「クリイロコイタマダニ」に関する世界初の症例を経験し、英文論文を投稿して採用された。この論文が採用されたことをきっかけに、これまでの徳之島での二十三年間の臨床経験を論文としてまとめようという考えが突然私の頭にひらめいた。このことに関しては後述する。

五十歳を超えた中高年になるまで私は日本での臨床経験を論文に書こうとは思わなかった。多忙な最前線の現場にいる大学の医局に所属しない臨床医は、若い頃の私と同様、たとえ新しい臨床医学的発見があっても仕事に忙殺されて論文を書かないことが多いのではないかと思う。論文を書こうと思っても大学などで論文を執筆する訓練をしていない医師も多い。さらに論文を書いても給料が上がるわけでもなく、大学教授を目指しているわけでもないからかもしれない。しかし私は、「患者さんの最前線にいる臨床医は、大学や専門施設とは違った視点で臨床医学に貢献できる多くの医学的発見があるということに気づいた。「小さな発見」であったとしても医師として世に発信しなければならないと考えた。「小さな発見、小さな疑問」が「大きな発見」につながるかもしれない。

論文を作成するためには、統計処理やエクセルを用いた表の作成が必要である。私はエクセルの使い方も知らないし、統計に関しては全くの門外漢であった。このため、論文のテーマに精通している先生方にダメ元で、勇気を出して協力をお願いした。意外にも協力をお願いして断られたことは一度もなかった。田舎の病院での臨床経験を、純粋に世に発信していこうとする姿勢に共感していただき、協力していただいたと思っている。

多くの共同執筆者に協力をいただいて憑かれたように論文を書いた。二〇二〇年までの六年間で私が筆頭著者である徳之島での「小さな発見」に関する臨床論文十一本（英語論文四本、日本語論文七本）が採用された。臨床医学に関する論文であるので一般読者の方にもある程度は理解して興味を持って

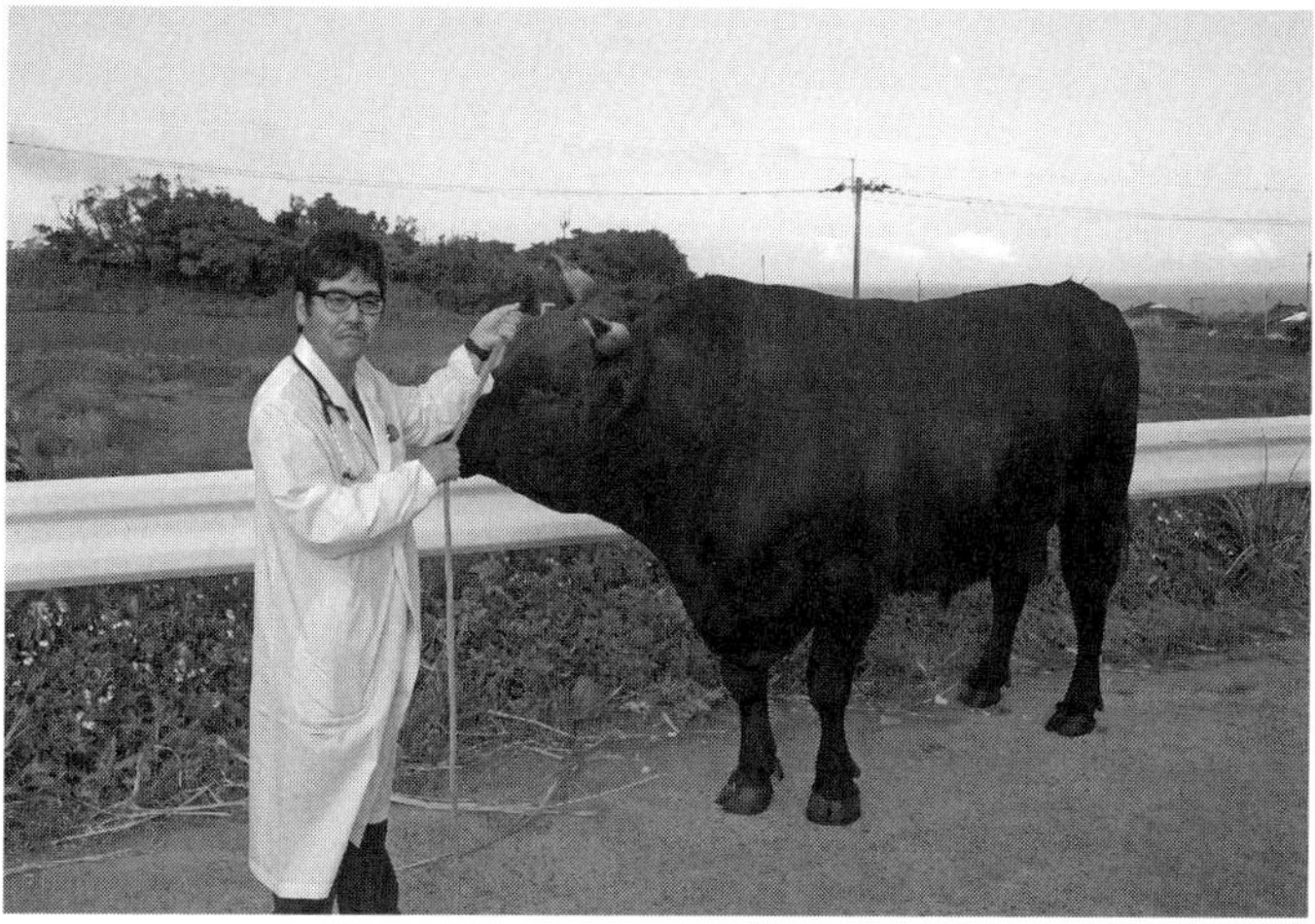
徳之島にて、全島一横綱闘牛と

読んでいただけると思う。紙幅の都合上、全ては紹介できないが、一部を要約して紹介する。

悪性貧血、高い年間発症率

私は一九九五年より徳之島で医師として働いているが、当時より徳之島には、悪性貧血の患者が本土と比較してかなり多いのではないかと考えていた。悪性貧血は自己免疫性胃炎を基礎に壁細胞由来内因子の減少に基づくビタミンB12吸収障害が本態であり、それによって引き起こされる巨赤芽球性貧血である。

徳之島での悪性貧血の臨床的および疫学的検討を行った。その結果、悪性貧血の十万人当たりの年間発症率が、本邦の従来の報告例に比し、徳之島では大幅に高い（約二十倍）ということが判明した（従来の報告10万対0・6、に対して徳之島では10万対11・72）。

悪性貧血は北欧、英国人に多く、アジア人、ヒスパニックに少ないなどの人種差がよく知られている。その理由としてLahnerらは遺伝的背景の違いや、地域によって悪性貧血に対する認識および診断力に差があり、正確に診断されていない可能性があることを挙げている（Lahner E, et al.: Pernicious anemia: new insights from a gastroenterological point of view. World J Gastroenterol. 15: 5121-5128, 2009）。

徳之島での悪性貧血の年間発症率が高いのは、Lahnerらの述べるように、本土の人との遺伝的背景の違いの可能性もある。一方で、徳之島は、離島という閉ざされた空間で、医療施設が限られており、疫学調査が容易にできるという利点がある。さらに悪性貧血の明確な診断基準はなく、自己免疫性胃炎の認知度は低く、その診断は専門家以外では困難であることから、正確な診断をされずに治療されていることもありうる。従って、本邦の徳之島以外の他の地域でも従来の報告よりも大幅に高い年間発症率である可能性がある、ということを報告した（小林晃、他：鹿児島県の離島、徳之島における、悪性貧血14例の臨床的および疫学的検討（原著論文）日本プライマリ・ケア連合学会誌40: 86-90, 2017）。

貧血を認めないハンター舌炎、ＣＭＡＪに採用

69歳女性が、一カ月前より舌のヒリヒリするような痛みと味覚の低下を生じるようになったため来院された。舌乳頭は萎縮し、赤い平らな舌の所見を認めた。ヘモグロビンHb（成人女性の基準値12～16ｇ／ｄL）は12・１ｇ／ｄL、赤血球１個あたりの平均容積ＭＣＶ（基準値：85～１０２ｆＬ）は１０４・９ｆＬと、貧血は認めないが、大赤血球症（macrocytosis）を認めた。ビタミンＢ12欠乏による舌炎（ハンター舌炎）を疑い精査した。血清ビタミンＢ12の低下、胃内視鏡検査で萎縮性胃炎お

よび抗内因子抗体陽性により悪性貧血と診断した。ビタミンB12製剤の筋肉内注射による補充療法を行い、速やかに患者さんの症状は改善した。

「ビタミンB12欠乏による舌炎は、悪性貧血の初期症状として貧血を認めない際にも生じることがある」ということを報告し、CMAJ (The Canadian Medical Association Journal) に採用された (Kobayashi A, Iwasaki H. Pernicious anemia presenting as glossitis. CMAJ. 2020;192(16):E434. doi:10.1503/cmaj.191331)。

CMAJは、いわゆる五大誌（NEJM、Lancet、JAMAなど）を除くと、2022－2023年のインパクトファクター（学術雑誌の評価指標の一つ）は16.876と、内科系の医学誌で最も高いインパクトファクターを有する著明な医学雑誌である。

"Doughnut" Lesions、NEJMに採用

溶連菌性咽頭炎は咽頭炎患者の小児で約15～30％、成人で約5～10％でみられる咽頭炎であり抗菌薬の投与を唯一必要とする咽頭炎である。一般の皆さんも「ようれんきん」という言葉を聞いたことがあると思う。

急性咽頭炎の多くはウイルス性であるが、成人では急性咽頭炎の約75％に抗菌薬が処方され、多くの不要な抗菌薬が急性咽頭炎の患者に投与されているという報告がある。抗菌薬は細菌による感染症の治療に使う薬である。普通の風邪などウイルスによる感染症には抗菌薬は効果がない。さらに不要な抗菌薬を使いすぎると、抗菌薬に効かない菌（薬剤耐性菌）が出現する可能性がある。

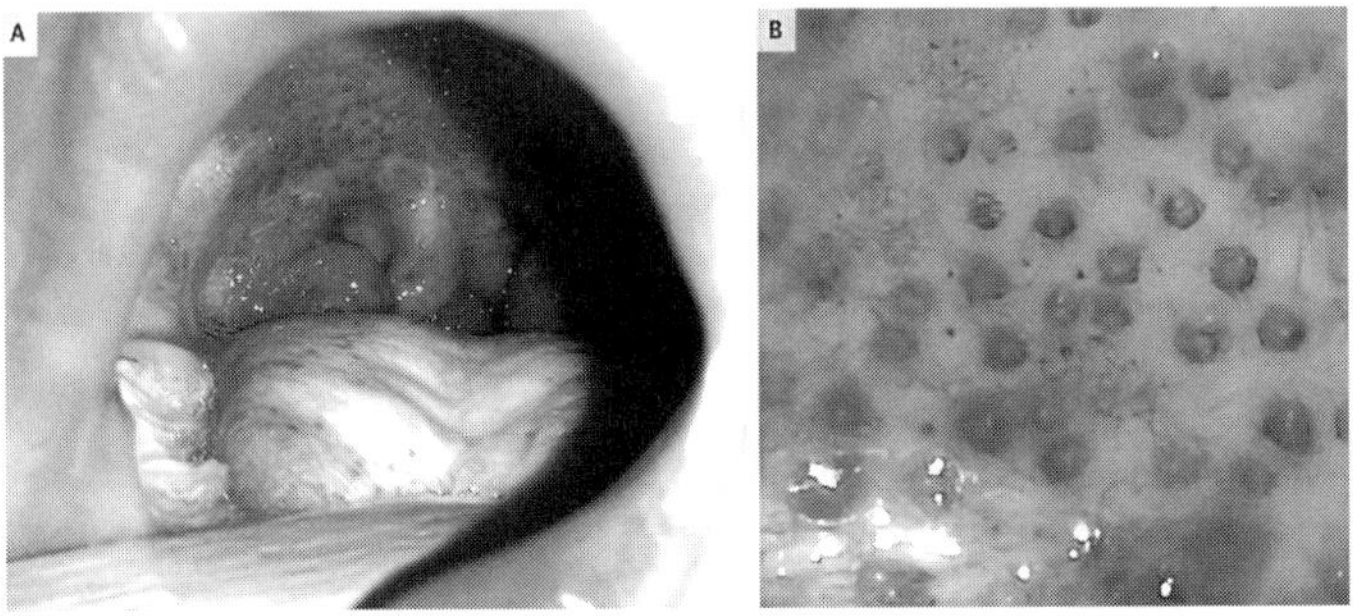

"Doughnut" Lesions（(Kobayashi A, Iwasaki H."Doughnut" Lesions. N Engl J Med. 2019 7;380(10):e11より引用）

臨床医は不必要な抗菌薬の投与を避けるため、咽頭痛を訴える患者が溶連菌性咽頭炎であるかどうかを判断する必要があるが、溶連菌性咽頭炎と診断できる特異的な臨床所見はないとされている。

"Doughnut" Lesionsとは一九七二年にAmrenがはじめて報告した軟口蓋にみられる淡い中心を持つドーナツのような形をした小さな紅斑性丘疹である（Amren DP: Unusual forms of streptococcal disease. In: Wannamaker LW, Matsen JM, eds. Streptococci and Streptococcal Diseases. Recognition, Understanding and Management. New York: Academic Press, 552-554, 1972)。

外来診察で経験した九歳女児の溶連菌性咽頭炎の咽頭所見を、当初私は特異的ではないが溶連菌性咽頭炎でみられることがある、典型的なpetechiae（点状出血）ではないかと考えた。患者さんと患者さんの母親にお願いして、咽頭の写真を撮らせていただいた。petechiaeであるかどうか確かめるために、petechiaeに関する文献を検索していたところ"Doughnut" Lesionsの存在を知った。九歳女児の咽頭所見は、petechiaeではなく"Doughnut" Lesionsであることが判明した。

"Doughnut" Lesionsは歴史的に溶連菌性咽頭炎に関連のある、あるいは診断特異的な所見であると報告されてきた。溶連菌性咽頭炎の診断において重要な所見であると思われるが、文献を検索すると一九九八年以降、"Doughnut" Lesionsに関する報告はなかった。重要であるが忘れ去られている所見と考え、The New England Journal of medicine(NEJM)の"Images in clinical medicine"に投稿したところ採用された（Kobayashi A, Iwasaki H. "Doughnut" Lesions. N Engl J Med. 2019 7;380(10):e11)。

ＮＥＪＭは、世界最高峰の臨床医学雑誌である。

虚血性大腸炎、大胆な仮説を提唱

虚血性大腸炎（Ischemic colitis　ＩＣ）の成因として、血管側因子（動脈硬化など）および腸管側因子（腸管内圧の上昇など）の2つが考えられているが、それらの因子が関与する割合にはさまざまな見解がある。私が医学生の頃、ＩＣは主に動脈硬化による疾患であると学んだ。そこで当院でＩＣと診断した二十二例を対象として発症因子を中心とした臨床像を明らかにする目的で調査・研究した。

先行論文では「排便時に努責（下腹部に力を入れること、すなわちいきむこと）あり」を腸管側因子に入れた論文はなかった。私は「排便時に努責あり」は重要な腸管側因子であると考え、腸管側因子に「排便時に努責あり」を加えた。結果は、六十五歳以上の高齢者に限っても、一五例のうち十一例（73・3％）と高率に腸管側因子を有することが判明した。

ＩＣが左側結腸に病変が多いのは、脾弯曲（Griffiths' point）および直腸Ｓ状部（Sudeck's point）の〝watershed areas（血管支配の分水嶺）〟の側副血行路が未発達で虚血に弱いためというのが定説とな

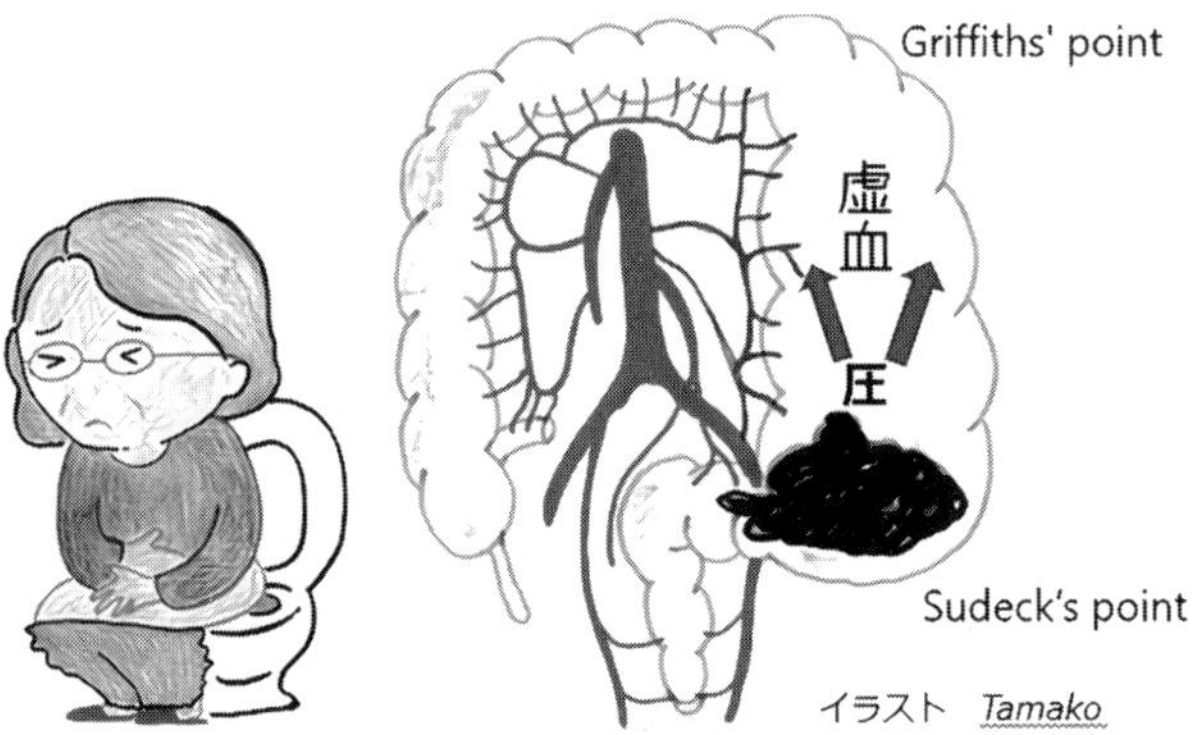

排便時の努責による左側結腸の腸管内圧の上昇

っている。しかし、ほとんどのＩＣでGriffiths' pointおよびSudeck's pointを含まない下行結腸にも病変が見られることから、この定説は間違っているのではないかと私は考えていた。我々の調査により、高齢者であっても高率に腸管側因子を有していたことから「教科書に記載されている定説は間違いである。肛門近くの便を排出しようとする努責、浣腸などのために腸管内圧が上がるがその際、右側より左側結腸の内圧が高まる。その結果、左側結腸の血流が優位に低下し、左側結腸に病変が生ずる。ＩＣの成因として腸管側因子が関与する割合が高いので、ＩＣは左側結腸に病変が多い」という大胆な仮説を提唱した（小林　晃、他：虚血性大腸炎22例の臨床的検討(原著論文)．日本臨床救急医学会雑誌20: 529-533, 2017)。

首の偽痛風、稀ではなく、よくある疾患

二〇一一年の日本内科学会雑誌の症例報告で、Crowned dens syndrome（ＣＤＳ）いう疾患を私は初めて知った（林 宏樹ほか：抗菌薬 投与中に発熱・頚部痛を来たしcrowned dens syndromeと診断した1例．日内会誌、100：2253-5, 2011）。

偽痛風とはピロリン酸カルシウム結晶が関節に沈着して発症する疾患であり、好発部位は膝関節である。ちなみに一般の人々がご存じの痛風とは、関節（足の親指などの関節）に尿酸結晶が沈着して発症する疾患である。

ＣＤＳは誘因なく急性の頚部痛、頚椎可動域制限、炎症反応の上昇によって特徴づけられる臨床症状を示す疾患である。ＣＤＳは膝の偽痛風の際に膝関節に沈着するピロリン酸カルシウム結晶が首を回旋する関節（環軸関節）に沈着して発症する首の偽痛風である（頚椎偽痛風）。当時は、日本内科学会雑誌という著明な医学雑誌に症例報告として採用されているようにＣＤＳは稀であるが重要な疾患と考えられていた。

私は当院の外来で、急性疼痛性頚部拘縮（寝違え）、頚椎症などと疑っていた患者の中にＣＤＳ患者がいるのではないかと思い、注意して外来診察していた。その結果、ＣＤＳは稀な疾患と言われていたが、当院（離島にある単一施設）で三年間に十二例のＣＤＳ患者を経験した。そのことよりＣＤＳは比較的頻度の高い疾患であることが判明した。当院で診断したＣＤＳの十二例中、初診時に髄膜炎を疑った一例を除き、十一例は誘因なく急性の頚部痛、頚椎可動域制限、炎症反応の上昇によって特徴づけられる典型的なＣＤＳの臨床症状を示し、初診時から容易にＣＤＳと診断できた。

「ＣＤＳの認知度は一般医の間で低く、従来まれと言われていたが、比較的頻度の高い疾患であり、一般医は炎症所見を伴う頚部痛の原因疾患として本疾患を念頭に置いて診療を行う必要がある」ということを報告した（小林 晃ほか：離島にある単一施設におけるcrowned dens syndrome 12例の臨床像の検討：臨床整形外科52: 563-568, 2017）。

クリイロコイタマダニ、世界初の症例

「ダニみたいな虫が足にいっぱいついていて、洗っても剥がれません」と介護者が、六十九歳の男性患者を外来に連れてきた。患者さんの足には多数のマダニと思われるようなものが見られた。虫体が咬着していた写真を鹿児島県環境保健センターに、虫体を同定していただくために送った。虫体は、「クリイロコイタマダニ」と判明した。

クリイロコイタマダニはマダニの一種で、米国では〝the brown dog tick（茶色いイヌダニ）〟とも呼ばれている。世界で最も広範囲にみられ、多くの人および動物の病原体を媒介するため、医学的にも獣医学的にも重要なイヌに好んで寄生するマダニの一つである。

患者さんは妻に先立たれた。その半年後、愛犬が亡くなった。患者さんは極度のうつ状態に陥った。患者さんの愛犬に寄生していたクリイロコイタマダニは、次に吸血する犬を探す必要がある。犬が周囲にいなかったので、この患者さんの足に咬着したと考えられる。さらに極度のうつ状態により、患者さんが咬着したクリイロコイタマダニを取り除こうとしなかったため、多数咬着したまま放置されていたと考えられる。患者さんの足にはクリイロコイタマダニの幼虫、若虫、成虫、脱皮殻が多数見られた。

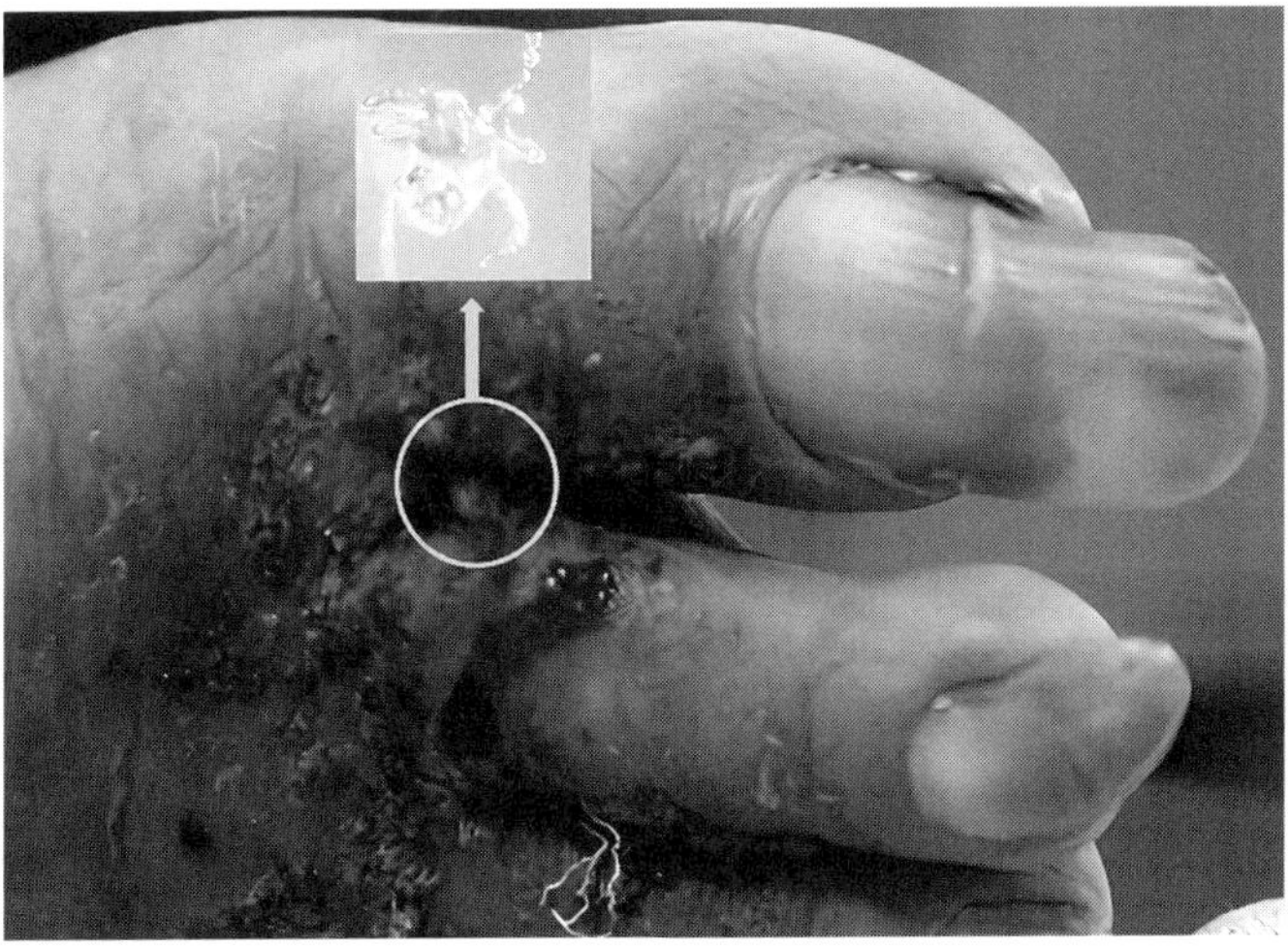

クリイロコイタマダニ（Kobayashi A, Iwasaki H. Human feet bitten by multiple brown dog ticks, Rhipicephalus sanguineus. IDCases. 9:8, 2017より引用）

マダニの同定をしていただいた先生より、「この症例は大変貴重な症例です。ぜひとも学会で発表してください」と依頼された。学会発表は研修医の時以来で躊躇したが、鹿児島で開催されるというので承諾した。二〇一六年五月、「ダニと疾患のインターフェイス」というセミナーで発表した。セミナーで発表した後、見知らぬ紳士が、「この症例は珍しい貴重な症例です。ぜひとも英文で報告してください」と語って私に名刺を渡し、足早に去って行かれた。名刺には、「福井大学教授、岩崎博道」と記載されていた。感染症、特にリケッチア感染症を研究されている先生である。

クリイロコイタマダニに関する文献を検索すると、ヒトに数匹咬着したクリイロコイタマダニの報告例は散見されるが、本症例のように幼虫、若虫、成虫のクリイロコイタマダニが多数咬着したヒトの例は世界初である。

そこで、セミナーで名刺を頂いた岩崎先生に連絡し、論文の投稿に際して助言を依頼したところ快諾していただいた。岩崎先生の協力もあり、英文論文を投稿して採用された（Kobayashi A, Iwasaki H. Human feet bitten by multiple brown dog ticks, Rhipicephalus sanguineus. IDCases. 9:8, 2017）。

前述したが、この論文が採用されたことをきっかけに、「徳之島での二十三年間の臨床経験で書きたいネタはある（私は、興味ある症例を自分の勉強のために、画像や動画などで記録していた）。専門家に助言していただければ私でも論文が書けるのでは」と思い、これまでの徳之島での臨床経験を論文としてまとめようという考えが突然私の頭にひらめいたのである。

日本紅斑熱

薩南諸島（南西諸島のうち北は種子島から南は与論島までの鹿児島県に属する部分の島々を指す総称）の徳之島で三例目（遺伝子解析によって病原体が同定・確認されたのは初めて）の報告となる、日本紅斑熱の1例を報告した。日本紅斑熱は紅斑熱群リケッチア（細菌の一種）の一種 *Rickettsia japonica* を起因病原体とし、マダニに刺咬されることにより経皮感染する。症状は高熱、全身の紅斑、ダニの刺し口が三徴候である。患者の症例報告以外に、日本紅斑熱、ツツガムシ病の薩南諸島における疫学的考察をした。日本紅斑熱は好発地以外では認知度が低く、薩南諸島では二〇一六年まで十例しか報告がなく比較的稀である。しかし、日本紅斑熱は死亡例も報告されており薩南諸島の一般医家も認知する必要がある。日本紅斑熱の発生は、本土では、暖かくなってきてから涼しくなり始めるまでの時期五〜十月に増加し、八〜十月にピークを迎える。一方で「亜熱帯」とされる薩南諸島では、本土と比較して寒冷時期（十一～四月）の発生が多い。以上を報告した。さらに、日本紅斑熱の治療に関して現状では、ニューキノロン系抗菌薬の併用がスタンダードになりつつあるが、文献的考察を行い、テトラサイクリン抗菌薬単独で治療することも可能であるかもしれないことを報告した（小林　晃、他　薩南諸島の徳之島で3例目の報告となる、テトラサイクリン系薬単剤で治癒し得た日本紅斑熱の1例と疫学的考察（原著論文/症例報告）感染症学雑誌92(4)：547-551, 2018）。

脳底動脈閉塞症、遠隔医療と搬送に課題を見出す

七十五歳女性が突然の意識障害、痙攣を認めて当院に救急搬送された。発症90分後に施行したＭＲＡ（磁気共鳴血管画像）で脳底動脈閉塞症と診断した。脳底動脈は、脳の中心を走る動脈で、脳幹・小脳・側頭葉や後頭葉に血液を送る重要な動脈である。脳幹は、呼吸、心拍、消化、体温調節など、生命維持に深くかかわる重要な働きをしている。脳底動脈閉塞症は保存的にみると予後不良であり、血行再建を行わないと死亡率が80～90％に達する。当院から搬送可能な沖縄県の脳卒中専門施設の専門医にコンサルテーションしたところ、沖縄へ発症から4・5時間以内に搬送できないため、直ちにｒｔ－ＰＡ（アルテプラーゼ）静注療法をするように推奨された。

ｒｔ－ＰＡ静注療法とは、ｒｔ－ＰＡという血栓溶解剤を投与して、脳の細胞が死んでしまう前に動脈の詰まりを溶かして血流を再開することで、脳の細胞が死なないようにする治療法のことである。しかし、当院は脳外科的処置が迅速に行える体制にはないなどｒｔ－ＰＡ静注療法の施設基準を満たさない。院内の一部の医師より「ｒｔ－ＰＡ静注療法を行って患者さんが助からないと、仮に訴訟になると敗訴となりますよ」と学会のガイドラインを逸脱した治療を行うことに対する反対意見もあった。しかし、院長の決断でｒｔ－ＰＡを投与した。幸い患者さんは軽快して退院できたが、遠隔医療と搬送に課題を見出した。

「当院のような脳卒中専門医の常駐していない離島は、遠隔脳卒中診療（telestroke）システムを活用した急性期脳卒中診療の構築が喫緊の課題である」ということを報告した（小林 晃、他：脳梗塞治療を通じて、離島における遠隔医療と搬送課題解決の必要性を痛感した一例　日本臨床救急医学会雑誌，22(3): 536-539, 2019)。

採用された十一本の徳之島に関する臨床論文の中には、世界最高峰の臨床医学雑誌である The New England Journal of Medicine（ＮＥＪＭ）をはじめ、Canadian Medical Association Journal（ＣＭＡＪ）、感染症学雑誌（日本感染症学会発行）などの著名医学雑誌に採用された論文も含まれている。「離島の医者でもアカデミックな仕事ができます」と徳之島から発信した。

ペシャワールから帰国後の人生を振り返ると迷いながらもいくらか自由に生きることができ、それなりに人生のやり直しができたと思っている。しかし、中村先生の生前は、何か「わだかまり」を抱えながら、徳之島で臨床医を続けていた。

今から考えると、ペシャワールでの四年間の仕事が志半ばに終わったために、「再び現地に行かねばならない」ということが頭の片隅から消えず、「わだかまり」を募らせていたのかもしれない。

Ⅵ　心の中にまかれた種

1　中村先生逝去

道標《みちしるべ》

二〇一九年十二月四日、中村先生が逝去された。

先生亡き後、先生の著書すべてを繰り返し読んだ。著書には多くの「珠玉の言葉」「先生の人生哲学」が散りばめられていた。

中村先生は口癖のように「ともかく現場をみなさい」と語っていた。先生の哲学は、部屋にこもって、あるいは上流階級の集まるサロンで考えられた抽象的な哲学ではない。現地の人と苦楽を共にして働く「現場の体験」の中で得られた具体的な人生哲学である。説得力があり、私のような凡人でも繰り返し読むと、自分なりに理解できた。

次に記すのは、私が特に感銘を受け、わたしの人生の「みちしるべ」となった中村先生の「人生哲学」である。

「『人間とは関係である』という難解なことばを理解したような気がした。哲学者で精神科医のヤスパースは明快に述べている。『一人で成り立つ自分はない。自分を見つめるだけの人間は滅

ぶ。他者との関係において自分が成り立っている』」（『天、共に在り アフガニスタン三十年の闘い』NHK出版）

「様々な人や出来事との出会い、そしてそれに自分がどう応えるかで、行く末が定められてゆきます。私たち個人のどんな小さな出来事も、時と場所を超えて縦横無尽、有機的に結ばれています。そして、そこに人の意思を超えた神聖なものを感ぜざるを得ません。この広大な縁《えにし》の世界で誰であっても、無意味な生命や人生は、決してありません。私たちにわからないだけです。この事実が知ってほしいことの一つです。

現地三十年の体験を通して言えることは、私たちが己の分限をしり、誠実である限り、天の恵みと人のまごころは信頼に足るということです」（『天、共に在り アフガニスタン三十年の闘い』NHK出版）

私は迷いながら生きてきたが、身近な人の残された言葉が、私の人生の「みちしるべ」になる事にようやく気づいた。私のような凡人には様々な抽象的で難解な哲学書を読んでも理解できなかった。私は「他者との関係」を避け、自分の世界に閉じこもって哲学書を読み漁り、自分のために坐禅や四国歩き遍路の旅のような孤独な修行のまね事をして「自分の城」を築こうとする時期があった。

すべて無駄だったとは言わないが、「自分を見つけるだけの人間は滅ぶ。他者との関係において自分が成り立っている」とヤスパースの言葉を通して先生が述べられたように、自分の「迷い」に対する答えが出せなかった。他者との関係なしに、自分の城だけを作ろうとしても、「私」というものは、ありえないことに気づいた。先生が述べられたように、己の分限を知って誠実に生き、人とのつながりを大切にして確かなものに近づこうと思った。
先生の業績および残された言葉は、私の人生の「みちしるべ」および「励み」になり、自分自身を見つめなおす機会となった。さらに、大げさではなく「我々人類が進むべき道」を照らしてくださることを確信した。

一隅を照らす

先生が好まれた言葉は「一隅を照らす」である。もともとは天台宗の開祖最澄の言葉であるが、私はこの言葉にも救われた。先生の著述には、「灯りをともしていきたい＝一隅を照らす」という言葉が繰り返し出てくる。

「『一隅を照らす』という言葉があります。一隅を照らすというのは、一つの片隅を照らすということですが、それで良いわけでありまして、世界がどうだとか、国際貢献がどうだとかという問題に煩わされてはいけない。世界中を照らそうとしたら、爆弾をおとさなくちゃいけない。それよりも自分の身の回り、出会った人、出会った出来事の中で人としての最善を尽くすことではないかというふうに思っております」（『医者よ、信念はいらないまず命を救え！』羊土社）

中村先生は、「私の知るのは九州とパキスタン北部、アフガン東部だけであり、『縁あって赴いた』としか言えない。『国際協力』ではなく、『地域協力』と呼ぶほうがふさわしい。ひとつの場所に留まってできることをするに過ぎない」と語っていた。

当時日本で、貧しい、困っている人々のために世界中に病院を作ろうと頑張っている人がいましたので、そのことを先生に伝えたことがある。

「すごい人がいますね。私は縁があってこちらに来ましたが、この地域の人々のために最善を尽くそうと思います。神様というか天というか、自分にできないことまでは強制なさらないだろうと思っています」と返ってきた。

一九八三年、先生は、ペシャワール赴任に先立って「熱帯医学」を修めるため、英国のリバプール・熱帯医学校に行かれた。その時に、次のような決意を述べている。

「人は何処にあっても、どんな立場にあっても、夫々のやり方で、夫々の重荷を負いあって生きてゆくように召されているという事実であります。これが私たちの出発点であり、くりかえし、たちかえってゆくべき共有点であります。そしてそれはあらゆる立場、あらゆる国境を越えて全ての人間に及ぼされるものであります。

（中略）

ジア先生と十六年ぶりの再会　山田堰にて

世界が金と力で動かされ、利己主義や敵意、我執や妬みで満ちているとはいえ、この世界をかろうじて破滅から守っているのは、このような『支えあう』という善意の努力かも知れません。少なくとも、たとえわずかであってもわが身をけずって分かちあうことが、どんなに暖かい光となって私たちをうるおすか、はかり知れません。私たちの会が、このような願いと祈りをこめて、ささやかなりともこの世界を明るくするものでありますように」（「ペシャワール会報」No２　一九八四年一月発行）

私は先生がこのように考えていたのが、ペシャワールでの現地活動を始める前のことであることを知り、驚いた。先生の決意の強さ、優しさ、謙虚さを表すものと思う。

この頃から、先生は、「一隅を照らす」という言葉にすがっていこうと考えていたようだ。先生はこの決意のとおり、私たちの世界を、私たちの心を、「暖かい光」となってうるおして下さった。

二〇一七年、中村先生と用水路建設に携わっているアフガニスタンの人たちが現地の用水路建設の見本となった福岡県の山田堰を視察に来た。中村先生と当時一緒に働いていたドクター（ジア先生）にお会いできればと思い、現地に一緒に連れて行った子供二人と妻を連れて山田堰に行った。

妻が中村先生に久しぶりにお会いした時、「子供が立派に育ちましたね」と言って頂いたそうである。妻は子供を育てることも「一隅を照らす」ことだと先生が言ってくださったのではないかと感じて涙が出たと言っていた。

私はペシャワールでの四年間の仕事が不完全燃焼に終わったために、「再び現地に行かねばならない」ということが頭の中のどこかにあり、迷いを生じていたのかもしれない。

「一隅を照らす」という言葉に出会い、「おかれた時と所で『自分にとって良いことではなく、目の前にいる患者さんにとって良いことは何なのか』という目を持ち最善を尽くす」という医師として当たり前のことを実践すればよいのだということに気づいた。

米軍の撤退とタリバンの復権

「Ｉ－２　ペシャワールへの道」でも触れたように、先生は、一部の戦場カメラマンを「不幸を売り物にする」「一部の贔屓の軍閥の情報を流布して真実をゆがめている」と批判していた。このことに関して次のように述べている。

「冒険好きな写真家やルポライターがいかに命懸けで事情を紹介しようとしても、僅かな情報から天下国家を論ずる無責任なものとなり、接触したゲリラの勇壮さのみが徒に伝えられた。シルクロードの異国趣味と大差なかった」（『ダラエ・ヌールへの道』　石風社）

二〇二一年八月、米軍撤退後、タリバンがアフガニスタンの首都カブールを制圧した。その後、ルポライター、戦場カメラマンたちの情報が新聞・テレビなどの媒体で伝えられたが、首都カブールの情報がほとんどだった。しかも繰り返し流されたメディアの映像は、脱出する人々で混乱する空港の風景ばかりであった。あの時同じカブール市内のバザールが、きわめて平穏であったことは報じられなかった。ましてやアフガンの地方の様子については関心さえもたれなかった。ＰＭＳのあるジャララバードでも、米軍撤退後は治安が良くなりガードなしでも移動できるようになったと知らせが来た。

中村先生はたびたび講演でペシャワール会が活動していたアフガニスタンの東部山岳地帯の山奥の村の写真を示して、「この村はペシャワールから歩いたり、ジープに乗ったりして片道七日間。こういった地域がアフガニスタンにたくさんあります。驚いてはいけない、これが今も変わらないアフガニスタンの一般的な農民の姿です。皆さんが映像で見るアフガニスタンは、『テロリストが爆弾を打ち込んで煙が上がる映像』『従軍記者の戦闘の場面の映像』『ジャーナリストが行きやすいアフガニスタンでは特殊な地域である首都カブールの映像』などがほとんどです。首都カブールは非常に特殊な地域で、王制の時代から西欧化された都市です。一般の村人の生活とは別の世界です。『普通の人はどうやって暮らし、何に困っているのか』というのがほとんど伝えられていないというのが現在でも変わりません」（講演にて）

と語っていた。

「マスコミの貧困」に関しても次のように述べていた。

「外国の英字紙も送られてくる日本の新聞も、千篇一律にカブールの動きだけを論評し、デスクで仕上げられた想像力の貧困を示すだけだった。外国特派員はカブールとペシャワールしか知らない。○○派党首のインタビュー、カブール市内の衝突、そんなことはこの十三年間日常茶飯事である。それが全アフガニスタンであるかのごとき錯覚を世界に振りまいていた」（『ダラエ・ヌールへの道』石風社）

アフガニスタンは八割以上の人々が農民、一割が遊牧民そして林業に携わる人である。つまり、全体が農業国家だということだ。

現地を経験したことのある私は、社会の大部分を構成する都市貧困層と農民の日常生活が伝えられず、アフガニスタンでは特殊な地域である首都カブールの情報（恐らく上流階級の人々の生活の情報）で「タリバンの善悪」「国際援助の是非」が語られているのには違和感を持った。

「タリバンは男女平等、女性の識字率の向上の政策を推進していくかどうか、国際法違反に当たる公開処刑などを行わないか、国際社会は見守らなくてはなりません」と上から目線で、西側テレビのアナウンサーが語るのも何か腑に落ちなかった。

二〇〇一年九月十一日のアメリカ同時多発テロが発生の後、当時のブッシュ大統領が「アフガニスタン懲罰・報復爆撃」を宣告し、アフガンに爆弾を投下し続け、多くの無実のアフガンの人々が亡くなった。その後アフガニスタンのみならず、ペシャワールの治安は最悪となった。日本政府は、ブッシュ政権の軍事行動に賛同し、インド洋に海上自衛隊の艦船を派遣したことは、前にも述べた。日本が報復爆撃に参加する米英軍などの艦艇に燃料補給を行ったということを忘れてはならない。

中村先生は、旧ソ連と当時の国際社会がアフガニスタンに行った蛮行に対して次のような言葉を残している。

「先端技術の粋《すい》をこらした殺傷兵器が百数十万人の命をうばった。さらにくわえて、六百万人の難民が自給自足の平和な山村からたたきだされ、氷河の水より冷たい現金生活の中で、『近代文明』の実態を骨の髄まで味わわされたのである。その甘さだけを吸い得たものは同胞を裏切って欧米諸国に逃亡し、不器用なものは乞食に身を落として生きのびた。

これが我われの信じて疑わぬ進歩と民主主義、その断罪する『八紘一宇』となんら変わらぬヨーロッパ近代文明の別の素顔である。アフガン人の打ち首処刑や復讐の残虐性・後進性に憤激する者が、『人権』をかざしてその幾万倍もの殺戮《さつりく》を行わせ、文化さえ根こそぎ破壊しようとした。かつてユーラシア大陸を震撼《しんかん》させたモンゴリアでさえ、こんなことまではしなかった。

そして謝罪どころか、ほこらしげに『人道的援助』が破壊者と同一の口から語られるとすれば、これを一つの文明の虚偽とよばずしてなんであろう」（『アフガニスタンの診療所から』筑摩書房）

二〇二一年八月末にタリバン政権が復活して二年以上が経過した。相変わらず首都カブールに関する報道が中心である。女性への抑圧、教育問題など一年前と変わらぬ「悪のタリバン」を強調する論調に変化はない。貧困、麻薬中毒、臓器売買などはあたかもタリバン政権によってもたらされたような報道がなされている。アフガニスタンを襲っている未曾有の干ばつ、国際的な経済制裁によって彼らの命が脅かされていることについてはほとんど報道されていないと言っても過言ではない。

「アフガニスタンが国際社会から援助を受けるためには、タリバン政府が女性への抑圧、教育などの問題に真剣に取り組む必要がある」と、これまでの国際社会の蛮行を謝罪することなく、これまでと同様に上から目線で報道がなされ、アフガニスタンの貧困、干ばつによる飢餓の問題は放置されたままだ。

教育問題や女性問題を扱うことが悪いとは言わないが、それ以前に、明日のご飯をどうしようかという人が溢れる中で、先進国の人たちが、自分たちの考えに合わないとの理由でアフガニスタンへの人道支援を絶やしてはならない。まず、最も大切な「生きる権利」を尊重し、飢餓の問題を解決するのが先決である。

大半が貧しい農民であるアフガニスタンの一般民衆にまず必要なのは、「満足に食べられて家族と一緒におられる」（中村哲）ということである。これ以上のことは望んでいないということを忘れてはならない。

2　中村先生という存在

コロナ禍の講演依頼

中村先生が亡くなった二〇一九年の暮れ、新型コロナ感染症（ＣＯＶＩＤ‐19）のパンデミックが始まった。その時期、奄美大島の県立大島病院から「海外での医療を考えている若い医師が夢の第一歩を踏み出せるような話ができないか」という依頼があった。

二つ返事で引き受けたかったのだが、このような講演は立派な業績を残した人がするのが普通である。私は「志半ば」でペシャワールから帰国した。その旨を依頼された先生に伝えた。

「海外での医療を考えている若い医師は多くいますが、私もそうでしたが結婚して子供ができると『将来の安定』を考えるようになり、断念する人がほとんどです。先生は少なくとも第一歩を踏まれました。ぜひともお話ししてください」と言われたので、承諾した。中村先生の「用水路事業などの業績」「平和への思い」および私の「現地での医療活動の経験」などを交えて講演させていただいた。

その時の講演内容の一部を、本書に述べられていることは省略し、修正して述べる。

我々の時代はバブル、その前は高度経済成長期、「なんでも夢がかなう」と思った人も多くいました。私の周りにも夢を持った多くの友人がいました。しかし、現代はグローバリゼーションのため貧富の格差が拡大したことやＳＮＳから来る情報過多などで「将来が見通せない」と感じる人が多いように思えます。

そのためか、普通のレールから外れず「将来の安定」を考える若い人が多くなっているように感じます。ペシャワールでの医療経験の講演をすることもあるのですが、「すごいですね、私にはちょっと」というような別世界の感想のみで、興味を示す人が少ないのが現状です。

もちろん、「将来の安定」を求めることは、決して悪いことではありません。中村先生の言われるように「その人のおかれた場で、最善を尽くせばいい」と私は思っています。

中村先生は「余りの不平等という不条理に対する復讐でもあった」という決意でペシャワールに来られました。

「他人様を助けることは何かを捨てることです。与えるとは自分の何かを失うことです。援助の原理は極めて簡明なことです。相手のために徹底的に尽くすことです」と先生は語っていました（「ペシャワール会報」No 17　一九八八年十月三十日付）。

振り返ると、当時の私は煩悩だらけであったため、「ペシャワール中退」になってしまったかもしれません。

私は夢への第一歩を踏み出してはみたものの「ペシャワール中退」になりましたが、現地の四年間で多くのものを得ることができました。帰国後の人生を振り返りますと、迷いながらもいくらか自由に生きることができ、それなりに人生のやり直しができて幸せだったと思います。

次は中村先生の言葉です。

「若い方に一言。犬も歩けば棒にあたるといいますが、若い人は目先の利害にとらわれず、身をもって良いと思うことをどんどんやっていただきたい。これは若者の特権です。間違ってもやり替えがきく。私たちくらいになると皆許してくれない。君たちは、悪事でもしない限り、だいたいやり替えがきく。恐れずに歩き回って、正しいと思うことを利害にとらわれずに貫くことです。無鉄砲に生きてもいいいんじゃないか」「若いうちからお年寄りみたいに老後の人生まで考えるようでは、存分に生きたという実感がないのではないですかね。私はそう思います」（『医者よ、信念はいらないまず命を救え！』羊土社）

先生は、『後世への最大遺物』（内村鑑三）から以下を引用し、これが「真の大和魂」であると述べています。

「同著の中で内村は述べる。『私たちの生かされたこの世界に、何かお礼を置いて逝きたいというのは清らかな欲望である。さて、何を遺すか。先ずカネがある。カネを卑しんではいけない。

カネによって善い事業を起こせる。諸君、よろしくカネを作るべし。そこで、或る人々にはカネは作れないが、事業を遺すことができる。農業を興し、日本を緑あふれる楽園とせよ。だが、カネも事業も才能に恵まれなければ、文筆を以って精神を遺せる。今できぬ戦を将来に託せる』

こう説き及んだ末に、内村は結論する。『ではカネも、事業も、文筆も、いずれの才にも恵まれぬ場合はどうしたらよいか。ここに誰にもできて、他の誰にも真似できぬ最大の遺物がある。それは、諸君の生き方そのものである。置かれた時と所で、諸君の生きた軌跡が人々の励ましや慰めとなることである』」（『辺境で診る 辺境から見る』石風社）

中村先生は、先生を慕った多くの人から募金（カネ）をあつめ、事業を起こして命を賭してアフガニスタンの砂漠化した荒野を緑の沃野に変えるという奇跡を行い、文筆活動で多くの著作を残し、人々の励ましや慰めとなりました。内村鑑三の述べるすべてを置いて逝かれました。

みんなが中村先生のようには、生きられません。殺伐とした世の中で、将来の不安を抱えて生きるのが精いっぱいである人が多いことも事実です。しかし、中村先生の実践したことや哲学を知ることにより、自らを見つめなおすことはできると思います。

私を含め凡人と思う人でもやれることがあります。「置かれた時と所で、私の生きた軌跡が人々の励ましや慰めとなる」ように最善を尽くすことです。

以上のようなお話をさせていただいた。

二〇二一年三月に九州大学に中村哲先生の意志と仕事を次代に伝えるため「中村哲医師メモリアルアーカイブ（https://www.lib.kyushu-u.ac.jp/ja/pj_nakamuratetsu/memorial_archive）」および「中村哲著述アーカイブ（https://www.lib.kyushu-u.ac.jp/ja/nakamuratetsu）」が設立された。オープニングイベントで九州大学の学生たちが中村先生の著書を読んで、将来の指針にしたいと思う心に響く言葉を選んで語り合うトークセッションがあった。実りある読書会で、私は若者の間でこのような読書会が全国に広がれば素晴らしいことだと思った。

その時の司会の九州大学の池田美奈子先生が言われた。

「学生の心の中に種がまかれたような気がしています。彼らがこれから社会で活躍する中で、世界にこれが広がって、中村先生のような偉大な仕事をすることにはならないかもしれませんが、と言うか、ならない方が世の中ずっと多いと思いますが、心の中にまかれた種を至る所に咲かせてくれれば、中村先生の心とか思想が広がっていくのではないかな。普通の人が少しずつ活躍する場面で花開かせていければ、素晴らしいことだと思っています」

「中村先生の思い」が詰まった多くの種が、多くの花を開かせて良い世の中になっていくことを希望している。

娘にとっての中村先生

私は一九九七年から四年間、ペシャワール会から、パキスタン・ペシャワールに医師として派遣された。その際、家族を連れて行き、娘もまた一歳から四歳まで同行した。

娘が二十二歳の医学生の時に中村先生の訃報を聞き、一気に書いた文章である。自分の悲しみを癒して、気持ちを整理するために書き、家族ライン（ＬＩＮＥ）に送ってきた文章である。


中村先生が今朝亡くなった。私が心底、尊敬する人がいきなりいなくなってしまった。アフガン人のために人の命を救うということに重きを置き、活動されていた。つらい時には心の支えにもしていた中村先生を失ったという喪失感と、こんなにも簡単に人は死ぬのだとショックを隠せず、大学に向かうバスの中で号泣した。中村先生は死なないと思っていた。

この人が生きていたら、たくさんの人が救われたはずなのに、だれがこんなことをしたのかと物凄い怒りが込み上げてきた。とてもつらい。幼いころにこんなに素晴らしい人がいるのだと驚いてからずっと心の中でなれないと分かっていながら目標となる人となっていた。

父が中村先生に憧れパキスタンに一九九七年に行ってから、翌年に私が生まれ母と兄とパキスタンに行った。幼いころの記憶ではあるが、面白いことに鮮明に覚えていることもある。現地の宿舎で母と兄が捕まえたインコに名前を付けたこと、マナジャンという名前だった。兄と私のなまえの頭文字ではじめのマナ（筆者注：兄、又三郎、本人、七海）、現地で隣人（筆者注：門衛の人のこと）であったミラジャンからジャンを取った。いま、ミラジャンはどうしているだろうか。

また、幼いながらも日本との貧富の格差を理解できた。街中には銃を持った人が歩き、物乞いをする人がたくさんいた。日本人だとわかるとマネーマネーと言ってきた。私と同じくらいの幼

門番のミラジャンと

い子供も私にお金をくれと言ってきた。心が痛かったのを覚えている。

通っていたインターナショナルスクールでは、兄のやることをまねしながらパソコンをつかってゲームをしたりハロウィンにはカボチャでランプを作ったりした。

母が日本のカレーをつくり、ご近所のミラジャンの家に兄とカレーを届けに行ったときのことである。カレーはスプーンで食べるものだからと人数分のスプーンを添えて持っていくと、ミラジャンにスプーンは使わないよ、と優しく返されたのだ。その時、私は理解が出来なく、使ってくださいと再び渡したがまた断られたので兄と家に戻り母に伝えると、現地の人はカレーを手で食べるということを初めて知ったのである。手でカレーを食べる人がいるのかと純粋に驚いた。

その後、アフガニスタンの情勢はどんどん悪くなり、家族で日本に帰ることになるのだが、中村先生はひとり、その場で働き続けられたのである。

高校一年生の頃、友人と中村先生の講演会に行った。二年前も中村先生が山田堰の視察に来られた時、私たち家族も行き、先生にお会いした。アフガン人スタッフも来ていたが、中村先生に対する尊厳のまなざしと敬意のこもる対応はほかに見たことがなかった。

私が高校二年生の頃から、世界中で報道されるようなテロ事件が頻繁に起こるようになった。そのたびごとにその光景を想像してしまい、自分のことのように怖がってしまうことも少なくなかった。もしかすると実際に危険な場所にいたため、より現実味を帯びて想像してしまうのかもしれない。

憲法第九条についてもこんなに素晴らしい憲法があるのだと幼稚園の頃に日本を誇らしく思ったことも覚えている。戦争をして負けた国が、戦争放棄をして世界に平和を呼びかけて、手本をみせる。これこそが日本の強みであり真に強いものができることなのだと思った。

そして今、中村先生が亡くなってしまった後、だれが殺したのだと強い憎しみの気持ちが毎日湧き上がるが、きっと中村先生は天国で私たちが憎しみあうことよりも、つよく、つよく前進して平和を願い行動することを望んでおられるのだなとおもい、目の前にあることをがんばろうと思う。

私が医師になりたいと思う理由は数多くあるがその一つに、中村先生の存在がずっとあり続けている。中村先生のように、ひとを愛し、弱い立場にいる人のことを思い、役に立つひとになります。

中村先生のされてきたことが人の心に熱を芽生えさせ、多くの人を動かしたとおもうと本当に信頼されている人なのだと思う。その証拠に、タリバンが犯行声明を否定し、誰かが中村先生を守ろうとして襲撃の情報を州当局に漏らしていたではないか。真にアフガン人に愛され信頼されていたことを物語っている。

中村先生にも襲撃の情報が届いていたはずだが、中村先生はそれに武器で戦おうとなどしなかった。このことについてみなさんに考えてほしいのだ。平和とは武力に武力で応じることでは決してないのである。

また、私たちの時代を生きる人々はそもそも平和とはなにかと本当の意味で理解してはいない。生まれたときから平和の中で暮らしていたからだ。私のこの一連の思いを同級生に伝えると「七海ちゃんは、私とは違って次元の違うことで怒ったりするんだね、私なんて授業に遅刻する人に怒ったり、韓国のアイドルグループにお金を費やすのにいつも時間を使っていてなんだか自分が情けなくなる」と言われたが、私はそんな戦争とはかけ離れたことに悩んだり怒ったりする毎日を平和というのだと思う。

平和、平和と理想的なことばかり言ってという人がいるかもしれない。しかし、私は理想がなければ追求も実現もできないと思う。現に中村先生は、平和という理想を抱き世に大きなものを残したし、生前知らなかったひとにまで、民族の垣根を越えて人々の心におおきな影響を与えたではないか。

当初、娘は公にするのを拒んだが、魂のこもった文章と感じ、娘を説得して公にする同意を得た。修正は最小限にして、心情を吐露した原文に近い文章にした。

娘が「平和」について真剣に考えていることを初めて知り、中村先生の思いが詰まった種が娘の心の中に播かれていたように感じた。

反対しなかった妻

私の妻は幸いペシャワールに行くことに反対しなかった。彼女は「なぜ反対しなかったのか」と聞かれると、「なにもわからず〈アホ〉やったからやと思う」と周辺に語っていた。

私はこれまで反対しなかった理由をきちんと聞いたことがなかったが、今回この本を書くにあたって、初めて聞いてみた。振り返ると彼女は、米国やドイツなどについて行くのであればいざ知らず、ペシャワールという想像もつかない異質な土地に幼子二人を連れて、将来の経済的な不安もあったと思うのに黙ってついてきた。私は当時、このことについて当然のことと思っていたのか深く考えなかった（今になってようやく、このような私の傲慢さがペシャワール中退になった一因であることに気づいた）。この本を執筆するにあたり、それは「尋常なことではない」と多くの人から言われてようやく気づいた。私はたまたま黙ってついてくる伴侶に恵まれ、第一歩を踏み出すことができたのである。

一九九三年私が医者になって五年目の時、私と彼女は前述した入江塾の同窓会を大阪で開催する際の幹事となった。同窓会の打ち合わせの時に、十年振りに再会したのである。そのことが縁で私と彼女は付き合うことになった。

結婚前、私の好きな大阪・新世界のジャンジャン横丁に連れて行き、串カツやホルモン焼きを食べた。彼女は「子供の頃、『新世界は危ないところだから絶対に行ってはだめ』と言われていたけど、楽しいところやね」と語った。

沖縄旅行では、行き先を決めずに那覇泊港に行った。誰も行かないような島にフェリーに乗って行こうと決め、粟国島という離島に行くことにした。民宿に着くと、民宿のおばちゃんから「あんたら何しに来たの〜。この島なんにもないよ〜」と言われた。本当に美しい蒼い海と空しかなかった。


インド旅行にも行った。インドの混沌、気候、食べ物、衛生状態などで嫌悪感を抱く人がいるが、彼女は抵抗なくインドを楽しんでいた。

「中村哲という人が、パキスタンでハンセン病患者のために医療活動を行っている。そこで、数年働かしてもらう」と友人たちに私が熱く語っているのを彼女は横で何度も聞いていた。「この人と結婚すると、インドの隣にあるパキスタンという国に行くことになるのだな」と思っていたらしい。


現在、彼女は会報の発送作業のたびにペシャワール会事務局に通っている。「現地事業の基本は、中村先生の実績とその意思を継いだPMSの存在だけれど、長年ペシャワール会が続いているのは多くの会員の支えがあるからだと思う。そして目立たぬところで、地道に発送作業や寄附金への礼状書きなどを行って来たボランティアの人たちがいたからこそ、ペシャワール会が続いてきたのではないか。現地であまりお役に立つことができなかったので、私も発送作業のお手伝いに参加できれば」と語って、ボランティアの人たちに会いに行くことを楽しみにしている。

彼女は両親が病弱なこともあり、母方の祖母、叔母などにずいぶんと可愛がられて育った。ところが彼女が幼稚園の年長の時、最愛の祖母が交通事故で突然亡くなってしまったのだ。幼いながらもさみしい思いをしたようである。進路を決めるときも、就職の時も、叔母や友人など多くの人に迷惑をかけた。人生の要の時期に助けられたという思いがあった。元来、好奇心が強く、初めてのことに臆することなく楽しむところがあった。また、本人が「アホ」と言うように、世の常識、情勢などに疎いことがあった。このため「困っている人のお役に立つのであれば」と、ペシャワールに行くことに抵抗はなかったと思う、と語った。

あとがき

二〇一九年十二月四日、中村先生が逝去された。

先生が亡くなる前は、何か心の中に「わだかまり」を抱えながら人生を歩んでいた。逝去後、先生のすべての著書を繰り返し読んだ。ふっと迷いが消えたような気がした。「己の分限を知り、おかれた時と所で『自分自身にとってではなく、目の前にいる患者さんにとって良いことは何なのか』という目を持ち、誠実に向き合い最善を尽くす」という医師として当たり前のことを実践して「一隅を照らす」。それで良いのだということに気づいた。

先生の著書には、珠玉の言葉、人生哲学がちりばめられていた。先生の業績および残された言葉は、私のこれからの人生の「道しるべ」になった。自分自身を見つめなおす機会となった。さらに、大げさではなく「我々人類が進むべき道」を照らしてくださることを確信した。

このことを皆さんにも知っていただきたいと思った。誇れる実績のない一介の田舎医者が、偉大な先生のことを書く資格があるのか迷った。しかし、先生から学んだことや現地での医師としての臨床経験などの貴重な財産を、かかわった者の役目として伝えていかねばならないと思った。

中村先生の多くの著書を発行されている石風社の福元満治代表に草稿を送った。福元氏から「小林さんは家族を連れてペシャワールに行った。唯一無二の貴重な体験をした現地ワーカーである。中村先生のことだけでなく、もっと小林さん自身に関することも書いてください」と言われた。当初は、私のような人間の平凡な自分史は読んでいただく価値がないと最小限に抑えていたが、詳しく書くことになった。お許しいただきたい。

中村先生をはじめ偉人と呼ばれる人に関する書籍を読み、子供の頃に「こんな人になりたい」と夢見る人は多いと思う。しかし、実際に進路を決める際には、「とても私には真似できない。育ってきた家庭環境が違う。優れた才能・才覚が備わっていない」と考え、第一歩を踏み出すことを躊躇する人がほとんどかもしれない。それでも人と違った人生の第一歩を踏み出す人はいる。しかし、私のように満足できるような結果を残せずに苦い思いをした人が多いのではないか。

幼少期から学生時代を何不自由なく平凡な家庭環境で過ごした私のような人間が、どうして人と違った人生の第一歩を踏み出したのか。思うような結果を残せずに終わってしまった後の人生はどうであったか。大志を抱いている人の参考のためにも、この本を書く意義があると思った。

私は「ペシャワール中退」になりはしたが、中村先生のもとで働くことができ、現地の四年間で多くのものを得ることができた。振り返ると中退後も、迷いながらもいくらか自由に生きることができ、それなりに「人生のやり直し」ができて幸せだったと思う。

中村先生は、「若い人は目先の利害にとらわれず、身をもってよいと思うことをどんどんやっていただきたい。これは若者の特権です」と述べている。この本が夢を抱いた若者の一歩を踏み出すきっかけとなって、「中村先生の思い」が詰まった種が、それぞれの花を開かせていくことになれば嬉しい。もちろん若者だけではない。私の友人が、「先生は、五十六歳から土木を学び用水路の建設に着手した。『中高年の我々ももっとやれる事があるはずだ』という励ましのメッセージと理解した」と述べていた。中高年である私も中村先生に励まされた。

本書の刊行にあたり、この本の刊行を了承下さったペシャワール会、私の拙い文章を整理するために石風社事務所で合宿までしていただいた福元満治代表、私の原稿を読んだいただきアドバイスを頂いた多くの皆様にお世話になった。また中村先生のご自宅を訪問、奥様と御長女にご挨拶し中村先生の御霊前にご報告することができた。

最後になるが、これまで何かと励ましていただいた多くの皆様に御礼申し上げたい。そして、これまで私の「〈アホなる〉人生」を支えてくれた妻に感謝する。

２０２３年秋

主要参考文献　＊英文資料については、文中に記す

［中村哲医師著作］
「ペシャワールにて［増補版］　癩そしてアフガン難民」（初版一九八九年　増補版一九九二年　石風社）
「ダラエ・ヌールへの道　アフガン難民とともに」（一九九三年　石風社）
「医は国境を越えて」（一九九九年　石風社）
「医者 井戸を掘る　アフガン旱魃との闘い」（二〇〇一年　石風社）
「辺境で診る 辺境から見る」（二〇〇三年　石風社）
「医者、用水路を拓く　アフガンの大地から世界の虚構に挑む」（二〇〇七年　石風社）
「空爆と復興　アフガン最前線報告」（中村 哲＋ペシャワール会編　二〇〇四年　石風社）

＊

「アフガニスタンの診療所から」（二〇〇五年　筑摩書房・文庫版）
「ほんとうのアフガニスタン―18年間〝闘う平和主義〟をつらぬいてきた医師の現場報告」（光文社　二〇〇二年）
「医者よ、信念はいらないまず命を救え！　アフガニスタンで「井戸を掘る」医者」（二〇〇三年　羊土社）
「アフガニスタンで考える―国際貢献と憲法九条」（岩波ブックレット　二〇〇六年）
「天、共に在り アフガニスタン三十年の闘い」（二〇一三年　NHK出版）
「人は愛するに足り、真心は信ずるに足る：アフガンとの約束」（中村 哲・澤地 久枝　岩波現代文庫二〇二一年）

「ペシャワール会報」（ペシャワール会）

「入江塾の秘密」（入江伸　ノン・ブック　一九七四年）
「奇跡の数学」（入江伸　ノン・ブック　一九七五年）

＊

「メメント・モリ―死を想え」（藤原新也　情報センター出版局　一九八三年）
「イスラムの人はなぜ日本を尊敬するのか」（宮田律　新潮新書　二〇一三年）
「物乞う仏陀」（石井光太　文春文庫　二〇〇八年）
「アフガンの四季」（佐々木徹　中公新書　一九八一年）
「アフガニスタンの歴史」（マーティン・ユアンズ　金子民雄監修・柳沢圭子他訳　明石書店　二〇〇二年）
「タリバン復権の真実」（中田考　ベスト新書　二〇二一年）
「アフガニスタン現代史」（内藤陽介　えにし書房　二〇二二年）
「夜と霧 新版」（ヴィクトール・E・フランクル、池田香代子　みすず書房　二〇〇二年）
「後世への最大遺物・デンマルク国の話」（内村鑑三　岩波文庫　二〇一一年）
「深夜特急4―シルクロード―」（沢木耕太郎　新潮文庫　二〇二〇年）
「ドクター・サーブ―中村哲の15年」（丸山直樹　石風社　二〇〇一年）
「アフガン―乾いた大地、戦火の中の民」（丸山直樹　日本放送出版協会　二〇〇二年）
「大人になった虫とり少年」（宮沢輝夫編著　朝日出版社　二〇一二年）

「四国遍路ひとり歩き同行二人【地図編】第10版」（へんろみち保存協力会発行）

＊　＊

「笑うカイチュウ」（藤田 紘一郎　講談社文庫　一九九九年）
「世界ハンセン病疫病史：ヨーロッパを中心として」（犀川 一夫・石井 則久・森 修一　皓星社　二〇一二年）
「ハンセン病の社会史：日本「近代」の解体のために」（田中 等　彩流社　二〇一七年）
「アジアの瘤ネパールの瘤—ヨード欠乏症への医学的・社会学的挑戦」（山本 智英・熱田 親憙　春風社　二〇〇三年）
「グローバル感染症マニュアル」（国立国際医療研究センター国際感染症センター編　南江堂　二〇一五年）
「症例から学ぶ　輸入感染症　A to Z」（忽那 賢志　中外医学社　二〇一五年）
「図説人体寄生虫学 大型本」（日本寄生虫学会「図説人体寄生虫学」編集委員会編　吉田 幸雄他　改訂10　南山堂　二〇二一年）

＊ペシャワール会　中村医師のパキスタン・アフガニスタンでの医療活動を支援する目的で結成されたのがペシャワール会です。現在、福岡市に事務局を置いて会報の発行を通して情宣・募金活動を行っております。ペシャワール会についてのお問い合わせは、左記の事務局宛にお願いいたします。年会費は、学生会員一口千円以上、一般会員一口三千円以上、維持会員一口一万円以上。

事務局　〒八一〇－〇〇〇三　福岡市中央区春吉一－十六－八　ＶＥＧＡ天神南六〇一
電　話(〇九二)七三一－二三七二
ＦＡＸ(〇九二)七三一－二三七三
《入会手続》年会費を郵便振替にてご送金ください。
口座名義　ペシャワール会
郵便振替番号　０１７９０－７－６５５９
ＵＲＬ　https://www.peshawar-pms.com
E-mail　peshawar@kkh.biglobe.ne.jp

小林　晃（こばやし　あきら）

大阪府立天王寺高校を経て奈良県立医科大学卒業

一九九七年三月から二〇〇一年六月まで、福岡市のNGOペシャワール会の派遣でパキスタン、ペシャワールのPMS（Pesawar-kai Medical Service）病院にてアフガン難民、ハンセン病患者の診療に携わる。

現在、鹿児島県大島郡徳之島町にある宮上病院に勤務。

わが〈アホなる〉人生

中村哲医師との出会い

二〇二四年二月二十日初版第一刷発行

著　者　小　林　晃

発行者　福　元　満　治

発行所　石　風　社

福岡市中央区渡辺通二―三―二十四

電　話　〇九二（七一四）四八三八

ＦＡＸ　〇九二（七二五）三四四〇

https://sekifusha.com/

印刷製本　シナノパブリッシングプレス

価格はカバーに表示しています。

落丁、乱丁本はおとりかえします。

ISBN978-4-88344-325-3　C0036